Laurence Steinberg
Die zehn Gebote der Erziehung

W0088001

Laurence Steinberg

Die zehn Gebote der Erziehung

Was Eltern wissen müssen

Aus dem Amerikanischen übertragen
von Sonja Schuhmacher

Patmos

Für Wendy und Ben

Titel der amerikanischen Originalausgabe:
The Ten Basic Principles of Good Parenting
© by Laurence Steinberg, 2004
SIMON & SCHUSTER, New York

Bibliografische Information der Deutschen Nationalbibliothek
Die Deutsche Nationalbibliothek verzeichnet diese Publikation in der
Deutschen Nationalbibliografie; detaillierte bibliografische Daten sind
im Internet über http://dnb.ddb.de abrufbar.

© der deutschen Übersetzung:
2005 Patmos Verlag GmbH & Co. KG
Walter Verlag, Düsseldorf
© ppb-Ausgabe 2008 Patmos Verlag GmbH & Co. KG, Düsseldorf
Alle Rechte vorbehalten.
Umschlaggestaltung: butenschoendesign.de
Umschlagmotiv: © Heide Benser/zefa/Corbis
Printed in Germany
ISBN 978-3-491-69835-9
www.patmos.de

Dank

Es ist mir eine Freude, all den Menschen zu danken, die mir Mut gemacht und mit ihrer Unterstützung und ihrem Rat wichtige Impulse für dieses Buch gegeben haben.

Ganz oben auf meiner Liste steht meine Frau Wendy. Wer einen Erziehungsratgeber schreibt, darf sich glücklich schätzen, mit einer Frau verheiratet zu sein, die nicht nur eine ausgezeichnete Mutter und Partnerin, sondern auch noch eine begabte Autorin und akribische Lektorin ist. Wendy hat Seite für Seite dieses Buches gelesen und kommentiert, wodurch es sowohl inhaltlich als auch stilistisch durch ihre Beiträge enorm gewonnen hat.

Schon seit mehreren Jahren wollte ich dieses Buch schreiben, aber ich hätte das Projekt wohl nicht in Angriff genommen, hätten meine guten Freunde Felecia und Jeff Weiss, meine Agentin Virginia Barber und mein Lektor Bob Bender mir nicht den Rücken gestärkt.

Besonderen Dank schulde ich Kathy Hirsh-Pasek und Anne Fletcher, die beide kluge Mütter und hervorragende Entwicklungspsychologinnen sind. Beide lasen große Teile des Manuskripts und machten wichtige und hilfreiche Vorschläge. Viele Ideen in diesem Buch habe ich mit unserem Sohn Ben besprochen, der inzwischen ein junger Erwachsener ist und mir immer wieder zeigte, worauf es ankommt und worauf man ohne Bedenken verzichten kann. Dafür sind Kinder anscheinend da.

Die Grundideen dieses Buches beruhen auf der Arbeit zahlreicher Kolleginnen und Kollegen, die sich beruflich der wissenschaftlichen Untersuchung von Kindheit und Familie gewidmet haben. Es würde den Rahmen dieses Buches sprengen, all jene zu nennen, die durch ihre bahnbrechenden Forschungen gezeigt haben, wie wichtig das Verhalten der Eltern ist; allerdings dürfen vier Kapazitäten ihres Fachs nicht unerwähnt bleiben, deren Werk Vorbildcharakter für mich hatte und deren wichtige Entdeckungen in den zehn Geboten der Erziehung Niederschlag finden: Diana Baumrind von der Universität von Kalifornien in Berkeley; Urie Bronfenbrenner von der Cornell-Universität; E. Mavis Hetherington von der Universität von Virginia und Eleanor Maccoby von der Stanford-Universität. Es ist eine besondere Auszeichnung, sie zu kennen und von ihnen beeinflusst worden zu sein.

Abschließend möchte ich all den Kolleginnen und Kollegen danken, mit denen ich bei der Untersuchung der Eltern-Kind-Beziehung zusammengearbeitet habe. Viele Forschungsarbeiten, die in dieses Buch eingeflossen sind, wurden von anderen Experten durchgeführt, aber ein großer Teil stammt auch aus Studien, die ich in den letzten dreißig Jahren an der Cornell-Universität, der Universität von Kalifornien in Irvine, der Universität von Wisconsin und der Temple-Universität durchgeführt habe, unterstützt von einigen wunderbaren Mitarbeiterinnen und Mitarbeitern und Studierenden. Mein ganz besonderer Dank gilt Shelli Avenevoli, Brad Brown, Beth Cauffman, Nancy Darling, Sandy Dornbusch, Julie Elmen, Anne Fletcher, Marjory Roberts Gray, Ellen Greenberger, John Hill, Susan Silverberg Koerner, Susie Lamborn, Amanda Morris, Nina Mounts, Fran Sessa und Jennifer Silk.

Die zehn Gebote der Erziehung

1. Was Sie tun, zählt

2. Zu viel Liebe gibt es nicht

3. Nehmen Sie Anteil am Leben Ihres Kindes

4. Passen Sie Ihren Erziehungsstil Ihrem Kind an

5. Stellen Sie Regeln auf und setzen Sie Grenzen

6. Fördern Sie die Unabhängigkeit Ihres Kindes

7. Konsequenz ist wichtig

8. Harte Strafen sind verboten

9. Erklären Sie Ihre Regeln und Entscheidungen

10. Behandeln Sie Ihr Kind mit Respekt

Inhalt

Besser erziehen

Da ich zum einen selbst Vater bin und mich zum anderen ein Leben lang beruflich mit der Beziehung zwischen Eltern und Kind beschäftigt habe, wird mir oft die Frage gestellt, ob meine Erkenntnisse als Forscher mir auch in der Praxis genützt haben. Selbstverständlich kann ich diese Frage mit Ja beantworten. Das ist, als würde man einen Chefkoch fragen, ob seine Berufserfahrung ihm auch zu Hause in der Küche hilft. Wie sollte es anders sein? Wie in anderen Bereichen tut man sich auch bei der Erziehung umso leichter, je mehr man weiß.

Seit über 25 Jahren befasse ich mich mit Erziehungsfragen und habe mehrere Bücher und Hunderte von Fachartikeln über Entwicklungspsychologie und Erziehung veröffentlicht. Außerdem habe ich Beiträge zur Eltern-Kind-Beziehung für die renommierteste Fachzeitschrift im Bereich Kinder- und Jugendpsychologie redaktionell betreut. Meine spontanen Reaktionen als Vater wurden durch meine Forschungsarbeit geprägt, und wenn ich Zweifel oder Fragen habe, wie ich mich gegenüber meinen Kindern verhalten soll – was alle Eltern, auch Experten, von Zeit zu Zeit erleben –, konnte ich mich letztlich an Erkenntnissen orientieren, die ich bei meiner Arbeit mit vielen tausend Familien gewonnen habe und in zahllosen Forschungsberichten bestätigt fand.

In diesem Buch möchte ich die Früchte meiner Arbeit mit Ihnen teilen.

Im Unterschied zu anderen Erziehungsbüchern beruht dieser Ratgeber auf wissenschaftlichen Ergebnissen, die aus mehreren tausend wohldurchdachten Studien hervorgegangen sind – und diese Forschungsarbeiten sind nicht weniger vertrauenswürdig als die Testreihen, mit denen neue Medikamente, die Sicherheit von Fahrzeugen und die Standfestigkeit von Bauwerken geprüft werden. Anders als der Großteil der Literatur zum Thema Erziehung spiegelt dieses Buch nicht nur die persönliche Meinung des Verfassers wider, seine Erfahrungen mit Kindern im eigenen Haushalt oder die Arbeit mit einigen Dutzend Familien in der therapeutischen Praxis. Die Tipps, die ich gebe, basieren auf den Erkenntnissen von Wissenschaftlern, die sich seit Jahrzehnten systematisch mit Erziehungsfragen beschäftigen und dabei mit vielen hunderttausend Familien zu tun hatten. Mein Beitrag besteht darin, den Wissensstand der Forschung darzustellen und in eine allgemeinverständliche Sprache zu bringen. Das Ergebnis habe ich in zehn Geboten zusammengefasst.

In diesem Buch geht es nicht um praktische Erziehungsfragen. Sie erfahren hier nichts darüber, wie Sie Ihr Kind ernähren, kleiden, intellektuell fördern oder zum Spielen anregen können. Zu diesen Themen gibt es eine Menge hervorragender Literatur für Eltern von Kindern unterschiedlicher Altersstufen.

Hier steht mehr die Philosophie gelingender Erziehung im Vordergrund. Dieses Buch gibt Eltern Prinzipien an die Hand, die auf unterschiedliche Fragen anwendbar sind und bei Kindern aller Altersstufen gelten. Es liefert eine allgemeine Orientierung, die sich aus den zuverlässigsten und aktuellsten wissenschaftlichen Erkenntnissen ergibt.

Kindererziehung ist kein Thema, das man spontan mit Wissenschaft in Verbindung bringt. Vielleicht überrascht es Sie zu hören, dass es tatsächlich eine wissenschaftliche Fachrichtung gibt, die sich mit Erziehungsfragen befasst, und dass hier erheblich mehr systematisch geforscht wird als in vielen anderen Alltagsbereichen, bei denen wir uns auf wissenschaftlichen Rat verlassen. Es handelt sich sogar um eines der besterkundeten Gebiete der Sozialwissenschaften, auf dem Kinderpsychologen und andere Experten bereits seit 75 Jahren forschen.

Noch wichtiger ist, dass die Erkenntnisse der Erziehungswissenschaft einander erstaunlich wenig widersprechen, und das schon seit vielen Jahren. In der Forschung kann man das nicht gerade von vielen Bereichen behaupten. Wer wissen möchte, was man essen, wie viel Sport man treiben sollte oder wie man mit Stress umgehen kann, sieht sich mit ständig wechselnden Ratschlägen konfrontiert.

In der Medizin werden unentwegt neue Behandlungsmethoden entdeckt. Die Gesundheitstipps von heute stehen im Widerspruch zu denen von gestern. Aber die wissenschaftlich erarbeiteten Grundsätze einer gelingenden Erziehung haben sich in den letzten vierzig Jahren kein bisschen geändert. Es gibt klare und eindeutige Belege, dass bestimmte Erziehungsprinzipien mit einer gesunden Entwicklung des Kindes einhergehen, und so können wir mit Fug und Recht behaupten zu wissen, was funktioniert und was nicht. Wenn es den Anschein hat, dass die gängige Literatur widersprüchliche Ratschläge gibt, dann dürfte das daran liegen, dass sie selten auf fundierte wissenschaftliche Erkenntnisse zurückgreift.

Meist verhalten wir Eltern uns irgendwie, ohne groß darüber nachzudenken, weil die Umstände es nicht zulassen. Wer morgens unter Zeitdruck die Hausaufgabenhefte sucht, wer bei einem Streit zwischen seinen Kindern auf dem Autorücksitz dazwischen geht, wer ein Baby mit Bauchweh zu beruhigen sucht und dabei mit rasenden Kopfschmerzen zu kämpfen hat, weil das Kleine schon seit einer halben Stunde brüllt, der kann sich nicht den Luxus gönnen, erst einmal zu überlegen, wie die Situation am besten zu meistern ist. Bei zahllosen Anlässen bleibt uns als Eltern nichts anderes übrig, als einfach nur zu reagieren. Und daran wird sich auch so schnell nichts ändern. Als Erzieher lassen wir uns oft durch Instinkte leiten, wir handeln aus dem Bauch heraus. Aber sehen wir der Wahrheit ins Auge: Manche Eltern haben bessere Instinkte als andere. Mütter und Väter, die wissen, was in der Erziehung funktioniert und warum es funktioniert, sind deshalb besser dran, und das hat auch günstigen Einfluss auf ihre spontanen Reaktionen.

Andererseits gibt es sehr viele Anlässe, bei denen man durchaus Zeit zum Nachdenken hat, bevor man handelt: Wenn Sie Ihr Kind am Abend vor dem ersten Schultag ins Bett bringen. Wenn Ihr Sohn in der dritten Klasse ein super Zeugnis abliefert. Wenn Ihre Tochter in der siebten Klasse Probleme mit ihren Freundinnen hat. Wenn Ihr 15-jähriger Sohn später nach Hause kommt als vereinbart. Bei solchen Situationen können Sie in Ruhe überlegen, bevor Sie Entscheidungen treffen, und dabei sollten Sie sich von Richtlinien leiten lassen, die zu einer sinnvollen Lösung führen. Und wenn Sie bei Problemen, die Zeit zum Nachdenken lassen, immer Ihre guten Erziehungsgrundsätze anwenden, dann wirkt sich das auch in Stress-situationen positiv aus, in denen Sie instinktiv reagieren müssen.

Ermutigend ist folgende Erkenntnis, die durch die Beobachtung der kindlichen Entwicklung gewonnen wurde: Die Prinzipien gelingender Erziehung haben nichts damit zu tun, ob Ihr Kind ein Junge oder ein Mädchen, sechs oder sechzehn, ein Einzelkind, Zwillingskind oder eines von mehreren Geschwistern ist. Sie gelten unabhängig davon, ob vor allem die Mutter, der Vater oder eine andere Bezugsperson für das Kind sorgt. Die Prinzipien gelingender Erziehung wurden durch Studien auf unterschiedlichen Kontinenten, bei verschiedenen Völkern und ethnischen Gruppen, bei armen und reichen Familien, bei Familien mit allein erziehenden oder verheirateten Eltern gewonnen. Und diese Prinzipien lassen sich immer anwenden, ob Sie nun Ihr eigenes Kind, ein Adoptiv- oder ein Pflegekind aufziehen. Sie gelten, ob Ihr Kind normal begabt ist oder besondere Förderung braucht. Auch Leute, die mit Kindern arbeiten, wie Lehrerinnen und Lehrer, Trainer und Erzieherinnen, können auf sie zurückgreifen. So solide sind diese Erkenntnisse.

Unter gelingender Erziehung versteht jeder etwas anderes, deshalb möchte ich mit meiner Definition gleich auf den Punkt kommen. Nach meiner Meinung fördert eine solche Erziehung die Anpassungsfähigkeit – Eigenschaften wie Aufrichtigkeit, Mitgefühl, Selbstvertrauen, Freundlichkeit, Kooperationsbereitschaft, Selbst-beherrschung und Fröhlichkeit. Gelingende Erziehung unterstützt Kinder auf dem Weg zu Erfolg in der Schule. Sie weckt die intellektuelle Neugier, die Lernmotivation und den Wunsch, etwas zu leisten. Gelingende Erziehung kann Kinder davor bewahren, Ängste, Depressionen, Essstörungen und andere psychische Störungen zu entwickeln.

Meine Definition gelingender Erziehung geht offensichtlich davon aus, dass bestimmte Eigenschaften bei Kindern erstrebenswerter sind als andere. Das lässt sich nicht bestreiten. Allerdings wünschen sich Eltern nach meiner Erfahrung auch genau jene

Eigenschaften, die der hier beschriebene Erziehungsstil fördert. Eltern aller Gesellschaftsschichten möchten, dass ihre Kinder glücklich, verantwortungsbewusst, erfolgreich, beliebt und anständig sind. Aber nicht jeder weiß, wie man dieses Ziel erreichen kann.

Auch wenn Sie die Gebote befolgen, die in diesem Buch skizziert sind, kann ich Ihnen nicht garantieren, dass Ihr Kind niemals Probleme haben, nie in einer Prüfung versagen oder niemals etwas anstellen wird – und wenn ein Autor derartiges versprechen sollte, ist ihm zu misstrauen. Auf Kinder wirken zahlreiche Kräfte ein, die wenig mit der Erziehung zu tun haben – den Einfluss von Erbanlage, Geschwistern, Freunden, der Schule, Erwachsener, denen die Kinder außerhalb der Familie begegnen, und der Massenmedien können Eltern kaum steuern.

Was ich Ihnen aber garantieren kann, ist, dass Kinder, die nach den zehn hier dargelegten Prinzipien erzogen werden, mit höherer Wahrscheinlichkeit eine gesunde Entwicklung durchlaufen und mit weniger Problemen zu kämpfen haben werden als andere. Das ist nicht nur meine Meinung, sondern eine wissenschaftlich erhärtete Tatsache.

Die zehn Gebote einer gelingenden Erziehung gelten während der gesamten Kindheit und Jugend, obwohl einige in bestimmten Entwicklungsphasen größere Bedeutung haben als andere. Und in welcher Form Sie diese Prinzipien anwenden, ist natürlich vom Alter des Kindes abhängig. Z. B. zeigt man körperliche Zuneigung, die Kinder jeden Alters brauchen, bei einem Kleinkind (das man auf dem Schoß hält, während man ihm ein Buch vorliest) ganz anders als bei einem Teenager (den man beim Abschied vor dem ersten Date kurz in den Arm nimmt). Ein anderes Prinzip besagt, Strukturen und Grenzen vorzugeben, was ebenfalls in allen Altersstufen wichtig ist, aber natürlich setzt man einem Kleinkind andere Grenzen (die Straße nur an der Hand der Mutter zu überqueren) als einem Jugendlichen. Dennoch eignet sich Methode, die in diesem Buch aufgezeigt wird, für Familien mit Kindern jeden Alters.

Wenn man Grundprinzipien gelingender Erziehung für Kinder aller Altersstufen formulieren möchte, fasst man sich natürlich allgemein und geht weniger auf Einzelheiten ein, sodass zweifellos einige Leser die zehn Gebote lediglich als Erkenntnisse des gesunden Menschenverstands auffassen werden. Doch obwohl die zehn Gebote einleuchten, wird ihnen keineswegs immer und überall entsprochen. Es gibt sogar zahlreiche Eltern, die unaufhörlich gegen sie verstoßen. So lautet eines unserer Prinzipien, dass harte Strafen verboten sind, aber jeder, der schon einmal einen Supermarkt oder ein Einkaufszentrum betreten hat, dürfte dort auf Eltern gestoßen sein, die ihre Kinder ohrfeigen oder anschreien. Nach einem anderen Prinzip gilt es, dem Verhalten der Kinder Grenzen zu setzen, aber wir alle kennen Mütter und Väter, deren Kinder tun, was ihnen gerade einfällt. Ein dritter Grundsatz legt Eltern nahe, mit ihren Söhnen und Töchtern respektvoll umzugehen, aber jeder hat schon Eltern erlebt, die gemein und herablassend mit ihren Kindern sprechen. Menschen erheben das Vernünftige nicht unbedingt zur Richtschnur ihres Handelns.

Dennoch machen die meisten Mütter und Väter ihre Sache gut. Ich schreibe dieses Buch, um alle Eltern, auch die guten, dabei zu unterstützen, ihre Sache noch besser zu machen. Ich schreibe es für relativ unerfahrene Mütter und Väter ebenso wie für Eltern von Teenagern. Und für alle, die sich für gute Eltern halten (und damit gar nicht Unrecht haben), ebenso wie für jene, die Hilfe suchen. Vielleicht kann dieses Buch dazu beitragen, Streitigkeiten zwischen Ehepartnern oder zwischen Eltern und Großeltern um Fragen der Kindererziehung zu schlichten. Es soll gute Eltern auf ihrem Weg bestärken und nicht ganz so guten Eltern Orientierung für einen Neuanfang geben.

Wenn Sie die zehn Gebote gelesen haben und sich anschließend sagen: »Das kenne ich alles schon« – wunderbar! Dann können Sie das Buch von Zeit zu Zeit zur Hand nehmen und sich in Erinnerung rufen, dass man die eigenen Erkenntnisse auch in die Tat umsetzen sollte. Greifen Sie darauf zurück, wenn Sie Zuspruch brauchen, dass Sie sich richtig verhalten, auch wenn andere Ihnen einreden wollen, es sei falsch. Und wenn Sie glauben, dass Sie bereits alles so machen, wie ich es Eltern rate, dann nehmen Sie sich vor, es noch öfter so zu machen. Ich habe noch nie eine Mutter oder einen Vater kennen gelernt, die jederzeit zu 100 Prozent perfekt sind. Wir alle können unsere Durchschnittsleistung verbessern.

Erstes Gebot: Was Sie tun, zählt

Achtsamkeit

Bestimmt haben Sie sich schon oft darüber Gedanken gemacht, was Sie sich für Ihr Kind erhoffen, während die Frage, wie Sie als Eltern zu einer günstigen Entwicklung beitragen können, wohl eher im Hintergrund steht.

Sind Sie z. B. daran interessiert, dass Ihre Zehnjährige in der Schule gut abschneidet, aber vielleicht wissen Sie nicht genau, wie Sie zum schulischen Erfolg Ihrer Tochter beitragen können. Oder Sie wünschen sich, dass Ihr Kleinkind schön mit anderen Kindern spielt, sind aber unsicher, wie Sie sein Verhalten beeinflussen können. Oder Sie möchten, dass Ihr Kind intellektuelle Neugier entwickelt, haben aber keine Ahnung, wie Sie als Eltern seine Entwicklung in dieser Richtung fördern können.

In diesem Buch finden Sie viele Informationen über unterschiedliche Erziehungsmethoden und deren Auswirkungen auf Kinder. Ich werde später noch näher auf Erziehungsstrategien eingehen, durch die Sie die schulischen Leistungen, die soziale Kompetenz, die intellektuelle Neugier und viele andere positive Eigenschaften fördern können.

Aber bevor wir zu den Einzelheiten kommen, möchte ich auf die Unterschiede zwischen einer achtsamen und einer schludrigen Erziehung eingehen. Unter »achtsamer« Erziehung verstehe ich ein Verhalten, das bei Ihrem Kind Reaktionen und Entwicklungen auslöst, die tatsächlich beabsichtigt sind, statt nur rein zufällig irgendwelche Konsequenzen nach sich zu ziehen.

Bemühen Sie sich um mehr Achtsamkeit in der Erziehung.

Die Forderung nach einer absichtsvollen, achtsamen Erziehung bedeutet keineswegs, dass sich Eltern nicht spontan, aufrichtig und natürlich benehmen dürften. Das Bemühen um Achtsamkeit heißt nicht, dass Sie jede Entscheidung, die Sie treffen, zwanghaft hinterfragen, jede Interaktion mit Ihrem Kind zu Tode analysieren oder sich so lange den Kopf zerbrechen sollen, bis Sie in völlige Lähmung verfallen. Mir geht es darum, dass Ihr Verhalten dadurch gelenkt wird, dass Sie sich mit Ihren eigenen Zielen bewusst beschäftigen. Erziehung kann und soll von Herzen kommen, und so ist sie häufig improvisiert, aber sie darf nie planlos oder willkürlich sein. Der Wahnsinn sollte stets Methode haben, auch wenn Sie nicht immer vollkommen bewusst handeln.

Eltern geraten leicht in Situationen, die in drei Kategorien eingeteilt werden können und in denen jeweils Entscheidungen getroffen werden müssen, bei denen die achtsame Erziehung eine wertvolle Hilfestellung geben kann.

In die erste Kategorie gehören Situationen, in denen Sie genug Zeit zum Nachdenken haben, ehe Sie handeln. Hier fällt es Eltern am leichtesten, sich achtsam zu verhalten. Sie suchen den geeigneten Kindergarten für Ihre Vierjährige und können sich unter verschiedenen Angeboten nicht recht entscheiden. Oder Sie überlegen, ob Sie Ihren zwölfjährigen Sohn zwingen sollen, weiter Klavierstunden zu nehmen, obwohl er aufhören möchte. Vielleicht überlegen Sie, ob Ihr Kind alt genug ist, um abends ohne Babysitter auszukommen, oder ob Ihr Teenager genug Verantwortungsbewusstsein hat, um neben der Schule zu jobben. Sie stehen vor der Entscheidung, ob Ihr Kind wöchentlich Taschengeld erhalten soll. Oder Sie erwägen, ob Sie Ihrer Tochter erlauben, sich Ohrlöcher stechen zu lassen, oder auch ob sie ihre Ersparnisse für eine ganz besondere, teure und vollkommen überflüssige Anschaffung ausgeben darf.

In all diesen Situationen sollten Sie die Gelegenheit ergreifen, erst einmal in Ruhe zu überlegen, bevor Sie handeln. Stellen Sie sich dabei immer die Frage: Welche Folgen hat meine Entscheidung für mein Kind? Wenn Sie mit Bedacht erziehen – wenn Sie wirklich darüber *nachdenken*, was Sie erreichen wollen, bevor Sie zur Tat schreiten –, dann können Sie die wichtigen Punkte durchgehen und leichter entscheiden, was für Ihr Kind auf lange Sicht am besten ist. Wenn Sie in Ruhe überlegen, merken Sie vielleicht auch, dass die Entscheidung im Grunde einfacher ist, als Sie meinen – oder vielleicht ist sie auch weitaus komplizierter und erfordert ein sorgfältiges Abwägen. Möglicherweise beschließen Sie, erst einmal mit Ihrem Partner oder mit anderen Eltern darüber zu sprechen. Ganz gleich, was dabei herauskommt, Sie haben jedenfalls eine wohl durchdachte Entscheidung getroffen und nicht rein impulsiv gehandelt.

In die zweite Kategorie fallen Situationen, in denen Eltern zwar sofort handeln müssen, aber trotzdem noch ein wenig Zeit zum Überlegen haben. Ihre zweijährige Tochter weigert sich, ihr Abendbrot zu essen. Die Mannschaft Ihres sechsjährigen Sohnes hat bei seinem ersten Fußballspiel haushoch verloren. Ihre neunjährige Tochter ruft Sie im Büro an und fragt, ob sie mit ihrer Freundin nach der Schule mit dem Bus zum Einkaufszentrum fahren darf. Ihr Teenager kommt von einer Party nach Hause und erzählt, dass andere Jugendliche dort eindeutig zu viel getrunken haben. In diesem Augenblick können Sie Ihrem Kind nicht sagen:»Wollen wir morgen noch mal drüber reden?« Aber Sie können durchaus kurz nachdenken, bevor Sie reagieren.

In solchen Situationen widerstehen achtsame Eltern der Versuchung, impulsiv zu antworten (»Iss, was du auf dem Teller hast, oder es gibt keinen Nachtisch!«»Reg dich nicht auf, Kleiner, es ist doch nur ein Spiel!«»Nein, du bist zu klein, um ohne Eltern einkaufen zu gehen!«»Du darfst mit diesen Freunden nichts mehr unternehmen!«). Wenn Sie achtsam vorgehen, können Sie auch in dieser Lage erst nachdenken und dann im Einklang mit den Regeln handeln, die in diesem Buch erörtert werden.

Bei Situationen der dritten Kategorie mag es den Anschein haben, als würde achtsame Erziehung am wenigsten bringen, aber gerade hier gilt das Gegenteil. Sie geraten in eine Lage, in der Sie überhaupt keine Zeit zum Überlegen haben, in der Ihnen gar nichts anderes übrig bleibt, als spontan zu reagieren.

Ihr Kleinkind bekommt im Supermarkt zwischen den Tiefkühltruhen einen Wutanfall. Ihre Siebenjährige ist im Begriff, ihren fünfjährigen Bruder zu strangulieren. Ihr Neunjähriger hat vor dem ersten Tag im Ferienlager solche Angst, dass er sich weigert, sich anzuziehen, obwohl der Bus jeden Augenblick vor der Tür halten kann. Sie stehen mitten in der Nacht auf, um ein Glas Wasser zu trinken, und stellen fest, dass es im Flur vor dem Zimmer Ihres Teenagers nach Haschisch riecht. In dieser Lage reagieren auch achtsame Eltern instinktiv, aber sie können sich auf ihren Instinkt verlassen, weil sie mit den Regeln gelingender Erziehung so weit vertraut sind und sie unter weniger dringlichen Umständen schon so oft befolgt haben, dass sie ihnen in Fleisch und Blut übergegangen sind.

So wie Spitzensportler unter Druck Leistung bringen, ohne nachzudenken, können Eltern, die die Grundsätze gelingender Erziehung verinnerlicht haben, sinnvolle Entscheidungen treffen, auch wenn sie keine Zeit haben, in Ruhe vernünftig zu reagieren.

Je mehr man sich um einen guten Erziehungsstil bemüht, desto besser entwickelt sich das spontane Feingefühl. Deshalb ist es besonders wichtig, sich den richtigen Stil anzugewöhnen, solange der Sohn oder die Tochter noch klein ist. Natürlich kann man mit älteren Kindern diesen Weg auch noch einschlagen – für die rechte Einsicht ist es nie zu spät –, aber für junge Eltern ist es sicherlich einfacher.

Wir handeln in so vielen Lebensbereichen so wohl überlegt und gewissenhaft, dass man kaum begreift, warum Menschen ausgerechnet bei einer so wichtigen Frage wie der Erziehung häufig so gedankenlos handeln. Ein Firmenchef oder der Leiter einer großen Organisation käme nie auf die Idee, ohne vorherige Überlegung ans Werk zu gehen. Auch finanzielle Entscheidungen werden meist nicht aus dem Bauch heraus getroffen. Unentwegt wird uns allen eingetrichtert, dass man bei größeren Anschaffungen wie einem Eigenheim, einem Auto oder bestimmten Elektrogeräten alles sorgfältig abwägen sollte. Dennoch ziehen häufig auch kluge Geschäftsleute, begabte Finanzplaner und kritische Kunden ihre Kinder groß, ohne sich Gedanken darüber zu machen, was sie da eigentlich tun.

Vermutlich glauben viele, Erziehung gehöre zu den Dingen im Leben, für die man eben ein Gespür hat, und Nachdenken könnte einem dabei den Spaß verderben. Ehrlich gesagt waren aber unter den Eltern, die ich kenne, nur wenige Naturtalente dabei. Ich habe allerdings Mütter und Väter kennen gelernt, die mit Bedacht vorgehen, und häufig haben die nachdenklichen Eltern sehr viel mehr Spaß an der Erziehung als die sorglosen. Und das ist auch kein Wunder: Die Kinder achtsamer Menschen kommen in der Regel besser zurecht, und wenn Söhne und Töchter zurechtkommen, hat man sehr viel mehr Freude am Familienleben als mit einem Kind, das mit zahlreichen Probleme zu kämpfen hat und einem unentwegt Sorge bereitet.

Achten Sie also auf Ihren Erziehungsstil. Wenn möglich, handeln Sie aktiv, statt nur zu reagieren. Spontaneität ist in Ordnung, aber versuchen Sie, mit Bedacht vorzugehen.

Gene schmälern nicht die Bedeutung der Eltern

Es vergeht kaum ein Tag, an dem wir nicht etwas Neues aus der Genforschung erfahren, das uns die menschliche Natur näher erklärt. Über die Prägung unserer Persönlichkeit durch die Macht der Gene wird so viel veröffentlicht, dass sich die Frage aufdrängt, welchen Einfluss das Elternhaus eigentlich noch auf die Entwicklung der Kinder hat. Aber es ist ein gewaltiger Unterschied zu sagen, dass Gene eine Rolle spielen (was richtig ist), und zu behaupten, dass Eltern keine Bedeutung hätten (was keineswegs stimmt).

Zweifellos erben Kinder die Tendenz, sich in eine bestimmte Richtung zu entwickeln. Manche Kinder sind von Natur aus aggressiver als ihre Altersgenossen, andere erweisen sich eher als zurückhaltend. Die Gene des einen machen ihn extravertiert, die des anderen fördern eine introvertierte Persönlichkeit. Aber zwischen der Feststellung, dass der Charakter eines Kindes durch seine Gene *beeinflusst* wird, und der Annahme, er sei dadurch *determiniert,* also endgültig festgelegt, liegen Welten.

Das lässt sich durch ein Beispiel illustrieren. Wir alle kennen Menschen, die leicht zunehmen, und andere, die problemlos essen können, was sie wollen. Aber das bedeutet nicht, dass die einen schicksalhaft an Übergewicht leiden, während die anderen dünn wie ein Strich bleiben. Es heißt lediglich, dass die einen weniger reichhaltig essen und mehr Sport treiben müssen als die anderen, um ihre Figur zu halten. Ebenso kann jemand, der genetisch bedingt zur Schüchternheit neigt, lernen, mehr aus sich herauszugehen, er muss nur etwas mehr Arbeit investieren als ein Mensch, der andere genetische Voraussetzungen mitbringt.

Diese Logik gilt auch in der Kindererziehung. Die Förderung, die ein Kind erhält, hat Einfluss darauf, wie seine genetische Veranlagung zum Ausdruck kommt. Es wäre gewiss schwierig (aber nicht unmöglich), ein eher schüchternes Kind aggressiv zu machen, und umgekehrt. Aber ob aus einem Kind, das zur Aggression neigt, ein auf dem Spielplatz gefürchteter Tyrann wird oder ein Sportler, der auf Fair Play hält, hängt von der Erziehung ab, und nicht von den Genen. Die Umwelt entscheidet, ob die genetische Veranlagung zur Schüchternheit zu einer problematischen Haltung, sich abzukapseln, führt oder zu einer Persönlichkeit, die sich eher in Zurückhaltung übt. Kinder, die veranlagungsbedingt zur Aggression neigen, brauchen von ihren Eltern einfach mehr Unterstützung, damit sie lernen, ihre Aggressivität in den Griff zu bekommen. Und schüchterne Zeitgenossen brauchen etwas mehr Zuspruch, damit sie ihre reservierte Haltung aufgeben. Mit anderen Worten: Wie sich das genetische Temperament Ihres Kindes letztlich manifestiert, hängt von der Erziehung ab und nicht einfach von der DNS.

Ungeachtet der Gene, die Ihr Kind mitbringt, hat Ihr Verhalten eine enorme Bedeutung, weil Sie großen Einfluss darauf haben, wie sich die Veranlagung konkret ausprägt. Wir wissen, dass beispielsweise die Intelligenz eines Kindes von den Genen nicht unbeeinflusst bleibt, doch ebenso ist erwiesen, dass Kinder davon profitieren, wenn die Eltern ihnen regelmäßig vorlesen.

Sie haben die Möglichkeit, die Persönlichkeit, den Charakter, die Interessen, die Intelligenz, die Einstellung und die Wertvorstellungen Ihres Kindes zu beeinflussen. Was Ihr Kind mag oder verabscheut, spiegelt häufig Ihre eigenen Vorlieben wider. Wie sich Ihr Kind zu Hause, in der Schule und gegenüber Freunden verhält, ist Ihrem Einfluss unterworfen. Ob Ihr Kind freundlich und rücksichtsvoll oder gemein und egoistisch ist, hängt von Ihnen ab.

Nichts und niemand hat mehr Einfluss auf die Entwicklung Ihres Kindes als Sie, nicht einmal die Gene.

Was Sie tun, zählt.

Sagen Sie sich das jeden Tag.

Kinder lernen durch Nachahmung

Haben Sie je in den Spiegel geschaut und den Gesichtsausdruck Ihrer Mutter oder Ihres Vaters wiedererkannt? Haben Sie sich je dabei ertappt, dass Sie Ihrem Kind etwas sagen, das Sie selbst in diesem Alter von Ihren Eltern gehört haben? Ist Ihnen schon einmal aufgefallen, dass Sie ähnliche Einstellungen, Meinungen und Gewohnheiten an den Tag legen wie Ihre Eltern während Ihrer Kindheit und Jugend, obwohl Sie sich geschworen haben, es einmal anders zu machen?

Nachdem Sie nun selbst Kinder haben, sieht die Sache anders aus. Ihr Kind übernimmt Ihre Mimik, Ihre Meinungen und Gewohnheiten von Ihnen, so wie Sie es früher von Ihren Eltern getan haben. Und häufig bekommen weder Sie noch Ihr Kind mit, was da geschieht. Sie stehen auf der Bühne, und Ihr Kind sitzt im Zuschauerraum, gleich in der ersten Reihe hinter dem Orchestergraben.

Kinder kommen in die Welt und sind darauf geeicht, das Verhalten von Mutter und Vater nachzuahmen. Dagegen können Eltern nichts ausrichten. Kinder haben eine so ausgeprägte Fähigkeit, ihre Eltern zu imitieren, dass Wissenschaftler inzwischen überzeugt sind, dass diese Eigenschaft unverzichtbarer Bestandteil der menschlichen Entwicklungsgeschichte ist. Wenn Sie ein Baby, das erst wenige Tage alt ist, so halten, dass es Ihr Gesicht sehen kann, und ihm dann die Zunge herausstrecken, wird es genau dasselbe tun. (Wahrscheinlich kann es seine Muskulatur noch nicht so beherrschen, dass es die Zunge exakt wie der Erwachsene heraus-streckt, aber wenn man genau hinsieht, erkennt man, dass die Zun-genbewegung des Säuglings eine Reaktion auf die des Erwachsenen darstellt.) Erwachsene – insbesondere die Eltern – nachzuahmen ist ein naturgegebener, unabdingbarer Teil unseres Menschseins. Und Kinder können bereits in einem Alter durch Beobachtung lernen, in dem sie durch bewusste Unterrichtsversuche eigentlich noch gar nicht erreicht werden können.

Die Eltern nachzuahmen ist jedoch weit mehr als bloßes Nach-äffen. Kinder erfahren etwas über die Welt, indem sie das Verhalten der Erwachsenen deuten. Noch bevor sie sprechen können, achten Babys auf Signale ihrer Eltern, die ihnen zeigen, ob sie in Gefahr sind oder nicht. Wenn sich ein Fremder Ihrem Kind nähert – z. B. wenn in der Öffentlichkeit jemand auf Sie zukommt, um Ihnen zu versichern, wie entzückend Ihr Baby ist –, sieht ein Kind von sieben Monaten erst einmal Sie an, bevor es »beschließt« zu jammern. Wenn Sie ängstlich und nervös wirken, zeigt sich Ihr Kind eher weinerlich, als wenn Sie ein vergnügtes Gesicht machen, sobald der Fremde auf Sie zukommt. Ein Kleinkind von einem halben Jahr, das durchs Zimmer krabbelt, wirft immer wieder einen Blick zurück über die Schulter und wartet auf ein Zeichen von Mama, bevor es seine Reise fortsetzt. Ihm ist nicht nur wichtig, dass die Mutter noch da ist, es möchte ihr auch vom Gesicht ablesen, ob es die Umgebung gefahrlos weiter erforschen darf.

Wenn Ihr Kind die Welt erkundet, welche Signale schicken Sie dann aus?

Eltern ahnen häufig nicht, welche subtilen Botschaften sie ihren Kindern durch ihr Verhalten und ihre Gefühle senden. Wenn Ihr Kindergartenkind auf einen Baum klettert, signalisiert ihm Ihr ängstlicher Gesichtsausdruck nicht nur, dass Sie sich fürchten, son-dern dass es in dieser Situation tatsächlich etwas zu befürchten hat. Wenn Sie freudig lächelnd unter dem Baum stehen, zieht Ihr Kind völlig andere Schlüsse. Das ist einer der Gründe, warum ängst-liche Eltern oft ängstliche Kinder haben. Furchtsamkeit ist zwar (teilweise) erblich, aber sie ist auch ansteckend, und Kinder sind für die Emotionen ihrer Eltern besonders empfänglich.

Ältere Kinder beobachten ihre Eltern in den verschiedensten Situationen und suchen nicht nur im Hinblick auf mögliche Gefahren nach Orientierung. Wenn Ihr Kind mitbekommt, dass Sie in Ihrer Partnerschaft bei Meinungsverschiedenheiten einander anschreien oder gar körperliche Gewalt anwenden, kommt es zu dem Schluss, dass Streit am besten durch Kampf bis zum letzten Blutstropfen auszutragen ist. Wenn Sie hingegen selten laut werden, ist es eher unwahrscheinlich, dass Ihr Kind seine Spielkameraden anbrüllt. Eltern, die ihren Kindern verbieten zuzuschlagen, aber selbst physisch aggressiv sind, stellen oft überrascht fest, dass ihre Kinder dieses Verhalten in ihren späteren Freundschaften, Partnerschaften und Familienbeziehungen imitieren. Das ist einer der Gründe, warum misshandelte Kinder als Erwachsene in der Ehe und gegenüber ihren eigenen Kindern häufiger gewalttätig werden als andere, die keine Gewalterfahrung haben.

Kinder ahmen das Benehmen der Eltern auch deshalb nach, weil sie ein starkes, ja geradezu angeborenes Bedürfnis haben, so zu werden wie ihre Mutter oder ihr Vater. Wer Kinder schon einmal beim Spielen mit Altersgenossen belauscht hat, weiß, dass sie gern die eigenen Eltern imitieren. Nicht selten vernehmen Mütter und Väter dann die eigenen Worte aus dem Mund ihrer Söhne und Töchter. (Wenn man dabei Witziges und Kluges zu hören bekommt, ist man mit Stolz erfüllt, etwas anders verhält es sich bei Flüchen und Derbheiten.) Ein Kind, das seine Puppen mit Stubenarrest, Liebesentzug oder Schlägen bestraft, hat Ähnliches wahrscheinlich selbst erlebt. Ein Kind, das seinen Stofftieren mit ruhiger Stimme vorliest, wurde wohl schon öfter auf diese Weise beruhigt oder hat miterlebt, wie seinen Geschwistern vorgelesen wurde. Kinder, die »Vater – Mutter – Kind« spielen, imitieren häufig den Erziehungsstil, den sie selbst beobachtet haben.

Die meisten Eltern unterschätzen, wie aufmerksam ihr Kind registriert, was sie tun und sagen. Offenbar haben wir uns daran gewöhnt, dass unsere Söhne und Töchter nicht hinhören, wenn wir ihnen etwas sagen, sodass wir übersehen, wie genau sie Acht geben, wenn wir uns lieber unbeobachtet wüssten. Kinder haben jedoch ein ausgeprägtes Talent, geistesabwesend zu wirken, wenn sie in Wirklichkeit aufpassen wie die Schießhunde. Sie glauben vielleicht, Ihre Tochter, die sich intensiv mit ihrem Malbuch beschäftigt, bekäme nichts davon mit, dass Sie die schwierige finanzielle Situation mit Ihrem Mann besprechen, aber Sie können davon ausgehen, dass sie jedes Wort registriert, auch wenn sie nicht alle Einzelheiten begreift. Und Ihr nervöser, ängstlicher Tonfall entgeht ihr ebenfalls nicht.

Und denken Sie nicht, dass Sie nur zu Hause von den Kleinen mit Argusaugen beobachtet werden. Ihr Kind registriert auch draußen genau, was Sie tun, und lernt daraus. Ob Sie im Supermarkt an der Kasse anstehen, im Restaurant beim Kellner bestellen, auf dem Spielplatz mit Eltern sprechen oder auf dem Flughafen mit anderen Passagieren plaudern – Ihr Kind achtet darauf, wie Sie sich verhalten. Wenn Sie höflich und freundlich sind, wird sich Ihr Kind höchstwahrscheinlich ähnlich verhalten. Reagieren Sie hingegen unhöflich, gehässig oder unterkühlt, orientiert sich Ihr Kind für sein künftiges Benehmen daran. Wie man mit anderen Menschen umgeht, lernt Ihr Kind durch Ihr Vorbild.

Lernen durch Beobachten spielt auch bei Jugendlichen noch eine Rolle, allerdings imitieren ältere Kinder ihre Eltern nicht mehr im strengen Sinne, sondern entdecken subtilere Methoden der Nachahmung. Auch wenn es so aussieht, als seien Sie nicht gerade der wichtigste Mensch im Leben Ihres Kindes, achten Jugendliche genau darauf, wie Sie Ihre Freizeit gestalten, wie viel Zeit Sie sich für die Familie nehmen, was Ihnen Freude macht und wie Sie mit Stress umgehen. Vor allem Teenager weisen gern darauf hin, welche Kluft zwischen Wort und Tat sich bei ihren Eltern auftut. Wenn Ihr Kind z. B. beobachtet, dass Sie sich betrinken, um Ihre Probleme zu vergessen, können Sie mit einer Gardinenpredigt über die Gefahren des Alkohols vermutlich wenig Eindruck schinden.

Dennoch sind Kinder keine Blaupause ihrer Eltern. Denn Sie sind zwar das wichtigste, aber keineswegs das einzige Vorbild für Ihr

Kind. Junge Menschen lernen auch von anderen Familienmitgliedern, von Gleichaltrigen und aus Fernsehsendungen. Aber sie nehmen ihre Eltern genauer unter die Lupe als jeden anderen. Das gilt vor allem in der Pubertät.

Vielleicht finden Sie es ja in Ordnung, Ihre Partnerin anzuschreien, vielleicht drücken Sie sich gern derb aus, geben boshafte Kommentare ab, prahlen damit, dass Sie Steuern hinterziehen, oder trinken gelegentlich einen über den Durst. Aber bitte, tun Sie das nicht vor den Augen Ihrer Kinder.

Und wenn Sie mit irrationalen Befürchtungen und Ängsten zu kämpfen haben, gibt es keinen vernünftigen Grund, warum Sie Ihre Kinder daran Anteil haben lassen sollten.

Eltern haben ihren Kindern schon immer ans Herz gelegt: »Tu, was ich dir sage, und nicht, was ich tue«, aber diesen Rat hat die junge Generation von jeher in den Wind geschlagen. Durch Beobachtung lernen Kinder mehr von ihren Eltern als durch Strafpredigten. Deshalb sollten Sie genau darauf achten, was Sie sagen und tun, wenn Ihre Kinder in Hörweite sind.

Dass Ihr Kind Sie als Vorbild sieht, können Sie nicht verhindern. Ob Sie wollen oder nicht, Ihr Kind beobachtet Sie und lernt daraus.

Umgang mit Einflüssen von außen

Eltern sind zwar das wichtigste Vorbild, an dem sich ein Kind orientiert, aber keineswegs das Einzige. Klassenkameraden, Freunde und Lieblingssendungen haben ebenfalls Einfluss auf sein Verhalten.

Was können Eltern ausrichten angesichts der zahlreichen Einflüsse, die außerhalb der Familie auf ihr Kind einwirken? Zu dieser Frage möchte ich zunächst hervorheben, was Eltern nicht tun sollten.

Zucken Sie nicht mit den Schultern und beklagen Sie nicht, dass Sie angesichts dieser Kräfte machtlos seien. Denn das stimmt nicht.

Zeigen Sie nicht mit dem Finger auf den Freund oder die Freundin und behaupten, dass er oder sie die alleinige Verantwortung für das unerwünschte Verhalten Ihres Kindes trägt. Kinder suchen sich ihre Freunde aus, und Eltern haben Einfluss auf die Entscheidungen ihrer Kinder.

Lasten Sie das Verhalten Ihres Kindes nicht dem Fernsehen, der modernen Musik oder dem Internet an. Wenn Sie Einwände gegen den TV-, Musik- oder Internet-Konsum Ihres Sohns oder Ihrer Tochter haben, gibt es viele Möglichkeiten, Ihren Einfluss geltend zu machen.

Es steht außer Frage, dass Gleichaltrige und die Massenmedien für Kinder und Jugendliche heute eine weit wichtigere Rolle spielen als für frühere Generationen. Da immer mehr Mütter Vollzeit arbeiten, sind die Kinder seltener mit Erwachsenen zusammen und verbringen dafür mehr Zeit mit Freunden oder mit den elektronischen Medien, als ihre Eltern das in der Vergangenheit selbst getan haben. Den Jugendlichen steht inzwischen ein unglaubliches Medienangebot offen: Hunderte von Fernsehkanälen sind über Kabel oder Schüssel zu empfangen; Videospiele am Computer und Gameboy oder über Internet üben eine enorme Anziehungskraft aus; Filme stehen durch Video, DVD oder Fernsehen bereit; Musik ist über das Radio, CDs, Tapes oder das Internet zu haben; hinzu kommen Tausende von Printmedien und Online-Zeitschriften sowie Millionen nichtüberwachter Chatrooms und Web-sites. Und all das steht praktisch vierundzwanzig Stunden täglich, sieben Tage die Woche zur Verfügung.

Überdies bleiben Kinder, die ihre Zeit mit elektronischen Medien oder Freunden verbringen, weitgehend sich selbst überlassen. Sehr viele Kinder und Jugendliche haben einen eigenen Fernseher im Zimmer, auf dem sie sehen können, was sie wollen und wann sie wollen. Millionen von Schulkindern bekommen nachmittags nach der Schule keinen Erwachsenen zu Gesicht.

Angesichts dieser Zustände kann man verstehen, dass Eltern die Ursachen für die Probleme ihrer Kinder überall suchen – nur nicht bei sich selbst. Wie bequem ist es doch, die Aggressivität des Sohnes durch ein Übermaß an Computerspielen zu erklären oder den Drogenkonsum der Tochter durch den schädlichen Einfluss ihres Freundes!

Tatsächlich stehen Kinder zwar unter dem Einfluss der Freunde, der Lieblingssendungen und anderer Medien, für die sie sich entscheiden, aber Eltern können doch manches in bestimmte Bahnen lenken. Kinder wählen ihre Freunde nicht aufs Geratewohl; auch ihr Musik- und Fernsehkonsum und andere Freizeitvergnügungen sind nicht dem Zufall unterworfen. Als Eltern haben Sie Einfluss auf die Entscheidungen Ihrer Kinder.

Was Sie *nicht* tun sollten, habe ich bereits dargelegt. Jetzt folgt, was Sie tun sollten.

Sie können etwas bewirken, indem Sie die Rolle des »Managers« für die Freizeitaktivitäten und die Freundschaften Ihres Kindes übernehmen. Wenn Sie von den Einflüssen von außen nicht an den Rand gedrängt werden wollen, sollten Sie die Planung der Freizeitgestaltung nicht ausschließlich in die Hände Ihres Kindes legen.

Kleine Kinder kann man leicht mit Spielkameraden zusammenbringen, die man gutheißt, und von Gleichaltrigen fern halten, die ihnen nicht gut tun. Mit wem Ihr Kind in Schule und Kindergarten zusammenkommt, können Sie natürlich nicht beeinflussen, aber die Verabredungen am Nachmittag und am Wochenende sind durchaus zu regeln. Durch Ihre Entscheidung, mit wem sich Ihr Sohn oder Ihre Tochter zum Spielen treffen darf, erkennt Ihr Kind, was sie an seinen Spielkameraden schätzen und was nicht. Scheuen Sie sich nicht, etwas Gutes über Kinder zu sagen, denen Sie einen positiven Einfluss zutrauen (»Ich finde Julia nett – sie ist immer so höflich und freundlich« oder »Ich freue mich, dass du dich mit Michael angefreundet hast – mit ihm hast du anscheinend viel Spaß«). Es ist zwar nie zu spät, Einfluss auf die Freundschaften Ihrer Kinder auszuüben, aber es ist viel leichter, wenn man früh damit anfängt.

Sobald Ihr Kind in die Grundschule wechselt, sollten Sie Aktivitäten fördern, durch die es Kinder kennen lernt, die sich auch für geistige, kreative oder sportliche Betätigung interessieren. Musikunterricht, Ballett oder Sport sind schön und gut, aber Sie sollten auch dafür sorgen, dass Ihr Kind mit Gleichaltrigen zusammenkommt, die einen positiven Einfluss ausüben. Achten Sie darauf, mit wem Ihr Kind befreundet ist. (Wenn Sie es nicht so genau wissen, erkundigen Sie sich in der nächsten Elternsprechstunde. Lehrer können häufig genau darüber Auskunft geben.) Und erwähnen Sie ruhig immer wieder, welche Freunde Ihnen gefallen und welche nicht. Wichtig zu wissen ist vor allem, dass Sie die Auswahl der Freunde Ihres Kindes durch die Lenkung seiner *Interessen* beeinflussen können. Dieser indirekte Ansatz funktioniert oft weitaus besser als der Versuch, Ihrer Tochter eine Freundschaft auszureden.

In Grundschulalter sollte klar geregelt werden, wie Ihr Kind seine Freizeit gestaltet, weil das erheblichen Einfluss auf die Freundschaften hat, die es schließt. Wenn Ihre Tochter sich außerhalb der Schule für eine Beschäftigung begeistert – ganz gleich ob sie sich sportlich, kreativ, musikalisch oder kirchlich engagiert –, dürfte sie kaum in Gefahr geraten, sich Kindern anzuschließen, durch die sie auf Abwege gerät.

Auch bei Teenagern kann der Freundeskreis durch eine Förderung positiver Interessen beeinflusst werden. Überdies ist es sinnvoll, die Freunde des Sohnes oder der Tochter kennen zu lernen und mit Ihrem Kind offen darüber zu sprechen, wen Sie mögen und wer Ihnen weniger gefällt. Sie sollten allerdings einen Grund angeben und Ihre Aussage belegen können (»Mir wäre es lieber, du würdest dich nicht so oft mit Susanne treffen – anscheinend hat sie in der Schule ständig Schwierigkeiten«). Allerdings dürfen Sie nicht erwarten, dass Ihr Teenager eine Freundschaft abbricht, nur weil Sie gelegentlich kritische Anmerkungen machen. Aber wenn Sie Ihren Standpunkt überzeugend vertreten, wird das im Laufe der Zeit Wirkung zeigen. Jugendliche zu beeinflussen erfordert viel Geduld, deshalb ist es am besten, schon vor der Pubertät die entsprechenden Weichen zu stellen. Und selbstverständlich müssen Sie verhindern, dass Ihr Kind mit Gleichaltrigen zusammenkommt, die eine echte Gefahr darstellen.

Auch den Medienkonsum Ihres Kindes sollten Sie steuern. Zwar üben die Medien einen geringeren Einfluss aus als Sie selbst oder die Altersgenossen, aber Fernsehen, Computerspiele und Filme haben dennoch Auswirkungen auf Kinder, vor allem im Hinblick auf Gewalt. Kinder, die häufig Gewaltdarstellungen sehen oder am PC Kriegsspiele spielen, legen ein aggressiveres Verhalten an den Tag. (Die Folgen von gewaltverherrlichender Musik sind nicht so klar zu belegen.) Hier spielt die Zeit, die ein Kind vor dem Bildschirm verbringt, eine Rolle: Je länger Jungen und Mädchen den entsprechenden Reizen ausgesetzt sind, desto mehr Aggression staut sich an.

Die nahe liegende Lösung ist, den Fernsehkonsum und die Computernutzung Ihres Kindes zeitlich und inhaltlich zu begrenzen. Wenn Sie Ihrem Sohn einen Fernseher ins Zimmer stellen und in keiner Weise regeln, welche Sendungen er wie lange sehen darf, steht es Ihnen nicht zu, sich über die schlimmen Auswirkungen des Fernsehens auf seine Entwicklung und sein Verhalten zu beklagen. Und den Computer Ihres Kindes können Sie ohne weiteres mit Filtern ausstatten, die pornografische und gewaltverherrlichende Inhalte blockieren.

Es ist durchaus möglich, angesichts der gewaltigen Kräfte, die außerhalb der Familie auf Kinder einwirken, Ihre Autorität als Eltern zu bewahren – indem Sie sich klar machen, wie groß Ihr Einfluss auf die Wahl der Freunde und Freizeitaktivitäten Ihres Kindes ist. Statt sich zu sagen, Sie seien diesen überwältigenden Faktoren machtlos ausgeliefert, sollten Sie sich vor Augen halten, dass gerade deren Macht Ihr Engagement fordert. Dass Gleichaltrige und die allgegenwärtigen Massenmedien auf Ihr Kind einwirken, heißt nicht, dass Eltern an Bedeutung verlieren. Es verhält sich genau umgekehrt: Gerade ihr wachsender Einfluss macht Eltern heute wichtiger denn je.

Sorgen Sie sich um die negativen Folgen, die der Umgang mit Freunden und der Medienkonsum für Ihr Kind hat? Wenn ja, dann resignieren Sie nicht und drücken Sie sich nicht vor der Verantwortung. Behaupten Sie vielmehr Ihre Autorität – denn dafür sind Eltern da.

Aus Fehlern lernen

Alle Eltern machen Fehler. Wenn wir müde oder gestresst sind, kanzeln wir unsere Kinder ab. Wir vergessen zu fragen, was in der Schule los war, wenn wir die eigene Arbeit im Kopf haben. Gelegentlich sind wir zu nachgiebig, weil wir nicht die Kraft haben, die einmal festgelegten Regeln durchzusetzen, oder wir sind einfach aus schlechter Laune zu rigoros. Niemand ist perfekt.

Wenn Sie einen Fehler begangen haben, brauchen Sie sich aber nicht zu geißeln. Ihr Kind trägt keine Narben fürs Leben davon, weil Sie einmal die Geduld verloren, ein Schulprojekt nicht gelobt, in Hörweite einen Streit mit Ihrem Partner ausgetragen oder ein wichtiges Fußballspiel Ihres Sohnes verpasst haben. Was Kinder viel mehr bestimmt, sind die Verhältnisse, die normalerweise zu Hause herrschen, und nicht einzelne Ereignisse, auch wenn sie dramatisch sind. Entscheidend ist das Klima, dem Ihr Sohn oder Ihre Tochter ständig ausgesetzt ist. Einzelne Entscheidungen oder Zwischenfälle haben nur dann spürbare Folgen für Kinder, wenn sie wirklich traumatisch sind. Und selbst angesichts von Traumata erweisen sich Kinder als bemerkenswert widerstandsfähig.

Deshalb ist es so wichtig, dass Eltern die eigenen Fehler erkennen und daraus lernen. Wenn Sie begreifen, warum Sie etwas falsch gemacht haben, können Sie herausfinden, was da schief gegangen ist, und verhindern, dass es sich wiederholt – sodass diese elterlichen Fehler sich nicht zu Hause etablieren.

Bei jeder Mutter und jedem Vater sehen die Umstände, die einer gelingender Erziehung im Wege stehen, anders aus, deshalb ist ein wenig Selbstanalyse vonnöten, um sich der eigenen Schwachpunkte bewusst zu werden. Manch einer stellt fest, dass er unter Zeitdruck überreagiert, ärgerlich oder unaufmerksam wird. Wenn Sie bemerken, dass Sie in dieser Situation Fehler begehen – und etwas tun oder sagen, das Sie später bereuen –, dann sorgen Sie dafür, dass Sie keine wichtigen Erziehungsentscheidungen treffen müssen, solange es hektisch zugeht. Wenn Ihr Kind die Erlaubnis für größere Unternehmungen einholen will, während Sie sich in aller Eile für die Arbeit fertig machen, dann lautet die beste Antwort wohl: »Das möchte ich mir noch überlegen, reden wir später darüber.« Fordert Ihr Kind sofort eine Antwort, dann geben Sie nicht nach, es sei denn, es ist unumgänglich (z. B. die Teilnahme an einem Schulausflug am selben Tag). Kommt das öfter vor, erklären Sie Ihrem Kind, dass der hektische Start in den Tag für derartige Gespräche denkbar ungünstig ist. Gewöhnen Sie sich einfach an, solche Entscheidungen am Vorabend zu besprechen.

Dasselbe gilt für Eltern, die nicht gerade zur Höchstform auflaufen, wenn sie mit den Gedanken woanders sind. Vielleicht haben Sie bei der Arbeit einen wichtigen Termin einzuhalten oder in Ihrer Ehe gibt es Probleme oder Sie denken oft an einen Angehörigen oder Freund, der schwer krank ist. Manche Menschen können zwischen unterschiedlichen Lebensbereichen klare Trennungslinien ziehen; sie schieben solche Sorgen für einige Zeit beiseite und widmen sich, wenn nötig, voll und ganz ihrem Kind. Anderen Eltern – vielleicht gehören Sie dazu – fällt es schwerer, ihren Erziehungsaufgaben gerecht zu werden, wenn andere Bereiche ihre volle Aufmerksamkeit fordern. Hier hilft es nur, sich bewusst zu machen, dass Sie andere Probleme im Kopf haben, und sich trotzdem den anstehenden Erziehungsaufgaben zuzuwenden. Manchmal reicht es, wenn man weiß, dass man mit etwas anderem beschäftigt ist, um genau das Thema dann für eine Weile ad acta zu legen.

Andere Eltern kommen mit Zeitdruck oder zusätzlichen Problemen in anderen Lebensbereichen gut zurecht, bringen aber nicht viel zustande, wenn sie müde sind. Falls hier Ihr Problem liegt, berücksichtigen Sie auch diesen wunden Punkt, wenn Sie nach einem langen Arbeitstag nach Hause kommen, eine anstrengende Fahrt hinter Ihnen liegt oder wenn Sie schlecht geschlafen haben. Ihr Kind wird Verständnis aufbringen, wenn Sie ihm erklären, dass Sie eine kleine Ruhepause benötigen, bevor Sie sich anhören, was heute in der Schule los war. Das ist besser, als Aufmerksamkeit vorzutäuschen, obwohl man in Wirklichkeit nichts mitbekommt.

Gut zu erziehen ist schwer, wenn man wütend und aufgebracht ist. Wenn Ihr Kind Sie aus irgendeinem Grund in Rage bringt, hat das Folgen für Ihr Verhalten. Es lässt sich nicht vermeiden, dass Eltern gelegentlich in Wut geraten, aber es ist grundsätzlich nicht ratsam, Kinder zu bestrafen, wenn man wütend ist. Ihre Empörung mag völlig gerechtfertigt sein (z. B. hat sich Ihr Kind, ohne zu fragen, einen wertvollen oder unersetzlichen Gegenstand geborgt und ihn kaputtgemacht), aber es ist besser, wenn Sie erst einmal abwarten, bis sich Ihr Zorn gelegt hat. Am besten sagen Sie ganz direkt: »Ich bin zu wütend, um jetzt darüber zu reden. Warten wir, bis wir ruhig darüber sprechen können.« Glauben Sie mir, Ihr Kind wird es Ihnen danken.

Wenn Eltern Fehler machen, hat es keinen Sinn, so zu tun, als hätte man sich richtig verhalten. Es ist wichtig, dass Mütter und Väter einander und ihrem Kind gegenüber ihre Fehler eingestehen, und zwar so, dass das Kind es begreift. Wenn Sie sagen: »Tut mir Leid, dass ich dich vorhin angefahren habe. Im Büro ist es heute nicht gut gelaufen, und das habe ich an dir ausgelassen« oder »Ich habe über unser Gespräch gestern Abend nachgedacht und glaube, dass du wahrscheinlich Recht hattest«, dann werden Sie in der Achtung Ihres Kind sicherlich nicht absinken. Eher tritt das Gegenteil ein: Kinder, die sehen, dass ihre Eltern Fehler zugeben, werden in Zukunft den Standpunkt von Mutter und Vater eher respektieren, weil sie wissen, dass ihre Meinung auch von den Eltern geachtet wird. Auf diese Weise können Sie Ihrem Kind gleichzeitig vermitteln, dass man sich entschuldigen sollte, wenn man einem anderen Unrecht getan hat.

Ich habe in Aussicht gestellt, dass dieses Buch Ihnen helfen kann, bessere Eltern zu werden. Was ich Ihnen aber nicht versprechen möchte, ist, dass Sie perfekte Eltern werden. Denn perfekte Eltern gibt es nicht. Wenn Sie einmal zu heftig oder zu zurückhaltend reagiert oder wenn Sie sich falsch verhalten haben, geben Sie Ihren Irrtum zu, versuchen Sie, es das nächste Mal besser zu machen, und schauen Sie nach vorn.

Zweites Gebot: Zu viel Liebe gibt es nicht

Kann man ein Kind mit Liebe verziehen?

Wenn Eltern sich mehr Gedanken darüber machten, ob sie ihrem Kind genug Aufmerksamkeit schenken, und sich weniger darum sorgten, ob sie es verhätscheln, lebten wir in einer besseren Welt.

Mir fallen unzählige Kinder ein, die leiden, weil ihre Eltern zu beschäftigt, egoistisch oder geistesabwesend sind, um sich darum zu kümmern, was ihr Nachwuchs braucht. Aber ich kenne kein einziges Kind, das schlechter dran gewesen wäre, weil seine Eltern es zu sehr liebten. Es ist schlicht gesagt unmöglich, ein Kind durch Liebe zu verderben.

Kinder, die wir als verzogen bezeichnen, haben niemals ein Zuviel an Liebe erhalten. Ihr Verhalten ist in der Regel darauf zurückzuführen, dass sie mit *etwas anderem* als Liebe abgespeist wurden – z. B. mit übertriebener Nachsicht, heruntergeschraubten Erwartungen oder materiellen Dingen. Kinder erleiden Schaden, wenn Eltern ihnen keine Grenzen setzen, wenn sie keine Forderungen stellen, weil sie nett sein wollen, oder wenn Spielzeug, Essen oder andere Dinge als Ersatz für echte Zuneigung und Aufmerksamkeit herhalten müssen.

Wenn es aber um echte Wärme und Zuneigung geht, können Sie Ihrem Kind gar nicht zu viel Liebe geben.

Was heißt das konkret?

Ihrem Sohn kann es nicht schaden, wenn Sie ihm täglich sagen, dass Sie ihn lieb haben. Ihre Tochter leidet nicht darunter, wenn Sie ihr erklären, dass sie Ihnen unendlich viel Freude bereitet. Wenn Sie Ihr Kind mit Zärtlichkeit, Fürsorglichkeit und aufrichtigem, verdientem Lob überschütten, machen Sie nichts verkehrt. Zügeln Sie Ihre Liebe nicht, seien Sie nicht zurückhaltend, nur weil Sie glauben, Ihrem Kind könnte die viele Aufmerksamkeit nicht bekommen.

Vor vielen Jahren war man der Ansicht, zu viel Liebe sei nachteilig für die Charakterentwicklung. Vielleicht kennen Sie jemanden, der noch an diese »alte Schule« der Kindererziehung glaubt und Sie davor warnt, Ihrem Kind allzu große Zärtlichkeit zu zeigen.

Die alte Schule hat sich als Irrtum erwiesen. Tausende von Untersuchungen haben sich mit dem Zusammenhang zwischen elterlicher Liebe und dem Lebenserfolg der Kinder beschäftigt. Wenn man den Charakter durch ein Zuviel an Liebe verderben könnte – wenn die alte Schule Recht hätte –, dann müssten die Kinder am besten zurecht kommen, in deren Elternhaus es etwas distanziert zugeht und Liebe nicht offen gezeigt wird. Ich kenne aber keine einzige wissenschaftliche Studie, die zu solchen Schlüssen gekommen wäre. Immer wieder stellte sich heraus, dass die, die im Leben am besten zurechtkommen, besonders viel elterliche Zuneigung erfahren haben.

Nach wie vor gibt es Eltern, die an die alte Schule glauben. Manche meinen, Kinder müssten gestählt werden und ein Übermaß an Liebe verweichliche den Nachwuchs. (Das ist die »harte Schule« der Kindererziehung.) Manche vermuten, dass Kinder, die mit sehr viel Zuneigung aufwachsen, zu schwachen Erwachsenen würden. (Gelegentlich äußern Väter die Ansicht, zu viel Liebe schade der Männlichkeit ihres Sohnes.) Andere denken, Elternliebe, Lob oder Sorge würden übergroße Bedürfnisse bei den Kindern wecken, sodass sie später im Leben ungeheuer viel Aufmerksamkeit und Fürsorge bräuchten. Sie sind überzeugt, dass sie durch Liebesentzug bei ihren Kindern ein geringeres Bedürfnis nach Liebe erzeugen.

In Wahrheit trifft das Gegenteil zu. Wenn Kinder aufrichtig geliebt werden, fühlen sie sich so gut aufgehoben, dass sie letztlich unabhängiger werden. Entsprechend hatten emotional bedürftige Erwachsene häufig darunter zu leiden, dass sie in ihrer Kindheit nicht genug geliebt wurden oder ihre Eltern unzuverlässig oder unaufrichtig waren. Weitaus zufriedener und liebesfähiger sind hingegen die Menschen, die sich als Kinder von ihren Eltern aufrichtig und bedingungslos geliebt fühlten, und nicht jene, die mit weniger als dem vollen Maß an Zuneigung auskommen mussten.

Zum selben Ergebnis kam eine bekannte Untersuchung, die sich mit der Frage befasste, ob Eltern nachts auf das Schreien ihres Babys reagieren sollten oder nicht. Hier wurde die Meinung widerlegt, dass eine Mutter, die ihr schreiendes Baby tröstet, dieses Verhalten belohne und das Kind deshalb häufiger schreie. Richtig ist vielmehr, dass Babys, die beruhigt werden, wenn sie sich nachts melden, im Laufe der Zeit deutlich seltener schreien und nicht öfter. Der Grund ist einleuchtend: Babys schreien, wenn sie nachts aufwachen, weil sie sich nicht orientieren können und deshalb Angst bekommen. Wenn man sie tröstet, fühlen sie sich geborgen und können schließlich besser schlafen.

Die sicherste Methode, dafür zu sorgen, dass ein Säugling Nacht für Nacht schreit, besteht darin, seine emotionalen Bedürfnisse zu ignorieren. Und wer Liebe und Zuneigung verweigert, muss damit rechnen, ein emotional bedürftiges Kind großzuziehen.

Allerdings kommt es nicht nur darauf an, *ob*, sondern auch *wie* Sie Ihrem Kind Liebe zeigen. Ein Kind, das mit Zärtlichkeit, Komplimenten, Lob, Aufmerksamkeit überschüttet wird und immer wieder zu hören bekommt, wie sehr Sie die gemeinsame Zeit mit ihm genießen, kann sich nur glücklich schätzen – und je öfter es das erlebt, desto besser. Wenn Sie überdies Ihren Nachwuchs mit schönen Geschenken und teuren Ausflügen verwöhnen, ihm sein Lieblingsessen kochen oder besondere Privilegien einräumen wollen, ist das auch in Ordnung, solange es in Maßen geschieht und nicht als Ersatz für echte Liebe und Zuwendung herhalten muss. (Damit können Sie sich ohnehin nur selbst täuschen. Kinder kennen den Unterschied zwischen wahrer Zuneigung und Bestechung ganz genau.)

Einer meiner Mentoren, der hervorragende Kinderpsychologe Urie Bronfenbrenner, hat einmal gesagt, dass jedes Kind wenigstens einen Erwachsenen braucht, der an das Kind »irrational gebunden« ist. Diese emotionale Bindung ermöglicht Kindern, seelisch gesund aufzuwachsen.

Scheuen Sie sich nicht, Ihrem Sohn oder Ihrer Tochter Ihre »irrationale Bindung« zu zeigen. Wer seinem Kind echte Liebe schenkt, kann dies gar nicht übertreiben.

Körperliche Zuwendung geben

Kinder brauchen sehr viel körperliche Zuwendung, und zwar nicht nur als Säuglinge, sondern in ihrer gesamten Kindheit und Jugend. Bei uns Menschen ist der Tastsinn sehr ausgeprägt, und wir haben ein angeborenes Bedürfnis nach körperlichem Kontakt.

Manchmal gewinnt man den Eindruck, dass Eltern sich so sehr um die intellektuelle Entwicklung ihrer Kinder sorgen, dass das grundlegendere Verlangen nach körperlicher Nähe übersehen wird. Wer sich endlos den Kopf darüber zerbricht, wie er die geistigen Fähigkeiten seiner Kinder fördern kann, darf dabei nicht vergessen, dass die eigentliche Grundlage einer guten Beziehung zwischen Eltern und Kind emotional und körperlich ist, und nicht intellektuell. All die Lernspielzeuge, die Kinder geistig stimulieren sollen, mögen einem das Gefühl geben, den Elternpflichten gerecht zu werden, aber langfristig tragen sie kaum zur Entwicklung Ihres Kindes bei. In Wirklichkeit hat Ihr Kleinkind wesentlich mehr davon, wenn Sie mit ihm auf dem Fußboden herumtollen, als von einem hübschen Mobile über dem Bettchen oder einer Stunde mit Lernkarten für Fremdsprachen oder das Einmaleins.

Der Körperkontakt zwischen Eltern und Kind wirkt sich nicht nur seelisch aus. In den Arm genommen zu werden ist für Ihr Kind nicht einfach nur eine schöne Erfahrung. Bei zahlreichen Säugetieren kann man beobachten, dass sich die Jungen besser entwickeln, wenn sie von ihren Eltern freundlich und liebevoll berührt werden. Der Kontakt regt das Wachstum an, vermindert Stress und verbessert das Immunsystem. Und nebenbei: Falls Sie zu den Eltern gehören, die ständig darüber nachdenken, wie sie ihr Kind geistig fördern können, dann dürfen Sie sich damit trösten, dass neuere Untersuchungen einen Zusammenhang zwischen der Zärtlichkeit der Eltern und der Hirnentwicklung des Säuglings nachgewiesen haben. Wenn Sie Ihr Kleinkind knuddeln, ist damit zwar noch nicht die Zulassung zu Numerus-clausus-Fächern garantiert, aber zweifellos werden seine intellektuellen Fähigkeiten gefördert, und das auch noch kostenlos.

Doch nicht nur Ihr Kind profitiert von der Zuwendung, die Sie ihm schenken. Auch Ihre eigene seelische Bindung an den Sohn oder die Tochter wird durch regelmäßigen Körperkontakt gestärkt. Mit anderen Worten: Nehmen Sie sich die Zeit, Ihr Baby in den Schlaf zu wiegen, bevor Sie es ins Bettchen legen, denn das bringt Ihnen genauso viel wie Ihrem Kind. Das sollten vor allem Väter beherzigen, die im Alltagsgeschäft des Fütterns, Anziehens und Badens oft weniger zum Zug kommen als Mütter. Und besonders wichtig ist es für Eltern, die Vollzeit arbeiten und weitgehend auf Kinderbetreuung angewiesen sind. Rufen Sie sich regelmäßig in Erinnerung, dass der Körperkontakt mit Ihrem Kind ausschlaggebend für die gesunde Entwicklung Ihrer Beziehung ist.

Eltern fällt es meist leicht, ihrem Baby körperliche Zuwendung zu schenken, weil die Versorgung eines Säuglings ohnehin schon eine sehr körperliche Angelegenheit ist. Natürlich streichelt die Mutter dem Baby die Wange, wenn sie es stillt oder ihm die Flasche gibt, sie küsst es, wenn sie es in den Autokindersitz setzt, und sie reibt ihrem Kind den Rücken, wenn sie ein Bilderbuch mit ihm betrachtet; und der Vater spielt mit den Zehen des Kleinen, wenn er es badet, oder kitzelt es beim Anziehen. Auch bei Kleinkindern bietet sich häufig die Gelegenheit, sie zu umarmen, hochzunehmen und zu küssen.

Sobald der Sohn oder die Tochter den Kindergarten besucht, ist eine bewusstere Entscheidung fällig, Ihre Zuneigung auch körperlich und nicht nur mit Worten zu zeigen. Bei Drei- und Vierjährigen ergibt es sich nicht mehr so oft von allein, dass man sie umarmt und küsst, weil sie sich nun selbst anziehen, selbstständig essen und nur noch selten getragen werden. Aber nur weil Ihr Kind jetzt besser allein zurechtkommt und sich auch sprachlich gut ausdrücken kann, hat sein Bedürfnis nach körperlicher

Zuwendung nicht nachgelassen. Es liegt nun an Ihnen, sich dafür Freiräume zu schaffen.

Allerdings widersetzen sich Kinder oft den Zuneigungsbekundungen ihrer Eltern, wenn sie sich dadurch wie Babys behandelt fühlen. Vier- bis Fünfjährige schätzen es nicht, wenn sie auf Befehl Küsschen geben sollen, und sie möchten auch nicht hören, sie seien ein süßer kleiner Schatz, während man sie an sich drückt. Vielleicht wünschen *Sie* sich, Ihr Kindergartenkind läge noch in den Windeln, aber Ihr Kind sieht das zweifellos völlig anders.

Aus diesem Grund hält Ihr Kind gern Ihre Hand, wenn Sie gemeinsam einen Zeichentrickfilm sehen, verweigert Ihnen diese Geste aber in der Öffentlichkeit. Dabei geht es nicht darum, ob es berührt werden möchte – dagegen hat es nichts einzuwenden. Ihr Kind möchte nur nicht, dass es so aussieht, als sei es noch klein. (Natürlich sollten Sie Ihr Kind aus Sicherheitsgründen trotzdem an die Hand nehmen, wenn Sie eine Straße überqueren oder wenn Sie sich in einer Menschenmenge bewegen. Unter diesen Umständen geht es nicht bloß um ein Zeichen von Zuneigung.)

Eltern erkennen häufig nicht, dass Kinder auch dann noch körperliche Zuwendung brauchen, wenn sie für öffentliche Liebesbekundungen längst nicht mehr zu haben sind. Da müssen Sie dann schon etwas feinfühlig sein, um die richtige Gelegenheit beim Schopf ergreifen zu können. Jedenfalls sollten Eltern nicht viel Aufhebens davon machen – körperliche Gesten der Zuneigung sind für Ihr Kind bestimmt befriedigender, wenn sie ganz normal zum Alltag Ihrer Beziehung gehören. Mit anderen Worten: Zeigen Sie Ihre Liebe, ohne dies groß anzukündigen oder theatralisch zu werden – ein Küsschen, wenn Ihr Kind morgens zur Schule geht, mal kurz drücken, wenn es nach Hause kommt, den Arm um seine Schulter legen, wenn es am Küchentisch Hausaufgaben macht, oder eine kleine Rückenmassage, wenn Sie es ins Bett gebracht haben. All diese Gesten, so zurückhaltend sie auch sein mögen, bestärken die emotionale Bindung zwischen Eltern und Kindern. Vielen Müttern und Vätern fällt das schwer, aber es ist wichtig, dass Sie es versuchen. Im Laufe der Zeit wird es leichter.

Jungen und Mädchen, die sich in Kindergarten und Grundschule um mehr Unabhängigkeit bemühen, haben häufig etwas gegen öffentliche Liebesbekundungen. Junge Menschen zwischen fünf und sechzehn möchten nicht, dass die Welt meint, sie seien der kleine Liebling ihrer Mutter. Daher ist es ein gewaltiger Unterschied, ob Sie mit Ihrem Sohn allein sind (oder im engsten Familienkreis) oder ob Sie von Außenstehenden beobachtet werden, wenn Sie ihn in die Arme schließen. Also nehmen Sie es nicht persönlich, wenn Ihr Kind das öffentliche Zurschaustellen von Zuneigung ablehnt. Wenn Sie Ihr Kind auf dem Rücksitz anschnallen, ist es z. B. ganz in Ordnung, ihm einen Kuss zu geben, solange Sie nur zu zweit sind; schaut aber der beste Freund zu, ist es Ihrem Kind zweifellos peinlich. Das heißt nicht, dass Ihr Sohn von nun an nicht mehr geküsst werden will, er will es nur nicht, wenn sein Freund neben ihm sitzt. (Natürlich ist in diesem Fall gegen ein aufmunterndes Lächeln oder ein heimliches Drücken nichts einzuwenden.)

Die Verlegenheit angesichts öffentlicher Gesten der Elternliebe erreicht meist kurz vor der Pubertät ihren Höhepunkt, aber sie darf keinesfalls so gedeutet werden, als wäre Ihr Kind emotional distanziert. Vor Zeugen wollen zwölf- oder dreizehnjährige Kinder oft nicht einmal umarmt werden, selbst wenn die Zuschauer weder Klassenkameraden noch Freunde sind. Auch das hat nichts mit den Gefühlen Ihres Jugendlichen für Sie – weder als Mensch noch als Mutter oder Vater – zu tun. Ihre Tochter möchte der Welt lediglich kund tun, dass sie erwachsen ist (wenigstens hofft sie, dass es von außen den Anschein hat), und sie wäre notfalls auch bereit, die Tatsache zu verleugnen, dass sie überhaupt Eltern hat.

Wenn Sie Ihren Sohn oder Ihre Tochter von der Schule abholen, können Sie also froh sein, wenn wenigstens eine kurze Umarmung erlaubt ist. Dennoch kann Ihr Kind zu Hause für wesentlich innigere Zeichen der Zuneigung offen sein. Ich kenne viele Jugendliche, die in der Öffentlichkeit die körperliche Nähe der Eltern meiden, sich daheim aber gern die Arme schließen lassen. Was spricht dagegen, die Wünsche Ihres Jugendlichen zu akzeptieren, wenn er diesen Teil der Beziehung in die Privatsphäre verbannen möchte? Sofern man keine Staatsaffäre daraus macht, entspannt sich die Situation in der Regel gegen Ende der Pubertät. Sobald Teenager darauf vertrauen können, als junge Erwachsene wahrgenommen zu werden, haben sie meist nichts mehr gegen öffentliche Zeichen der Zuneigung einzuwenden.

Manche Eltern halten sich bei ihren Teenagern mit Zärtlichkeitsbekundungen zurück, weil sie von der sich entwickelnden Sexualität ihrer Kinder unangenehm berührt werden. Die Sorge plagt vor allem Väter von Töchtern und Mütter von Söhnen. Dazu besteht jedoch kein Anlass. Sie kennen den Unterschied zwischen sexueller und nichtsexueller Zuwendung, und für Ihr Kind gilt das genauso. Nicht sexuell motivierte Umarmungen und Küsse sind in diesem Entwicklungsstadium nicht nur in Ordnung, sie wirken sich sogar positiv aus. Während sich der eigene Körper so dramatisch und unvorhersehbar verändert, ist es für Jugendliche beruhigend, von einem Menschen in den Arm genommen zu werden, der ihnen durch und durch vertraut ist. Das gilt auch dann, wenn Ihr Kind Ihnen das nicht verrät.

Sie können Ihrem Kind gar nicht genug Zuneigung zeigen. Nur beim Wann und Wo ist etwas Fingerspitzengefühl erforderlich.

Loben Sie die Leistungen Ihres Kindes

Wenn Ihr Kind eine schwierige Leistung vollbracht hat, halten Sie sich mit Ihrer Bewunderung nicht zurück. Ob es nun darum geht, dass sich Ihr Baby im Bettchen zum ersten Mal an den Gitterstäben hochzieht oder Ihre Tochter ein schwieriges Stück auf der Geige vorträgt, spielt keine Rolle. Loben Sie den Erstklässler für seine ersten Erfolge beim Lesenlernen und die junge Studentin, die eine Semesterarbeit in Physik vorlegt. Nehmen Sie sich Zeit, voll und ganz zu würdigen, was Ihr Kind geschafft hat, und sagen Sie ihm, wie beeindruckt Sie sind. Es gibt kaum etwas, das Kinder mit so viel Stolz erfüllt wie das wohlverdiente Lob ihrer Eltern – und kaum etwas macht ihnen so zu schaffen wie fehlende Anerkennung für erbrachte Leistungen.

Das Lob der Eltern tut Kindern nicht nur seelisch gut, sie lernen dadurch auch, wie wichtig es ist, sich zu bemühen, um sein Ziel erreichen zu können. Jedes Kind sollte erleben können, wie befriedigend es ist, wenn große Anstrengung zum Erfolg führt, und ausgelöst wird dieses Glücksgefühl vor allem durch die Freude der Eltern.

Eltern befürchten zuweilen, dass zu häufiges Lob den Kindern das Gefühl geben könnte, die Liebe ihrer Eltern sei an Bedingungen geknüpft – dass ihr Wert davon abhinge, was sie zustande bringen. Das mag sein, wenn Sie nur dann freundliche Worte für Ihr Kind finden, wenn es etwas geleistet hat. Dieses Problem stellt sich jedoch nicht, wenn Sie Ihre Liebe und Zuneigung zu allen möglichen Anlässen äußern und nicht nur, sobald Ihr Kind einen Erfolg verbuchen kann.

Allerdings ist es entscheidend, *wie* Sie Ihr Kind loben, deshalb gilt es einige Punkte zu beachten. Das heißt, Sie sollten sich genau überlegen, wie Sie Ihr Lob formulieren.

Erstens: *Wählen Sie Ihre Worte so, dass jeweils eine bestimmte Leistung gelobt wird,* statt Ihre Zuneigung an den Erfolg zu knüpfen. Es ist z. B. besser, Sie sagen: »Dein Referat über dieses Buch ist super«, und nicht: »Ich bin glücklich, dass du in der Schule so gut bist.« Die erste Bemerkung bringt Freude über das gelungene Referat zum Ausdruck, nicht aber über den Wert des Kindes. Die zweite Bemerkung vermittelt den Eindruck, als sei Ihre Liebe von den schulischen Leistungen Ihres Kindes abhängig. (Auch wenn Sie es nicht so gemeint haben, gewinnt Ihr Kind diesen Eindruck, wenn es so etwas regelmäßig hört.) Ihre Elternliebe und die hohen Erwartungen, die Sie an Ihren Sohn oder Ihre Tochter stellen, haben nichts miteinander zu tun und sollten auch von Ihrem Kind als völlig unabhängig gesehen werden.

Zweitens: *Richten Sie die Aufmerksamkeit auf die Anstrengung, die Ihr Kind auf sich genommen hat, um die Leistung zu erbringen,* statt auf seine natürliche Begabung anzuspielen. Wenn Sie Ihrer Tochter erklären, der Vorspielabend sei ein so großer Erfolg gewesen, weil sie so ausdauernd Klavier geübt hat, vermitteln Sie eine ganz andere Botschaft als durch die Bemerkung, sie sei eben eine begnadete Musikerin. Das erste Lob hebt hervor, dass sich Anstrengung auszahlt, während das zweite andeutet, die Leistungen eines Menschen seien nur durch bestimmte Begabungen bedingt. Dabei ist es ganz in Ordnung zu glauben, dass der gelungene Auftritt dem eigenen Naturtalent zu verdanken ist, ein Problem entsteht jedoch dann, wenn die Darbietung schief geht. In diesem Fall sollte sich Ihre Tochter sagen können, dass sie das nächste Mal einfach nur mehr üben muss, statt zu denken: »In diesem Bereich bin ich einfach nicht gut.«

Die Vorstellung, der Erfolg eines Menschen sei von angeborenen Eigenschaften abhängig, ist besonders problematisch, wenn es um schulische Leistungen geht. Allzu oft erklären wir unseren Kindern, manche Menschen seien für bestimmte Fächer begabt, oder, schlimmer noch, die Fähigkeiten in einem bestimmten Bereich seien durch das Geschlecht vorgegeben (»Du bist ein Mädchen – ist doch klar, dass du mit Computern Schwierigkeiten hast!«). Kinder bekommen von ihren Eltern so oft zu hören, dass manche Leute etwa für Mathematik oder Fremdsprachen begabt seien, dass sie schließlich glauben, sie seien eben von der Natur benachteiligt, wenn es auf Anhieb nicht klappt. Diese Überzeugung führt dann dazu, dass sie sich weniger Mühe geben, weil sie größere Anstrengungen für sinnlos halten. Deshalb sollten Eltern mit solchen unbeabsichtigten Botschaften vorsichtig sein, wenn ihre Kinder erstmals Noten bekommen und sich darüber Gedanken machen, was diese Bewertungen zu bedeuten haben.

Selbstverständlich haben Kinder natürliche Stärken und Schwächen, die sich in und außerhalb der Schule zeigen, aber auch die Begabtesten arbeiten hart, um auf ihrem Gebiet Höchstleistungen zu bringen. Michael Jordan, der wohl begabteste Spieler in der Geschichte des Basketball, ist dafür berühmt, wie lange er sein tägliches Training noch fortsetzte, nachdem seine Teamkameraden schon längst Feierabend gemacht hatten. Als Erwachsener hat man bereits die Erfahrung gemacht, dass erfolgreiche Menschen sich stets mehr ins Zeug legen als andere, ganz gleich wie »begabt« sie sein mögen. Ihre Tochter oder Ihr Sohn weiß das noch nicht, und es ist wichtig, dass sie oder er es lernt. Kinder sind nicht auf allen Gebieten, auf denen ihnen Leistung abverlangt wird, ein Naturtalent, und sie müssen begreifen, dass jeder Erfolg mit Anstrengung verbunden ist. Wenn Sie also Ihr Kind loben, dann heben Sie vor allem die Arbeit hervor, die es investiert hat.

Drittens: *Knüpfen Sie Ihr Lob an die Qualität der Leistung Ihres Kindes, und nicht an die Note oder Bewertung, die es von einem anderen erhalten hat.* Sagen Sie lieber: »Ich bin stolz darauf, dass du so gut in Rechtschreibung bist«, und nicht: »Ich bin stolz auf deine Eins im Diktat.« Acht- bis Neunjährige haben bereits die bittere Erfahrung gemacht, dass alle ihre Leistungen von anderen benotet und bewertet werden. Jetzt müssen nicht auch noch Sie darauf hinweisen.

Viertens meine ich, dass die Leistungen der Kinder für sich stehen, *wenn Sie aber den Erfolg Ihres Kindes unbedingt vergleichen möchten, dann lieber mit dem, was es selbst zuvor erreicht hat, und nicht mit den Leistungen anderer.* »Du hast den Ball noch nie besser zurückgeschlagen« ist ein schöneres Kompliment für das Tennisgeschick Ihres Sohnes als »Du schlägst den Ball ja wesentlich besser zurück als die anderen Kinder«. Der Wettbewerb unter Kindern ist in der Schule und auf dem Sportplatz hart genug, ohne dass die Eltern noch das Ihre dazu tun.

Zuletzt noch ein Wort zur Angewohnheit vieler Eltern zu betonen, ihr Kind habe »sein Bestes versucht«. Bei kleineren Kindern hat dieses Lob noch einen Wert, bei den größeren verliert es aber seine Wirkung. Etwa von der dritten Klasse an wissen sie sehr wohl, dass Menschen nach ihren Leistungen beurteilt werden und nur am Rande nach ihrer Bemühung. (Auch wenn es uns nicht gefällt, können wir diese Tatsache nicht leugnen.) Wenn Sie Ihrem Zwölfjährigen erklären, es sei unwichtig, ob er beim Fußballspiel wirklich gut ist und wie er im Mathetest abschneidet, solange er sich nur Mühe gegeben hat, sind Sie nicht ganz aufrichtig, und er merkt das. Jungen und Mädchen, die über die eigene Leistung enttäuscht sind, kann man am ehesten helfen, indem man ihnen Anregungen gibt, wie sie es das nächste Mal besser machen können. Mit leerem Gerede ist es nicht getan.

Dasselbe gilt für falsches Lob. Bei schlechten Leistungen sollte man Kinder nicht kritisieren (sie sind auch so unglücklich genug), aber es wäre auch verkehrt, wenn Sie Ihre Tochter loben, obwohl sie selbst weiß, dass sie nichts zustande gebracht hat. Unverdientes Lob schmälert nur den Wert der Anerkennung, die man sich redlich verdient hat. Denken Sie lieber gemeinsam mit ihr darüber nach, wie sie das nächste Mal besser abschneiden könnte.

Und obwohl sich Ihr Kind über Zuspruch freut, ist das Lob keineswegs die einzige Motivationsquelle. Es freut einen aber zu wissen, dass die Menschen, die man liebt, an den eigenen Erfolgen regen Anteil nehmen.

Auf emotionale Bedürfnisse eingehen

Wenn man alle Eigenschaften guter Eltern auflisten wollte, würde man die längste Anforderungsliste erhalten, die je in einer Stellenanzeige erschienen ist.

Eltern kümmern sich um die körperlichen Bedürfnisse ihrer Kinder, sorgen für Nahrung, Sauberkeit und Kleidung und schützen sie vor Krankheiten und Verletzungen. Sie geben Führung und Orientierung, indem sie Grenzen setzen, Wissen weitergeben und Ratschläge erteilen. Eltern sind gleichzeitig Lehrer und Vorbild. Sie helfen dem Kind, sich in der Welt zurechtzufinden, indem sie seine Beziehungen zu Gleichaltrigen und Erwachsenen außerhalb der Familie regeln. Außer Haus setzen sie sich für ihre Kinder ein und sorgen dafür, dass sie von Lehrern, Trainern und anderen Erwachsenen, mit denen sie zu tun haben, fair behandelt werden.

All diese Aufgaben sind wichtig. Am wichtigsten aber ist, dass die Eltern auf die emotionalen Bedürfnisse ihrer Kinder eingehen. Damit meine ich nicht einfach nur, dass Sie Ihren Sohn trösten, wenn er weint, oder Ihre Tochter beruhigen, wenn sie Angst hat.

Wenn Sie auf die emotionalen Bedürfnisse Ihrer Kinder achten, dann fördern Sie auch ihre seelische Entwicklung.

Ihr Kind muss das Gefühl haben, bei Ihnen emotional auftanken zu können, damit es sich zu einem gesunden, glücklichen Menschen entwickelt. Für Sie als Eltern ist das allerdings eine zweischneidige Sache. Einerseits ist es wunderbar zu wissen, dass man gebraucht wird. Andererseits kann es unglaublich kräftezehrend sein, dass ein anderer so stark auf einen angewiesen ist. Bei anderen Beziehungen können Sie gelegentlich sagen: »Im Moment bin ich einfach zu nichts zu gebrauchen – ich bin völlig erschöpft.« Als Eltern haben Sie diese Freiheit hingegen kaum. (Vor allem allein Erziehende haben es in dieser Hinsicht besonders schwer. Andere Eltern können immerhin ab und zu den Partner bitten, für sie einzuspringen.)

Auf die emotionalen Bedürfnisse Ihres Kindes einzugehen ist teilweise deshalb so schwierig, weil es erst einmal herauszufinden gilt, was Sohn oder Tochter überhaupt brauchen – und das kostet Kraft. Wenn Ihr Kind seine Gefühle mitteilt – wenn es nach einem Sturz weint oder nach einem Albtraum zittert –, ist ziemlich leicht zu erraten, was es braucht. Falls Sie aber nicht ganz sicher sind, wie Sie sich verhalten sollen, kann es hilfreich sein zu wissen, wie sich die emotionalen Bedürfnisse von Kindern im Laufe ihrer Entwicklung ändern. Um auf der Gefühlsebene richtig auf Ihr Kind eingehen zu können, müssen Sie also über seine emotionale Entwicklung Bescheid wissen.

In jedem Stadium dieser Entwicklung gibt es eine zentrale Frage, über die Sie nachdenken sollten. Wenn Sie die Frage verstehen, die jeweils relevant ist, und wenn Sie begreifen, warum sie sich stellt, können Sie leichter herausfinden, was Ihr Kind von Ihnen braucht. Was Sie im Einzelnen tun können, hängt zwar von der jeweiligen Situation ab, dennoch gibt es allgemeine Richtlinien zur kindlichen Entwicklung, die es zu berücksichtigen gilt:

Säuglingsalter: Die seelischen Bedürfnisse des Babys drehen sich um Geborgenheit. Ihr Kind braucht das Gefühl, dass die Welt nicht gefährlich ist und nur freudige Überraschungen bereithält. Dieses Gefühl können Sie fördern, indem Sie Ruhe ausstrahlen, Ihr Kind trösten, berechenbar sind und sich liebevoll verhalten. Wenn Sie unsicher sind, wie Sie mit Ihrem Säugling umgehen sollen, stellen Sie sich die Frage: *Was kann ich tun, damit sich mein Kind sicher und geborgen fühlt?*

Kleinkindalter: Wenn sich das Baby zum Kleinkind entwickelt, braucht es weniger Sicherheit und mehr Unabhängigkeit. Das Kind fühlt sich nun als eigenständige Person, die selbst Entscheidungen trifft. Es weiß oder glaubt zu wissen, was es will, und schätzt keine Einmischung von außen. Ihr Kleinkind braucht das Gefühl, selbst die Fäden in der Hand zu haben. Ihnen fällt die Rolle zu, Ihrem Kind Eigenständigkeit zuzubilligen, ohne Ihre Autorität als Mutter oder Vater aufzugeben. Wenn Sie nicht recht wissen, wie Sie auf die Bedürfnisse Ihres Kleinkindes eingehen sollen, überlegen Sie: *Wie kann ich meinem Kind das Gefühl geben, selbst entscheiden zu können?*

Frühe Kindheit: In dieser Phase lernen Kinder allmählich die Welt außerhalb der Familie kennen und stellen sich vor, wie es sein wird, als Erwachsene Teil der Gesellschaft zu sein. Trotz dieser Tagträume und Fantasien fühlen sich Kindergartenkinder aber klein und machtlos, und sie wissen, dass zwischen ihren Wünschen und ihren Fähigkeiten eine gewaltige Kluft besteht. Einmal hörte ich, wie ein enttäuschter Fünfjähriger, der versuchte, über eine Menschenmenge hinwegzuspähen, die ihm die Sicht versperrte, sich bei seinem Vater beklagte: »Die Welt ist wirklich nur für Erwachsene gemacht.« Ihr Beitrag besteht nun darin, Ihrem Kindergartenkind zu vermitteln, dass sein Traum vom Erwachsenwerden Wirklichkeit wird. Bei Kindern zwischen vier und sechs Jahren gilt es also zu bedenken: *Was kann ich tun, damit sich mein Kind erwachsener fühlt?*

Grundschulalter: Sobald Ihr Kind in die erste Klasse kommt, lernt es auf sehr vielen Ebenen dazu. Es geht hier nicht nur um schulisches Lernen, sondern auch um außerschulische und soziale Fähigkeiten. Ihre Tochter versucht, mit dem Schulstoff zurechtzukommen und bei ihren Klassenkameraden beliebt zu sein, sie lernt alles Mögliche: Notenlesen, Skateboardfahren und sogar zu helfen, den Familienhund zu baden. Und sie weiß, dass die anderen – Lehrer, Klassenkameraden, Freunde und auch Eltern – ihre Leistungen immer wieder beurteilen. In dieser Phase brauchen Kinder vor allem das Gefühl, etwas geschafft zu haben. Den Eltern fällt dabei die Aufgabe zu, gemeinsam mit ihrer Tochter herauszufinden, was sie gut kann und wie sie die Dinge, die sie beherrschen möchte und muss, besser in den Griff bekommt. Bei einem Grundschulkind stellt sich die Frage: *Wie kann ich meinem Kind helfen, sich tüchtiger zu fühlen?*

Vorpubertät: Kurz vor der Pubertät, also mit etwa zwölf Jahren, ändern sich die emotionalen Bedürfnisse Ihres Kindes erneut. Bei Zwölf- und Dreizehnjährigen sind sie im Grunde ähnlich wie beim Kleinkind, das nach Unabhängigkeit strebt. Nur braucht der junge Mensch nun in vieler Hinsicht andere Hilfestellungen. Sein Bedürfnis nach Unabhängigkeit ist nun viel stärker seelisch motiviert. Er möchte intellektuell und emotional zum eigenständigen Menschen werden, der auch Ihnen gegenüber eigene Überzeugungen, Wertvorstellungen und Meinungen vertritt. Ihnen fällt nun die Rolle zu, ihm diese Individualität zuzugestehen, ohne Ihre Beziehung zu ihm in Frage zu stellen. (Es scheint wie eine Ironie des Schicksals, dass Ihr Teenager in dieser Phase das Gefühl braucht, von Ihnen unabhängig zu sein, gleichzeitig aber Ihre Unterstützung unverzichtbar ist, damit sich diese Selbstständigkeit entfalten kann.) Zu Beginn der Pubertät lautet die Frage daher: *Was kann ich dazu beitragen, dass sich mein Teenager unabhängiger fühlt?*

Spätpubertät: Mit fünfzehn bis sechzehn Jahren denken Jugendliche verstärkt darüber nach, wer sie sind und welche Ziele sie anstreben. So wie aus den Bedürfnissen von Kleinkindern (das *Gefühl haben,* selbst entscheiden können) die von Vorschulkindern hervorgehen (sich erwachsen *fühlen*), so werden die Bedürfnisse der Zwölf- und Dreizehnjährigen (selbst entscheiden *können*) durch jene der älteren Jugendlichen abgelöst (erwachsen *sein*). Hier haben Sie die Aufgabe, Ihren Teenager dabei zu unterstützen herauszufinden, was für eine Persönlichkeit er ist und welche Eigenschaften er erstrebenswert findet. In dieser Phase der emotionalen Entwicklung sollten Sie die Frage ins Zentrum stellen: *Was kann ich tun, damit der oder die Jugendliche sich selbst besser versteht?*

Sich geborgen, selbstständig, reif, tüchtig, unabhängig zu fühlen und Selbsterkenntnis zu erlangen ist in jedem Lebensalter schön und wichtig, aber jede dieser Bestrebungen spielt in bestimmten Entwicklungsphasen eine größere Rolle als in anderen. Wenn Sie diese Phasen der seelischen Entwicklung im Auge behalten, werden Sie feststellen, dass Ihnen Ihr Kind emotional nicht mehr so viele Rätsel aufgibt. Und mit diesen Einsichten können Sie sicherlich besser auf Ihren Sohn oder Ihre Tochter eingehen.

Geborgenheit vermitteln

Immer wieder stelle ich erstaunt fest, dass vielen Eltern die materielle Ausstattung ihres Kindes enormes Kopfzerbrechen bereitet, während das emotionale Klima, das für das Wohlbefinden junger Menschen unendlich wichtiger ist, kaum beachtet wird. Das mag daran liegen, dass wir ständig mit Werbung für die richtige Wohnungseinrichtung überflutet werden und wir deshalb aus dem Blick verlieren, dass eine positive emotionale Umgebung für unsere Kinder viel größere Bedeutung hat als eine ansprechende Ausstattung. Nichts spricht dagegen, sich zu Hause gemütlich einzurichten, aber weder elegante Polstermöbel noch Plüschteppiche und moderne Unterhaltungselektronik können ein Klima der Wärme und Zuneigung ersetzen, in dem sich die Familienmitglieder mit Freundlichkeit und Respekt begegnen. Rufen Sie sich das in Erinnerung, wenn Sie sich das nächste Mal mit der Entscheidung herumquälen, welches Design für die Vorhänge und Wände des Kinderzimmers am besten aussieht.

Kinder brauchen das Gefühl, dass sie sich zu Hause vor den Spannungen und Anforderungen des Alltags zurückziehen können (ja, schon Vorschulkinder sind Stress ausgesetzt). Schaffen Sie in Ihrem Heim eine Atmosphäre, die Ihrem Kind wirkliche Entspannung ermöglicht, damit seine Probleme in den Hintergrund treten. Ihr Sohn braucht das Gefühl, dass er, ganz gleich wie schlimm die Situation sonst sein mag, zu Hause Geborgenheit und Sicherheit findet. Kinder brauchen diesen Seelenfrieden, unabhängig davon, ob sie nun einen harten Schultag, schreckliche Erlebnisse auf dem Spielplatz, gemeine Hänseleien von Klassenkameraden oder einen bösen Streit mit dem Freund oder der Freundin hinter sich haben. Eltern können diese Probleme nicht aus der Welt schaffen, aber wer daheim Geborgenheit erlebt, kann sich besser davon erholen und sich ein wenig ablenken lassen.

Bietet Ihr Zuhause Ihrem Kind Zuflucht vor der Welt?

Ob sich Kinder sicher fühlen, hängt zwar weitgehend von ihrer Beziehung zu den Eltern ab, aber ob Ihre Tochter oder Ihr Sohn zu Hause Zuflucht und Geborgenheit findet, ist nicht nur an die Zweierbeziehung gebunden. Es gilt auch die Atmosphäre zu beachten, die insgesamt bei Ihnen herrscht, und dazu gehört auch Ihr Umgang mit dem Partner und den Geschwistern Ihres Kindes. Jungen Menschen tut es gut, in einer glücklichen Familie aufzuwachsen, deren Mitglieder freundlich, zärtlich und entspannt miteinander umgehen. Umgekehrt nehmen sie Schaden, wenn daheim eine streitsüchtige, angespannte, unberechenbare oder hektische Atmosphäre herrscht.

Ein entscheidender Faktor, der das emotionale Klima in der Familie prägt, ist Ihre Beziehung zu Ihrem Partner (oder Expartner, falls er regelmäßig Kontakt mit dem Sohn oder der Tochter hält). Eltern meinen zuweilen, solange sie die Kinder freundlich behandeln, spiele ihr Verhalten in der Partnerschaft keine Rolle. Doch auch Kinder, die selbst zu Mutter und Vater eine gute Beziehung haben, nehmen Schaden, wenn die Eltern ständig aufeinander herumhacken oder sich anbrüllen. Kinder, die sehen, wie ihre Eltern streiten oder dass ein Elternteil immer wieder den Kürzeren zieht, leiden unter Anspannung und Nervosität. Wer unablässig den Ehekonflikt und das Unglück der eigenen Eltern miterlebt, neigt stärker zu seelischen Störungen und Verhaltensproblemen. Kinder, deren Eltern oft streiten, leiden häufiger unter Angstzuständen, Depressionen und Verhaltensauffälligkeiten als Söhne und Töchter von Ehepartnern, die ihre Konflikte vorsichtiger austragen. Wenn Sie sich mit Ihrem Partner oder Ihrer Partnerin nicht verstehen, versuchen Sie, Ihre Probleme in Ruhe und unter vier Augen zu besprechen, sodass die Spannungen in der Beziehung nicht den Alltag der Familie vergiften. Wenn Ihnen das nicht gelingt, kann psychologische Beratung hier weiterhelfen.

Das gilt auch, wenn Ihr Kind schwere Konflikte mit seinen Geschwistern hat. Auch in diesem Fall sollten Sie etwas unternehmen, um die Sache zu bereinigen, und zwar im Interesse aller Familienmitglieder.

Auch Berechenbarkeit ist ein Faktor, der zu einer geborgenen Atmosphäre beiträgt. Vor allem kleinere Kinder fühlen sich wohler, wenn das Familienleben einem vorhersehbaren Rhythmus folgt. Das gilt für Kleinigkeiten – wie feste Zeiten für Mahlzeiten und Nachtruhe – ebenso wie für größere Anlässe, z. B. bestimmte Rituale an den Jahresfesten. Gegen gelegentliche Überraschungen ist nichts einzuwenden – z. B. der plötzliche Entschluss der Familie, zum Essen auszugehen oder an einem besonderen Abend die Kinder länger aufbleiben zu lassen. Aber vergessen Sie nicht, dass Kinder sich mit vertrauten Abläufen besser aufgehoben fühlen als wenn sie ständig spontanen Entscheidungen ausgesetzt sind. Sie gewinnen dadurch das Gefühl, mehr Kontrolle über ihr Leben zu haben.

Ungünstig für das häusliche Klima wirkt sich auch der Einfluss äußerer Stressfaktoren aus, z. B. von Seiten der Arbeitswelt. In den letzten Jahren ist es offenbar schwerer geworden, diese Einflüsse vom Familienleben fernzuhalten, weil durch E-mail, Expresszustellungen, Faxgeräte, Telekommunikation usw. die Grenzen zwischen dem Büro und zu Hause fließend geworden sind. Dabei hat das Übergreifen des Berufsstresses auf die Familie negative Folgen für die seelische Gesundheit aller Familienmitglieder – nicht nur für die Ihre. Vielleicht glauben Sie, keine Rückzugsmöglichkeit vom

Berufsleben zu brauchen (allerdings machen Sie sich etwas vor, wenn Sie das tatsächlich denken), aber das heißt nicht, dass Ihr Kind unablässig unter Hochspannung leben möchte. In einer gesunden Umgebung zu Hause können sich alle entspannen und ihren Freizeitbeschäftigungen nachgehen; der Stress und der Termindruck des Erwerbslebens haben hier nichts verloren.

Dasselbe gilt für den Druck, der durch außerschulische Aktivitäten erzeugt wird. Es ist zwar schön, wenn Ihr Kind in Bereichen etwas dazulernt, die in der Schule nicht abgedeckt werden, aber überfrachten Sie seinen Terminplan nicht so, dass unnötiger Stress entsteht. Kinder profitieren zwar von zusätzlichen Musik- und Sportstunden, aber nachmittags und am Wochenende brauchen sie auch frei verfügbare Zeit, um einfach auszuspannen. Vor allem Jugendliche, die weiterführende Schulen besuchen, müssen sich von häufig überfrachteten Unterrichtsstunden erholen.

Wichtig ist auch, die jungen Menschen vor den schrecklichen Tragödien psychisch zu schützen, die über die Medien heute jeden Haushalt erreichen. Wenn die Kleinsten, die noch den Kindergarten oder die ersten Schulklassen besuchen, Berichte über Naturkatastrophen, militärische Angriffe oder Terroranschläge hören, sorgen sie sich sofort um die Sicherheit der eigenen Familie. Kleinen Kindern, die zu solchen Ereignissen Fragen stellen, sollten Sie versichern, dass sie selbst außer Gefahr sind. (Wahrscheinlichkeitsrechnungen verstehen Kinder nicht, deshalb hat es keinen Sinn, ihnen zu erklären, es sei extrem unwahrscheinlich, dass die eigene Familie eine solche Tragödie erleben muss. Nutzen Sie stattdessen das bedingungslose Vertrauen, das Ihr Kind in Sie setzt, um es voll und ganz zu beruhigen.)

Während nationaler und internationaler Krisen ist es nicht ratsam, ständig einen Nachrichtensender laufen zu lassen. Damit stillen Sie zwar Ihr Informationsbedürfnis, wecken aber bei Ihrem Kind tiefe Ängste. Über das Tagesgeschehen halten Sie sich lieber auf dem Laufenden, während Ihr Kind in der Schule ist, schläft oder außer Reichweite des Fernsehers spielt. Fragen Sie die etwas größeren Kinder, was sie zu den Ereignissen wissen wollen, und beschwichtigen Sie auch deren Befürchtungen.

Zu Hause sollten Kinder Sicherheit und Geborgenheit erleben; hier sollten sie – unter dem Schutz der Eltern – entspannt und angstfrei aufwachsen können.

Drittes Gebot: Nehmen Sie Anteil am Leben Ihres Kindes

Ein kleines Quiz

– Kennen Sie die Namen sämtlicher Lehrer Ihres Kindes?
– Kennen Sie die besten Freunde Ihres Kindes?
– Wissen Sie, was Ihr Sohn gerade im Unterricht durchnimmt?
– Wissen Sie, welches Buch Ihre Tochter gerade liest (oder ob sie überhaupt gern liest)?
– Können Sie die Lieblingssportler, -stars, -filme und -songs Ihres Kindes aufzählen?
– Wissen Sie, wie Ihr Teenager die Nachmittage und Abende nach der Schule und die Wochenenden verbringt?
– Wissen Sie, wofür Ihr Kind sein Taschengeld oder den Lohn vom Ferienjob ausgibt?
– Wissen Sie, ob Ihr Kind glücklich oder traurig, beliebt oder einsam, unglücklich oder sorgenfrei ist?

Wenn Sie nicht alle diese Fragen mit »Ja«, beantworten können, nehmen Sie nicht genug Anteil am Leben Ihres Kindes. Und das sollten Sie so bald wie möglich in Ordnung bringen.

Die seelische Gesundheit, Anpassungsfähigkeit, das Glück und Wohlbefinden von Kindern lässt sich am besten und zuverlässigsten daran ablesen, wie stark ihre Eltern Anteil an ihrem Leben nehmen. Kinder mit interessierten Eltern tun sich in der Schule leichter, haben mehr Selbstbewusstsein, leiden nicht so sehr unter emotionalen Problemen, gehen seltener Risiken ein und geraten nicht so leicht in Schwierigkeiten. Nichts ist wichtiger für die psychische Entwicklung Ihres Kindes als Ihre tiefe und zuverlässige Anteilnahme. Das gilt für den Säugling ebenso wie für den Teenager und Kinder aller Altersstufen dazwischen.

Die Tatsache lässt sich nicht leugnen, dass Sie, um etwas über sein

Leben zu erfahren, viel Zeit mit Ihrem Kind verbringen müssen. Das liegt eigentlich auf der Hand, aber ich versichere Ihnen, dass es Eltern gibt, die so wenig Zeit mit Ihren Kindern verbringen, dass man sich fragt, warum sie überhaupt Nachwuchs in die Welt gesetzt haben.

Ein Hauptgrund, warum es so wichtig ist, Zeit mit Ihrem Kind zu verbringen, ist, dass Sie nie wissen können, wann Ihr Sohn oder Ihre Tochter sich öffnet und anfängt zu erzählen, und um Anteil zu nehmen, müssen Sie über das Leben Ihres Kindes Bescheid wissen.

Eltern denken oft, sie könnten durch Fragen das Nötigste erfahren, aber in Wirklichkeit erhalten Sie so nur ein bruchstückhaftes Bild. Es ist viel wahrscheinlicher, dass Ihr Kind das eigentlich Wichtige nebenbei erzählt, wenn Sie beide etwas miteinander machen, das mit seinem Anliegen überhaupt nichts zu tun hat. Ihr Sohn erzählt von einer Rauferei in der Schule, wenn Sie ihn abends ins Bett bringen, und nicht, wenn Sie ihn fragen: »Was war heute in der Schule los?« Vom neuen Schwarm Ihrer Tochter erfahren Sie, wenn Sie mit ihr einkaufen gehen, und nicht, wenn Sie sich erkundigen, was sich im Freundeskreis so tut. Über die Schulleistungen Ihres Sohnes hören Sie mehr, wenn Sie ihn zusammen mit seinen Freunden zum Fußballplatz fahren, als wenn Sie ihn beim Mittagessen direkt fragen. Aber wenn Sie Ihr Kind nicht ins Bett bringen, wenn Sie nicht mit ihm durchs Einkaufszentrum flanieren oder es nicht zum Sport fahren, verpassen Sie diese Augenblicke. Je mehr Zeit Sie also miteinander verbringen, desto höher sind die Chancen, dass Sie mitbekommen, was sich im Leben Ihres Kindes tut, und desto leichter können Sie Anteil nehmen. Bei kleineren Kindern fällt es den meisten Eltern nicht schwer, die gemeinsame Zeit zu gestalten, aber wenn Sie ein wenig darüber nachdenken, fällt Ihnen bestimmt auch einiges ein, was Sie mit Ihrem Teenager unternehmen könnten.

Auch an den außerhäuslichen Aktivitäten Ihres Sohnes oder Ihrer Tochter sollten Sie teilnehmen. Besuchen Sie Fußballspiele, Klaviervorspielabende, Schwimmwettbewerbe und Schulaufführungen. Wenn Ihre Tochter Sie in der Zuschauermenge erspäht, freut sie sich, und schließlich wollen Sie sie anschließend loben, wenn sie ihre Sache gut gemacht hat, oder trösten, wenn das nicht der Fall sein sollte. Sprechen Sie regelmäßig mit den Lehrern Ihres Kindes und nehmen Sie an den Schulveranstaltungen für Eltern teil. Und umso besser, wenn die Freunde Ihres Sohnes bei Ihnen ein- und ausgehen. Was Sie aus den Gesprächen der Jugendlichen mitbekommen, wiegt die Snacks und die Limonade, die Sie für sie bereithalten, bei weitem auf.

Eltern sein ist keine Teilzeitbeschäftigung. Sie können sich dieser Aufgabe nicht nur dann widmen, wenn Ihnen danach zumute ist, wenn es Ihnen gerade einfällt, sich mit Ihrem Kind zu beschäftigen, oder wenn Ihr Kind irgendwelche Schwierigkeiten hat.

Dass Sie sich intensiv mit dem Leben Ihres Kindes beschäftigen, heißt aber nicht, dass Sie auf Ihren Beruf verzichten müssen. Aber es bedeutet wahrscheinlich, dass Sie härter daran arbeiten müssen als Eltern, die keiner anderen Beschäftigung nachgehen. Tagesmütter und Babysitter sind durchaus sinnvoll, wenn sie Ihnen ermöglichen, in Ihrer Freizeit stärker am Leben Ihres Kindes teilzunehmen; gefährlich wäre es allerdings zu meinen, dass diese Helfer Ihr persönliches Engagement ersetzen können. Babysitter sind keine Eltern, und man darf von ihnen auch nicht erwarten, dass sie in diese Rolle schlüpfen.

Ein solches Engagement kostet Zeit und viel Arbeit und bedeutet häufig, dass Sie Ihre Priorität überdenken und neu ordnen müssen. Häufig müssen Sie Dinge, die Sie gern machen würden, opfern und stattdessen etwas für Ihr Kind tun. Das kann heißen, dass Sie unnötige Arbeitsbesprechungen ausfallen lassen oder dass Sie eine Geschäftsreise so kurz wie irgend möglich planen. Aber dieser Verzicht lohnt sich. Durch Ihr Engagement geben Sie Ihrem Kind einen Vorrat an seelischem Wohlbefinden mit auf den Weg, der ein Leben lang reicht.

Wenn man mit Eltern erwachsener Kinder spricht, bekommt man oft zu hören, die Kindheit sei wie im Flug vergangen. Wenn die Kinder als junge Erwachsene von zu Hause ausziehen, werden Sie nicht sagen: »Ich wünschte, ich hätte meiner Arbeit mehr Zeit gewidmet.« Sie werden sagen, Sie wünschten, Sie hätten mehr Zeit mit Ihrem Kind verbracht, als Sie noch die Möglichkeit dazu hatten.

Genießen Sie jedes Stadium in der Entwicklung Ihrer Kinder. Nehmen Sie Anteil an ihrem Leben, bis Ihre Kinder erwachsen sind.

Was ist »quality time«?

Wahrscheinlich haben Sie schon einmal den Begriff *»quality time«* gehört, mit dem Eltern verdeutlicht werden soll, dass es weniger darauf ankommt, *wie viel* Zeit Sie mit Ihrem Kind verbringen, sondern *was* Sie gemeinsam unternehmen.

Ich meine, der Grundgedanke ist richtig, aber es herrscht häufig Unklarheit darüber, worin diese Zeit eigentlich besteht.

Viele Eltern haben keine rechte Vorstellung davon, was *quality time* bedeutet. Sie glauben irrigerweise, dass bestimmte Betätigungen als sinnvoll genutzte Zeit gelten und andere nicht. Häufig handelt es sich dabei um Aktivitäten, von denen sich Eltern eine Anregung für die Entwicklung ihres Kindes erhoffen, z. B. das Spielen mit Lernspielzeug oder das Erlernen neuer Fertigkeiten. Eltern, die sich schuldig fühlen, weil sie nicht genug Zeit mit ihrem Kind verbringen, suchen sich dann oft solche Beschäftigungen aus und legen einfach los, egal ob sich das Kind nun dafür interessiert oder nicht. Das Ganze hat den Anschein, als sei die »sinnvolle Zeit mit meinem Kind« ein Punkt auf der Checkliste des heutigen Tages, den sie abhaken und möglichst schnell hinter sich bringen wollen, um sich der nächsten Aufgabe zuzuwenden. Aber Zeit mit dem eigenen Kind zu verbringen heißt nicht, dass man jede Interaktion in eine Unterrichtsstunde verwandelt. Eltern und Kinder sollen auch einfach Spaß miteinander haben. Schließlich sind Sie eine Mutter oder ein Vater und keine Lehrkraft.

Doch bei der gemeinsamen Zeit geht es gar nicht darum, was Sie mit Ihrem Kind unternehmen. Wichtig ist vielmehr, *wie* Sie es machen. Die Qualität der gemeinsamen Zeit wird durch Ihre Geisteshaltung bestimmt, und nicht durch die Art der Beschäftigung. Es handelt sich um Zeit, in der Sie sich tatsächlich auf Ihr Kind einlassen.

Meine Frage dazu lautet: Wenn Sie mit Ihrem Kind zusammen sind, sind Sie dann wirklich anwesend oder sind Sie in Gedanken woanders? Wenn Ihre Antwort lautet, dass Sie in der Regel geistesabwesend sind, dann ist die gemeinsame Zeit nicht viel wert.

Häufig bleibt Ihnen gar nichts anderes übrig, als nebenbei Eltern zu sein. Sie können Ihrem Kind keine ungeteilte Aufmerksamkeit schenken, wenn Sie sich anderen wichtigen Aufgaben widmen – wie kochen, Überweisungen schreiben, Unterlagen lesen, die Sie vom Büro mit nach Hause gebracht haben, die Toilettenspülung reparieren oder sich um das kleine Geschwisterchen kümmern. Es ist vollkommen verständlich und normal, dass Sie unter diesen Umständen nicht immer ganz bei der Sache sind.

Wenn Sie aber immer nur mit halber Kraft dabei sind, haben Sie als Eltern versagt. Entscheidend ist, dass Sie sich gelegentlich Zeit für Ihr Kind nehmen und sich voll und ganz darauf konzentrieren, was Sie gemeinsam tun, und nicht immer nur nebenbei auf Ihr Kind reagieren, während Sie gerade etwas anderes machen – z. B. Ihre E-mails durchsehen oder die Zeitung lesen.

Reservieren Sie sich Zeit für Aktivitäten, die Ihnen beiden etwas bringen. Wie Sie dabei vorgehen, hängt vom Alter Ihres Kindes und von seinen Interessen ab, aber zweifellos finden Sie in jedem Alter Dinge, die Ihr Kind gern mit Ihnen macht. Hier kommt es auch wieder nicht darauf an, was Sie tun, sondern ob Sie sich wirklich darauf einlassen.

Nehmen Sie sich für den Abend oder fürs Wochenende Ausflüge vor, bei denen Sie sich ganz auf Ihr Kind konzentrieren können. Gemeinsam mit dem Sohn oder der Tochter Besorgungen oder Einkäufe zu erledigen ist eine schöne Sache, aber dabei können Sie dem Kind keine ungeteilte Aufmerksamkeit schenken. Sich ganz einzulassen ist schwer, während Sie im Supermarkt oder im Kaufhaus nach Angeboten suchen. Man kann zwar solche Einkaufsnachmittage etwas schöner gestalten, indem man sich Zeit lässt, aber die Sache sieht ganz anders aus, wenn Sie etwas unternehmen, das Ihrem Kind Spaß macht.

Lesen Sie Ihren Kindern vor – am besten jeden Tag –, aber machen Sie etwas Besonderes aus der Geschichte, auch wenn Sie sie schon Dutzende Male gelesen haben.

Ganz gleich was Sie mit Ihrem Kind tun, seien Sie ganz dabei, ob Sie nun etwas aus Klötzen bauen, einen Kuchen backen, in der freien Natur wandern oder Fangen spielen. Ihre Tochter und Ihr Sohn wissen genau, ob Sie wirklich anwesend sind oder nur so tun als ob.

Während Sie mit Ihrem Kind zusammen sind, konzentrieren Sie sich darauf, was gerade dran ist, und nicht auf den vernachlässigten Haushalt, die Arbeit, die Sie später nachholen müssen, oder die Pläne für den Rest des Tages. Seien Sie geistig und körperlich ganz da.

Wenn Ihre Tochter Ihnen etwas erzählt, hören Sie genau hin, und täuschen Sie kein Interesse vor. Wenn Sie Ihren Sohn erst abends sehen, stellen Sie ernst gemeinte Fragen. Denn auf oberflächliche Erkundigungen bekommt man oberflächliche Antworten.

Setzen Sie sich einmal hin und zählen Sie die Minuten zusammen, die Sie täglich mit Ihrem Kind verbringen – die Zeit nicht mitgerechnet, in der Sie sich zufällig im selben Raum befinden, sondern nur die richtigen Gespräche und gemeinsamen Unternehmungen. Sie werden erstaunt sein, wie mager das Ergebnis ausfällt.

Wie viel gemeinsame Zeit ist genug? Eine magische Anzahl von Minuten, die man anstreben sollte, gibt es nicht. Aber je mehr sinnvoll genutzte Zeit Sie für Ihr Kind aufbringen, desto besser.

Ein Mehr an *quality time* lässt sich auf zweierlei Weise erreichen. Wenn Sie es einrichten können, dann verbringen Sie einfach mehr Zeit mit Ihrem Kind. Und wenn es Ihnen aus beruflichen Gründen oder wegen anderer Verpflichtungen nicht möglich ist, dann versuchen Sie, den Wert der gemeinsamen Zeit zu steigern. Ich könnte mir vorstellen, dass Sie von beidem ein bisschen zustande bringen.

Ich weiß, dass Sie als Eltern Spezialisten für Mehrfachbelastung sind, trotzdem darf die Sorge für Ihr Kind nicht zur Nebenbeschäftigung werden. Eine Stunde volle Aufmerksamkeit für den Sohn oder die Tochter zählen mehr als zwei Stunden, in denen Sie geistesabwesend sind. Ihre Leistung als Eltern mag ausreichend sein, wenn Sie nebenbei noch etwas anderes machen, aber die Note »gut«, bekommen Sie dafür nicht. Achten Sie darauf, dass ein wesentlicher Teil der gemeinsamen Zeit ganz und ausschließlich Ihrem Kind gewidmet ist. Erst dadurch gewinnt die Zeit mit Ihrem Kind an Wert.

Interessieren Sie sich für die Interessen Ihres Kindes

Vermutlich haben Sie schon versucht, Ihre Tochter oder Ihren Sohn für die Dinge zu interessieren, die Sie selbst gern tun, aber haben Sie sich schon einmal Gedanken darüber gemacht, sich mit den Hobbys Ihrer Kinder zu beschäftigen? Dadurch gewinnen Sie völlig neue Möglichkeiten, Ihre gemeinsame Zeit zu gestalten.

Es ist wunderbar, wenn Sie Ihrem Kind Dinge nahe bringen, die Ihnen etwas bedeuten. Dadurch wird das Zusammengehörigkeitsgefühl gestärkt, man verbringt Zeit miteinander und die Bindung wird gestärkt, weil man etwas Besonderes teilt. Ob es sich um ein Hobby handelt, ein Musikinstrument, ein Kunsthandwerk, eine Sportart oder auch einfach eine Vorliebe für bestimmte Literatur oder für Waldspaziergänge – es gibt Ihnen beiden etwas, wenn Sie Ihren Sohn oder Ihre Tochter für die Dinge begeistern können, die Ihnen Freude machen.

Es eröffnet jedoch eine ganz andere Art der Beziehung, wenn Sie sich für Aktivitäten interessieren, die Ihr Kind schätzt. Dadurch können Sie nicht nur Zeit miteinander verbringen und sich näher kommen, sondern für Kinder ist es auch ein ganz anderes Erlebnis, wenn ein solcher Rollentausch stattfindet und ausnahmsweise einmal sie den Ton angeben können, statt sich wie sonst an den Eltern zu orientieren. Von älteren Kindern können Mütter und Väter sogar etwas lernen, und auch diese Umkehrung der Verhältnisse steigert das Selbstwertgefühl der Jugendlichen. (Ganz zu schweigen davon, dass man schon von 11- bis 12-Jährigen eine Menge lernen kann.)

Einer der Gründe, warum Eltern oft wenig Anteil an den Interessen ihrer Kinder nehmen, ist, dass sie mit diesen Hobbys selbst nichts anfangen können. (Nicht selten werden Eltern ungeduldig, wenn ihr Kind eine Beschäftigung aussucht, erwarten aber von ihrem Sprössling, alles brav mitzumachen, wenn sie eine Freizeitbetätigung ausgewählt haben.)

Wenn Ihr Teenager z. B. gerne Science-Fiction-Filme sieht, während Sie sich dabei zu Tode langweilen, gehen Sie trotzdem mit ins Kino und fragen Sie Ihre Tochter anschließend, was ihr daran gefällt. Beim nächsten Mal können Sie dann auf die Dinge achten, die sie erwähnt hat – vielleicht bestimmte Spezialeffekte oder ein guter Schauspieler –, und entdecken vielleicht, dass Sie diesem Aspekt der Filme doch etwas abgewinnen können.

Und wenn Sie Computerspiele für komplette Zeitverschwendung halten, springen Sie über Ihren Schatten und lassen Sie sich von Ihrem 12-Jährigen in die Geheimnisse der virtuellen Welt einweisen. Denn die Zeit, die Sie mit Ihrem Kind verbringen, ist *niemals* vertane Zeit. Und legen Sie Enthusiasmus an den Tag, sonst wird Ihr Sohn das nächste Mal nicht viel Lust haben, mit Ihnen zu spielen.

Falls Ihre Tochter Musik liebt, die Sie zum Wahnsinn treibt, schauen Sie trotzdem bei ihr rein und reden Sie mit ihr über ihre Musik. Bitten Sie sie, etwas aus ihrer Sammlung vorzuspielen, was Ihnen auch gefallen könnte, und stellen Sie Fragen dazu. Halten Sie sich darüber auf dem Laufenden, was unter Jugendlichen in ist.

Zuweilen lassen sich Eltern kleiner Kinder nicht auf das gemeinsame Spiel ein, weil ihnen die Beschäftigung etwa mit Puppen oder

Action-Figuren zu kindisch erscheint. In dieser Situation empfehle ich zwei bewährte Strategien. Zum einen könnten Sie einfach für eine Weile aufhören, erwachsen zu sein, und zusammen mit Ihrem Kind Spaß haben. Vielleicht stellen Sie fest, dass es auch für Sie schön ist, wenn Sie Ihre Hemmungen fallen lassen.

Wenn Sie sich dazu nicht überwinden können, dann spielen Sie trotzdem mit, nutzen aber diese Zeit, um die Interaktion Ihres Kindes mit der Welt zu beobachten. Achten Sie beispielsweise darauf, welche Geschichten Ihre Tochter erfindet. Wenn Ihr Sohn z. B. etwas baut, dann sehen Sie sich genau an, wie er das macht. Auf diese Weise können Sie eine Menge über Kinder erfahren und werden erstaunt feststellen, wie geschickt und klug die Kleinen sind.

Eltern verlegen sich gern auf Betätigungen, bei denen sie dem Kind etwas beibringen können. Aber nicht alles, was Sie gemeinsam tun, muss eine »Lernerfahrung« darstellen. Offen gesagt wenden Eltern viel zu viel Zeit dafür auf, ihre Kinder zu fördern, und das geschieht vor allem, wenn Sie nur Dinge miteinander machen, bei denen Sie der Experte sind und das Kind der Neuling. Ein wenig Lernen ist nicht verkehrt, vor allem wenn der Sohn oder die Tochter von sich aus Interesse daran zeigen (»Wenn ich doch nur wüsste, wie ...«) oder direkt um Unterweisung bittet (»Bringst du mir bei, wie ...«). Aber übertreiben Sie es nicht. Viel wichtiger ist, dass Sie gemeinsam Spaß haben.

Es gibt Familien, in denen Eltern so gern in die Lehrerrolle schlüpfen, dass die armen Kleinen das Gefühl haben, unentwegt die Schulbank zu drücken. Vergessen Sie nicht, dass Ihr Kind bereits den Großteil der Woche in der Schule verbringt. Ihr Sohn braucht Zeit zum Spielen, er möchte Verschiedenes ausprobieren, ohne überlegen zu müssen, ob er alles richtig macht oder die Leistungserwartungen eines anderen erfüllt. Kinder möchten gemeinsam mit den Eltern etwas tun, ohne ständig korrigiert zu werden oder zu hören, wie man es »richtig« macht.

Die beste Methode, dafür zu sorgen, dass Ihr Kind das Interesse an Ihren Hobbys *verliert*, ist, jede gemeinsame Unternehmung in eine Unterrichtsstunde zu verwandeln. Sofern die Sache, für die Sie

Ihr Kind begeistern wollen, nicht bestimmte praktische Fähigkeiten erfordert (z. B. Häkeln oder einen Automotor zerlegen), lassen Sie Ihr Kind es selbst ausprobieren, ohne groß Anweisungen zu geben – bis Sie merken, dass der Sohn oder die Tochter eine genauere Anleitung *möchte*. Wenn Sie es nicht aushalten mit anzusehen, wie Ihr Kind etwas nicht ganz korrekt macht, ohne einzugreifen, sollten Sie sich einfach entspannen.

Wenn Sie sich bemühen, gefällt Ihnen gewiss auch eine Beschäftigung, für die sich Ihr Kind begeistert, sodass Sie gemeinsam daran Gefallen finden können.

Versuchen Sie nicht, bei den gemeinsamen Aktivitäten mit Ihrem Kind immer den Ton anzugeben.

Anteilnahme an schulischen Dingen

Ein besonders wichtiges Gebiet, auf dem Sie sich engagieren sollten, ist die Schule. Im Leben Ihres Kindes spielt die Schule eine so bedeutende Rolle, dass Sie durch Ihr Interesse an diesem Bereich sehr viel darüber erfahren, wie es Ihrem Sohn oder Ihrer Tochter geht – und zwar nicht nur im Hinblick auf die Leistungen. Zudem schneiden Schüler aller Altersstufen schulisch besser ab, wenn sich ihre Eltern für die Ausbildung engagieren.

Die Gründe dafür sind leicht einzusehen. Im tiefsten Innern schätzen Kinder das, worauf auch ihre Eltern Wert legen. Wenn Sie sich in der Schulzeit Ihres Kindes nachhaltig für seine Ausbildung engagieren, beweisen Sie, wie wichtig Ihnen die Schule ist. Im Laufe der Zeit wird Ihr Kind das ähnlich empfinden, und das motiviert Ihre Tochter, sich anzustrengen und den Unterricht ernst zu nehmen. Wenn Sie hingegen nicht zu Sprechstunden gehen, sich nicht dafür interessieren, was durchgenommen wird, oder Sport- oder Theaterveranstaltungen versäumen, bei denen Ihr Sohn mitmacht, dann kann er nur zu dem Schluss kommen, die Schule sei nicht wichtig, ganz gleich welche Lippenbekenntnisse Sie ablegen.

Allerdings wird nicht nur Ihr Kind durch Ihr Engagement beeinflusst. Auch den Lehrerinnen und Lehrern vermitteln Sie damit eine doppelte Botschaft. Erstens machen Sie deutlich, dass Sie informiert werden wollen, wenn Ihr Kind irgendwelche schulischen Probleme hat, damit Sie gemeinsam mit dem Lehrer eine Lösung finden können. Und zweitens stellen Sie klar, dass Sie sich umgehend an die Direktorin wenden werden, falls Ihrem Kind Unrecht geschieht. Glauben Sie mir, Sie können gar nicht besser unter Beweis stellen, was man von Ihnen als Eltern erwarten kann, als durch die Teilnahme an Schulveranstaltungen und Elternsprechstunden.

Viele Eltern zeigen ihr Interesse an der Schule vor allem durch Hilfe bei den Hausaufgaben und anderen Projekten, die Unterstützung erfordern. Solche Hilfe ist schön und gut, reicht aber nicht aus. Die Teilnahme an Elternabenden und der persönliche Kontakt mit den Lehrerinnen und Lehrern ist durch nichts zu ersetzen.

Eines möchte ich allerdings klar stellen: Zwischen Eltern, die sich engagieren, und Eltern, die sich unentwegt einmischen und nörgeln, besteht ein gewaltiger Unterschied. Verständlicherweise ärgern sich Lehrer über Eltern, die sich immer nur beklagen. Wenn Sie aber echtes Interesse zeigen – Schulveranstaltungen besuchen, sich als ehrenamtliche Helfer engagieren, sinnvolle Fragen zum Unterrichtsstoff stellen – und wenn Sie neben kritischen Anmerkungen auch positive Kommentare abgeben, dann gewinnen Sie eine Glaubwürdigkeit, die Ihnen zugute kommt, sobald Sie eine ernsthafte Beschwerde oder ein besonderes Anliegen haben.

Bisher bin ich vor allem auf das Engagement eingegangen, das Eltern in die Schule führt. Hierzu ist generell zu sagen, dass Mütter und Väter auch bei älteren Kindern unvermindertes Interesse am Schulleben zeigen sollten, während die Unterstützung zu Hause, also z. B. das Überwachen der Hausaufgaben, mit zunehmendem Alter der Kinder abnehmen sollte.

Hausaufgaben erfüllen einen bestimmten Zweck. Ihre wichtigste Funktion ist, dass Ihr Kind lernt, seine Zeit einzuteilen, seinen Lernerfolg zu überprüfen und darauf zu achten, dass die Maßstäbe, die sie selbst anlegen, denen des Lehrers entsprechen. Kleinere Kinder brauchen dabei Ihre Unterstützung, und deshalb sollten Sie dafür sorgen, dass sich Ihr Sohn oder Ihre Tochter genügend Zeit für die Hausaufgaben nimmt und dass Ihr Kind begriffen hat, was zu erledigen ist. Und anschließend sollten die Eltern überprüfen, ob die Aufgaben vollständig und gut gemacht wurden.

Bei älteren Schülern erwartet man hingegen, dass sie sich selbst um all diese Dinge kümmern. Schließlich muss Ihr Sohn irgendwann selbst entscheiden können, wie viel Zeit er für seine Schularbeiten aufwendet, er muss selbst dahinter kommen, was er nicht verstanden hat, und den Unterschied zwischen einer tadellosen und einer mittelmäßigen Arbeit kennen. Wenn Sie zu lange bei den Hausaufgaben mitwirken, hat er keine Chance, all das zu lernen. Er wird sich weiterhin darauf verlassen, dass Sie die Verantwortung für ihn übernehmen. Folglich sollten Sie umso weniger Einsatz bei den Hausaufgaben zeigen, je älter Ihr Kind ist.

Hier sind einige allgemeine Richtlinien, die es zu beachten gilt:

Von der 1. bis zur 6. Klasse ist es Ihre Aufgabe, Ihrem Kind zu helfen, gute Arbeitsgewohnheiten zu entwickeln. Fragen Sie Ihre Tochter täglich, ob sie ihre Hausaufgaben gemacht hat. Sorgen Sie dafür, dass für die Aufgaben ein bestimmter Zeitraum reserviert und ein geeigneter Arbeitsplatz vorhanden ist. Achten Sie darauf, dass alles vollständig erledigt wurde, und fragen Sie, ob sie Hilfe braucht.

Sie müssen die Hausarbeiten nicht täglich kontrollieren, aber Sie sollten von Zeit zu Zeit einen Blick darauf werfen. Wenn Ihr Kind eine Menge Flüchtigkeitsfehler macht, sollten Sie darauf bestehen, dass die Aufgaben noch einmal ordentlich abgeschrieben werden. Dabei steht der Gedanke im Vordergrund, dass Aufgaben, die abgegeben werden, korrekt sein sollten, und dass ein »erster Entwurf« immer überarbeitet werden kann. Wenn Sie aber den Eindruck haben, dass Ihre Tochter den Stoff nicht begreift, gilt es zu entscheiden, ob Sie ihr selbst erklären wollen, worum es geht, oder ob Sie mit der Lehrerin darüber sprechen. (Bitte versuchen Sie nicht, Ihrem Kind Dinge zu erklären, die Sie selbst nicht verstehen.) Fragen Sie die Lehrerin, ob es zu dem betreffenden Lehrstoff Übungsmaterial gibt, das Sie mit Ihrem Kind zu Hause bearbeiten können.

In der 7. und 8. Klasse sollten Sie darauf achten, dass die in den vergangenen Jahren entwickelten Arbeitshaltungen tatsächlich zu Gewohnheiten werden.

Lassen Sie Ihre Tochter selbst entscheiden, wie viel Zeit sie für ihre Hausaufgaben aufwendet und wann und wo sie erledigt werden. Aber fragen Sie sie jeden Tag, welche Hausaufgaben sie aufhat, und erkundigen Sie sich vor dem Schlafengehen, ob sie alles erledigt hat. Sehen Sie sich ruhig gelegentlich die Schularbeiten an, aber mehr, um auf dem Laufenden zu bleiben, was sie durchnimmt, und weniger, um Fehler zu korrigieren. Bei Flüchtigkeitsfehlern sollten Sie jedoch anregen, dass Ihr Kind die Arbeit noch einmal durchsieht und korrigiert, bevor sie abgegeben wird. Bieten Sie von Zeit zu Zeit Ihre Hilfe an (»Möchtest du, dass ich deinen Aufsatz lese?«), aber bestehen Sie nicht darauf, dass Ihre Dienste angenommen werden. Wichtig ist in diesem Alter, dass Ihr Kind die Verantwortung für die eigene Arbeit übernimmt.

In der 9. bis 13. Klasse sollte sich Ihr Engagement darauf beschränken, Hilfe zu leisten, wenn Ihr Kind ausdrücklich darum bittet.

Fragen Sie Ihre Tochter vor einem Fremdsprachentest Vokabeln ab, wenn sie das möchte. Wenn sie Ihnen ein Referat in Sozialkunde vortragen will oder Ihnen einen Aufsatz zu lesen gibt, sagen Sie nicht Nein. In diesem Alter sollten Sie jedoch nicht mehr fragen, ob sie ihre Aufgaben gemacht hat, und Durchsehen ist nur erlaubt, wenn sie darum bittet oder wenn Sie sich aufrichtig für das Fach interessieren und gern mehr darüber erfahren möchten. Wenn die abgelieferten Aufgaben nicht in Ordnung sind, sollten die Lehrer Sie darüber informieren. In diesen Jahrgangsstufen sollten die Schüler jedoch wissen, wie sie die eigene Arbeit einzuschätzen haben und wie sie ihre Leistung verbessern können.

Wie Sie damit umgehen, wenn Ihr Kind Schwierigkeiten mit einem Lehrer hat, hängt ebenfalls vom Alter ab. Von der 1. bis zur 6.

Klasse ist es an Ihnen, eine Lösung für das Problem zu finden. Ist Ihr Sohn über 12 Jahre alt, helfen Sie ihm zunächst zu überlegen, wie er mit dem Lehrer umgehen und die Sache klären kann. Sprechen Sie später noch einmal mit ihm darüber, ob er tatsächlich getan hat, was Sie gemeinsam als richtig erkannt haben.

Ein letzter Punkt: Korrigieren Sie niemals die Hausaufgaben Ihres Kindes, ganz gleich wie alt es ist. Bis zur Mittelstufe ist es in Ordnung, auf notwendige Verbesserungen hinzuweisen, aber Ihr Kind soll ruhig selbst herausfinden, wie die Fehler zu korrigieren sind. Wenn Sie die Hausaufgaben für Ihren Sohn oder Ihre Tochter machen, können die Lehrer kaum feststellen, ob der Stoff begriffen wurde, und das ist einer der Gründe, warum es überhaupt Hausaufgaben gibt.

Natürlich möchten Sie, dass Ihr Kind gute Noten bekommt, aber wenn die Eltern die Hausaufgaben machen, ist das die falsche Strategie. Es kann zwar sein, dass ein Schüler damit kurzfristig Lorbeeren einheimst. Aber auf lange Sicht sind Kinder besser dran, wenn sie die Verantwortung für ihre Arbeit selbst übernehmen und sich nicht darauf verlassen, dass die Eltern schon alles richtig machen.

Mütter und Väter meinen zuweilen, dass es reicht, wenn sie ihrem Kind versichern, wie wichtig die Schule ist. Aber Untersuchungen haben gezeigt, dass diejenigen Schüler am besten abschneiden, deren Eltern sich aktiv engagieren. Wenn Sie nicht nur sporadisch Interesse an der Ausbildung Ihres Kindes zeigen, vermitteln Sie die deutliche Botschaft, dass die Schule zählt. Was Schule und Ausbildung betrifft, wiegen Taten schwerer als Worte.

Vermeiden Sie einen aufdringlichen Erziehungsstil

Ihr Kind profitiert zwar von Ihrer Anteilnahme an seinem Leben, aber manchmal tut man auch zu viel des Guten, wie man so schön sagt. Ihr Engagement sollte jedenfalls nicht so übertrieben werden, dass es die seelische Entwicklung behindert.

Zeigen Sie Anteilnahme, aber drängen Sie sich nicht auf.

Gelegentlich trifft man Eltern, deren aufdringlicher Erziehungsstil aus einem übergroßen Kontrollbedürfnis herrührt, aber meist wollen Mütter und Väter einfach nur das Beste. Sie möchten ihr Kind vor Schaden, Scheitern oder Zurückweisung schützen und alles tun, was in ihrer Macht steht, um ihrem Nachwuchs Gesundheit, Glück und Erfolg zu garantieren. Das kann man Eltern nicht vorwerfen, aber manche treiben es ein wenig zu weit.

Kinder müssen ein gesundes Gefühl der Unabhängigkeit entwickeln, und ein aufdringlicher Erziehungsstil kann hier hinderlich sein. Das heißt, Sie müssen lernen, wann Sie sich besser zurückhalten und aus einigem Abstand beobachten, statt ständig in der Nähe zu sein; es gilt abzuwägen, wann Sie Ihrem Kind eine Entscheidung überlassen sollten, statt die Sache selbst in die Hand zu nehmen, und Sie müssen ein Feingefühl dafür entwickeln, wann Sie Ihrem Nachwuchs etwas Privatsphäre lassen sollten.

Gute Eltern erkennen, dass es Dinge im Leben ihres Kindes gibt, die sie nicht kontrollieren können. Es gehört sogar zu Ihren Erziehungsaufgaben, Ihrem Kind mit wachsendem Alter mehr und mehr Kontrolle über das eigene Leben zuzubilligen. Das heißt nicht, dass Sie sich weniger engagieren, das Engagement sieht jetzt nur anders aus. Je älter das Kind wird, desto mehr müssen Sie Ihren Erziehungsstil von einem Management bis ins kleinste Detail zu einer Beaufsichtigung aus der Ferne werden lassen.

Gesundheit, Glück und Erfolg von Kindern werden gerade dadurch gefördert, dass sie das Gefühl haben, das Leben selbst zu meistern und nicht auf fremde Hilfe angewiesen zu sein. Zweifellos muss Ihre Tochter wissen, dass Sie für sie da sind, aber sie sollte auch die Erfahrung machen, dass sie in zahlreichen Situationen ohne Eltern zurecht kommt. Wenn Sie ihr Leben bis ins kleinste Detail managen, sodass sie nie Gelegenheit hat, etwas selbst in die Hand zu nehmen, kann sie kein Vertrauen in die eigenen Fähigkeiten entwickeln.

Um wirklich gesund, glücklich und erfolgreich zu werden, muss ein junger Mensch die Freiheit haben, etwas zu wagen und eigene Entscheidungen zu treffen, selbst wenn er dabei Gefahr läuft, verletzt oder enttäuscht zu werden. Gute Eltern finden ein Gleichgewicht zwischen Anteilnahme und Unabhängigkeit. Beide Extreme – uninteressierte Eltern und Eltern mit aufdringlichem Erziehungsstil – schaden der psychischen Gesundheit des Kindes.

So ist es einerseits wichtig, sich für die Ausbildung des Kindes zu engagieren, andererseits weiß Ihr Sohn nie, ob er sich seine guten Noten wirklich verdient hat, wenn Sie die Hausaufgaben für ihn machen oder sie jedes Mal vor der Abgabe korrigieren.

Es ist wichtig, über die Freundschaften Ihres Kindes Bescheid zu wissen, aber wenn Sie sich ständig in die Beziehungen Ihrer Tochter zu anderen Kindern einmischen und dafür sorgen, dass alles glatt läuft, wird sie womöglich unsicher, ob sie sich wohl auch aus eigener Kraft einen netten Freundeskreis aufbauen kann.

Auch ist es wichtig, dass Sie die Freizeitaktivitäten Ihrer Kinder mitverfolgen, aber wenn Sie Ihren Sohn stets an seine Pflichten und Termine erinnern, lernt er nie, seine Angelegenheiten selbst in die Hand zu nehmen. Eltern, die überdies noch alles für ihn planen, ohne ihm Mitspracherecht über seine Freizeitgestaltung einzuräumen, untergraben zudem sein Vertrauen in das eigene Urteilsvermögen.

Sie sollten natürlich wissen, was in der Welt Ihres Kindes los ist, aber deshalb müssen Sie nicht alle Einzelheiten der Telefongespräche und Unterhaltungen kennen, die Ihre Tochter mit ihren Freundinnen hat. Damit sie sich erwachsen fühlen kann, braucht sie Dinge in ihrem Leben, die sie nicht mit den Eltern teilt. Wer seine Privatsphäre abgrenzt, ist noch längst nicht heimlichtuerisch.

Um zu entscheiden, ob Ihr Engagement in einer bestimmten Situation angemessen ist oder eher aufdringlich, kann es hilfreich sein, sich drei Fragen zu stellen:

1. *Ist mein Kind in der Lage, in dieser Situation allein zurechtzukommen oder diese Entscheidung selbstständig zu treffen?* Die anstehende Aufgabe ist vor dem Hintergrund des Entwicklungsstadiums

Ihres Kindes zu betrachten. Ein Teenager kann mehr zuwege bringen als eine 12-Jährige, 11- und 12-Jährigen kann man mehr zutrauen als Grundschulkindern und so fort. Und auch bei Gleichaltrigen gibt es Unterschiede, deshalb ist es wichtig, die Stärken und Schwächen des Kindes zu beachten. So wie einige 8-Jährige ihre Konflikte mit anderen schon selbstständig lösen können, brauchen andere dabei noch die Hilfe der Eltern.

2. *Wenn mein Kind mit dieser Sache allein zurechtkommt, fühlt es sich dann anschließend gestärkt oder lernt es etwas Wichtiges daraus?* Überlegen Sie, welchen Nutzen es bringt, wenn Sie *nicht* eingreifen. Manchmal haben Eltern nur im Blick, was schief gehen könnte. Sie wissen bereits, wie man einen Ferienjob sucht, sich bewirbt und ein Vorstellungsgespräch bewältigt, aber Ihr Sohn muss all das noch lernen. Wenn Sie es für ihn tun, hat er dazu keine Chance.

3. *Wenn mein Kind einen Fehler macht, können wir beide damit langfristig leben?* Betrachten Sie nicht alles als mögliche Katastrophe, doch bedenken Sie, wie die Folgen einer falschen Entscheidung aussehen könnten. Sie brauchen Ihr Kind nicht jedes Mal daran zu erinnern, dass man vor Prüfungen lernen muss, aber es ist immer sinnvoll, darauf zu achten, dass Ihr Sohn oder Ihre Tochter in der Nacht vor dem Abitur genug Schlaf bekommt. Aus Fehlern kann Ihr Kind ruhig lernen, wenn die Folgen nicht allzu hart sind.

Falls Sie sich häufig in Situationen wiederfinden, in denen Sie alle drei Fragen mit »Ja«, beantworten können, und es gelingt Ihnen dennoch nicht, mehr Zurückhaltung zu üben, dann haben Sie einen aufdringlichen Erziehungsstil entwickelt.

Ich vertrete keineswegs die These, Kinder müssten durch »eine harte Schule« gehen. Nichts weist darauf hin, dass Kinder stärker werden, wenn man sie verletzt, dass sie Charakter entwickeln, wenn sie zurückgewiesen werden, oder dass sie aus Schaden klug werden. Allgemein kann man sagen, dass Schmerz, Not und Enttäuschung Kindern rein gar nichts nützen. Aber in jeder Situation gilt es, Kosten und Nutzen gegeneinander abzuwägen – den Nutzen, wenn Sie eingreifen, um Ihrem Kind Schutz und Hilfe zu geben, und die Kosten, wenn Sie ihm die Chancen der Persönlichkeitsentwicklung verbauen, die nur die Unabhängigkeit bietet.

Und vergessen Sie nicht, dass hier nicht der gute Wille zählt. Selbst die bestgemeinten Taten können die Entwicklung eines Kindes behindern, wenn die Eltern allzu aufdringlich sind.

Viertes Gebot: Passen Sie Ihren Erziehungsstil Ihrem Kind an

Halten Sie Schritt mit der Entwicklung Ihres Kindes

Wenn Kinder heranwachsen, entwickeln sich ihre Fähigkeiten, und ihre Interessen und Bedürfnisse verändern sich. Darauf sollten Sie als Eltern Rücksicht nehmen.

Zwar bleiben die Grundprinzipien gelingender Erziehung während der gesamten Kindheit und Jugend unverändert, aber die Umsetzung dieser Prinzipien sollte der Entwicklung Ihres Kindes angepasst werden. Was in der Vorschulzeit gut funktioniert hat, muss nicht unbedingt auch bei Grundschülern klappen; auch zu Beginn der Pubertät ist ein Kurswechsel angesagt.

Das mag einleuchtend erscheinen, aber Sie wären überrascht, wie viele Eltern an ihren Gewohnheiten festhalten, ohne auf die Entwicklung der Kinder einzugehen. Und dann wundern sie sich, weil die zuvor so erfolgreichen Strategien plötzlich zu nichts führen. Denn was früher richtig war, passt nun nicht mehr zu den Bedürfnissen der Kinder in diesem Alter. Gelingende Erziehung ist flexibel und muss auf die kindlichen Entwicklungsphasen zugeschnitten sein.

Kleinkinder von etwa zwei Jahren sind z. B. meist sehr angenehm. In diesem Alter lässt sich ein Kind in der Regel leicht dazu bewegen zu tun, was die Eltern von ihm erwarten. (Das berüchtigte »Trotzalter« setzt etwas später ein, meist um den dritten Geburtstag.) Sobald aber das Bedürfnis nach Autonomie wächst, will der Kleine seinen eigenen Kopf durchsetzen. Flexible Eltern verzichten jedoch auf einen Machtkampf und versuchen stattdessen, das verständliche Verlangen nach Unabhängigkeit für ihre Zwecke zu nutzen.

Statt den Willen eines dickköpfigen Dreijährigen durch Beharren auf der elterlichen Autorität zu brechen (eine unmögliche, für beide Seiten gleichermaßen frustrierende Strategie), sollten Sie Ihren Erziehungsstil diesem sinnvollen Bedürfnis nach Unabhängigkeit anpassen. Statt darauf zu bestehen, dass Ihr Sohn alles brav hinnimmt, können Sie ihm erlauben, unter verschiedenen Dingen zu wählen (Kleidung, Essen und so weiter), die für Sie in Ordnung sind; auf diese Weise fühlt er sich größer und selbstständiger. Damit geben Sie Ihre Autorität nicht auf; Sie setzen sie nur auf kluge Weise ein. So können Sie erreichen, was *Sie* wollen (weil das, wofür er sich entscheidet, von Ihnen gebilligt wird), aber Sie haben Ihrem Kind auch erlaubt, sich altersgemäß zu verhalten. Das ist es, was Schritthalten mit der Entwicklung des Kindes bedeutet.

Um Ihren Erziehungsstil der Entwicklung Ihres Kindes anzupassen, müssen Sie allerdings eine Vorstellung davon haben, was diese Entwicklung überhaupt ist, warum sie stattfindet und was sie für Sie als Eltern bedeutet. Hier gilt es, vier Punkte zu beachten.

Erstens: Wenn Ihr Kind von einem Stadium in das Nächste wechselt, verändert es sich innerlich ebenso wie äußerlich. Entwicklung ist mehr als nur körperliches Wachstum. Sie hat auch Folgen für das Denken und Fühlen; die Fähigkeiten und das Selbstbild ändern sich ebenso wie die Beziehungen zu den Mitmenschen (auch zu den Eltern). Jedes Kind ist zwar einzigartig, aber Kinder im selben Entwicklungsstadium haben auch unglaublich viel gemeinsam.

Zweitens sind die Phasen seelischer Entwicklung, die Kinder durchlaufen, einigermaßen vorhersehbar, und daher können Sie sich auf das vorbereiten, was auf Sie zukommt. Leider sind viele Eltern, die sich über das Säuglingsalter hervorragend informieren, an den späteren Entwicklungsphasen – wie der Kindergarten- und Grundschulzeit oder der Vorpubertät – weniger interessiert und befassen sich erst dann damit, wenn Probleme auftreten.

Begehen Sie diesen Fehler nicht. Befassen Sie sich mit jedem Stadium, *bevor* Ihr Kind es erreicht. Für jede Phase der kindlichen Entwicklung, nicht nur für die Säuglingszeit, gibt es gute Bücher und andere Materialien. Wenn Sie rechtzeitig wissen, was Sie erwartet, haben Sie nicht nur weniger Erziehungsprobleme, sondern können sich an der Entwicklung Ihres Kindes auch mehr freuen.

Drittens können Eltern und Kind die Art und Weise sowie das Tempo der psychischen Entwicklung ebenso wenig beeinflussen wie die körperlichen Veränderungen, die damit einhergehen. Jedes Entwicklungsstadium bringt Überraschungen, die viel Freude bereiten, aber jede Phase hat auch Aspekte, die bei Eltern Frustration und Bestürzung auslösen. Das liegt nun einmal in der Natur der Sache, dagegen lässt sich nichts ausrichten.

Wenn Ihr Baby mitten in der Nacht aufwacht, wenn Ihre Dreijährige Trotzanfälle hat oder Ihr Teenager alles in Frage stellt, was Sie sagen, liegt das nicht etwa daran, dass Sie etwas falsch gemacht hätten oder Ihr Kind Ihnen absichtlich Probleme macht. Dieses Verhalten gehört vielmehr ganz natürlich zum Säuglingsalter, zur Kleinkindzeit bzw. zur Pubertät dazu.

Sie können lernen, mit diesen besonderen Herausforderungen besser umzugehen, aber verhindern lassen sie sich nicht. Die Entwicklung vollzieht sich mehr oder weniger nach einem eigenen Fahrplan. Das Ende einer psychischen Entwicklungsphase lässt sich ebenso wenig forcieren, wie Sie ein Baby zwingen können, mit dem Krabbeln aufzuhören und stattdessen zu laufen.

Viertens sind jene Kräfte, die Ihrem Kind zu positiven Entwicklungsschritten verhelfen, eben auch mit den Herausforderungen verbunden, vor denen Eltern in der jeweiligen Phase stehen. Wenn Sie sich das vor Augen führen, werden Sie die problematischen Zeiten in einem freundlicheren Licht sehen.

Z. B. veranlasst der Drang nach Unabhängigkeit, der Ihren Dreijährigen zum permanenten Neinsager macht, ihn auch dazu, selbstständig auf die Toilette gehen zu wollen. Und die intellektuelle Neugier, die Ihre Dreizehnjährige zu einer interessierten, aufgeweckten Schülerin macht, ist auch für ihren Widerspruchsgeist am Abendbrottisch verantwortlich. Und so weiter.

Wenn Sie wollen, dass Ihr Dreijähriger ohne Windeln auskommt, dann müssen Sie sich eben auch mit seinem Dickkopf abfinden, denn beides ist auf die Entwicklung zur Selbstständigkeit zurückzuführen. Wenn Sie sich wünschen, dass Ihre Dreizehnjährige bei Meinungsverschiedenheiten mit Freundinnen selbstbewusst ihren

Standpunkt vertritt, müssen Sie auch hinnehmen, dass sie Ihnen ebenfalls gelegentlich die Meinung sagt, denn anderen die Stirn bieten zu können geht ganz natürlich mit der intellektuellen Entwicklung einher. Widerspruchsgeist ist lästig und Streitlust anstrengend, aber beide sind Zeichen dafür, dass sich Ihr Kind entwickelt. Und das ist doch Anlass zur Freude!

All das bedeutet, dass Sie, um effektiv erziehen zu können, sich in jemanden, der so alt wie Ihr Kind ist, hineinversetzen müssen. Sie sollten verstehen, wie Ihre Tochter denkt und fühlt und was sie zu diesem Zeitpunkt ihrer Entwicklung durchmacht, denn es ist gut möglich, dass sich ihr Denken, ihre Gefühle und Sorgen verändert haben – vielleicht sogar innerhalb der letzten sechs Monate.

Wenn Sie z. B. als Eltern eines Vierjährigen so denken können wie ein Kindergartenkind, dann erkennen Sie auch eher, welche Strategien zum Erfolg führen und welche nicht.

Wenn Sie verstehen, warum Ihr 10-jähriger Sohn plötzlich ein starkes Bedürfnis nach Privatsphäre hat, können Sie auch besser damit umgehen, wenn er Ihnen an die Gurgel springt, weil Sie ohne anzuklopfen in sein Zimmer gekommen sind.

Wenn Sie noch wissen, wie es ist, mit 16 hoffnungslos in jemanden verliebt zu sein, der diese Gefühle nicht erwidert, dann treffen Sie eher den richtigen Ton, wenn dieses Thema zur Sprache kommt.

Es gibt Eltern, die ihren Erziehungsstil ihrem Kind nicht anpassen wollen, weil sie das als Zeichen der Schwäche ansehen. Sie glauben irrigerweise, es sei ein Klein-Beigeben, wenn auf die Entwicklung des Kindes eingegangen wird.

Das ist es ganz und gar nicht. Die Entwicklungsphasen der Kindheit sind unstrittige Tatsachen des Lebens und keine Forderungen, die Söhne oder Töchter bewusst und absichtlich stellen. Noch wichtiger ist, dass es bei Erziehung nicht um Gewinnen oder Verlieren geht – es geht darum, die gesunde Entwicklung Ihres Kindes zu unterstützen. Manchmal ist es am besten, wenn Sie auf Ihr Kind reagieren und sich dabei verändern, und nicht umgekehrt.

Sie tragen keinen Kampf aus, bei dem es darum geht, Ihren Standpunkt zu behaupten und Ihr Kind zu zwingen, sich Ihren

Wünschen anzupassen. Glauben Sie mir, wenn Sie von diesem Standpunkt aus erziehen, machen Sie sich und Ihr Kind unglücklich. (Und Ihr Partner/Ihre Partnerin hat ebenfalls darunter zu leiden.)

Handeln Sie bedächtig, aber flexibel. Vor allem aber achten Sie darauf, dass Ihr Erziehungsstil mit der Entwicklung Ihres Kindes Schritt hält.

Passen Sie Ihren Erziehungsstil dem Temperament Ihres Kindes an

Es ist merkwürdig, wie schnell sich die Meinung der Eltern über Veranlagung und Erziehung ändert, sobald sie ein zweites Kind bekommen.

Beim ersten Kind sind Mutter und Vater fast immer fest davon überzeugt, der Einfluss der Umwelt sei ausschlaggebend. Sie meinen, dass die Erfahrungen, die sie dem Sohn oder der Tochter vermitteln, prägend für die Persönlichkeit sind. Daher freuen sie sich über die Lorbeeren, die sie für die guten Seiten des Nachwuchses bekommen, nehmen aber auch die Schuld für negative Eigenschaften willig auf sich.

Die Ankunft des zweiten Kindes bringt dann häufig eine Art Erwachen mit sich: Die Eltern erkennen, dass die Persönlichkeiten ihrer Kinder so unterschiedlich sind wie Tag und Nacht, obwohl beide derselben Erziehung ausgesetzt sind. Das eine Kind ist immer fröhlich, das andere schnell bedrückt. Das eine ist stets aktiv, das andere beobachtet in aller Ruhe, was sich so tut in der Welt. Das eine kommt mit neuen Situationen spielend zurecht, dem anderen muss man gut zureden, bis es etwas Neues ausprobiert. Offensichtlich hat die natürliche Veranlagung genauso großen Einfluss auf das Kind wie die Erziehung.

Alle Kinder kommen mit einem angeborenen Temperament zur Welt, das ausschlaggebend dafür ist, wie aktiv sie sind, wie gut sie mit Frustration umgehen können und wie anpassungsfähig sie sich angesichts neuer Herausforderungen zeigen. Die Veranlagung bestimmt, wie Ihr Kind auf die Welt reagiert.

Das müssen Sie als Eltern auch im Alltag bedenken. Ein von Natur aus stilles Kind kann sich beispielsweise im Restaurant mit Farbstiften und Papier beschäftigen, während die Eltern essen. Ein aktiverer Charakter braucht erheblich mehr Ablenkung, während die Eltern versuchen zu essen, und hält es nicht lange am Tisch aus. Wenn Mutter und Vater ihr Essen außer Haus genießen können wollen, bleibt ihnen dann oft nichts anderes übrig, als einen Babysitter zu engagieren.

Deshalb ist es so wichtig, das Temperament Ihres Kindes zu verstehen, zu akzeptieren und den Erziehungsstil entsprechend anzupassen; das gilt ganz besonders bei kleinen Kindern.

Wenn Sie wissen, dass Ihr Dreijähriger etwas länger braucht, um mit Fremden warm zu werden, ist es nicht ratsam, ihn am ersten Tag einfach nur im Kindergarten abzuliefern und sofort wieder hinauszustürmen; auch ist es nicht hilfreich, ungeduldig zu werden, wenn er unsicher reagiert. Und von einer lebhaften Vierjährigen dürfen Sie nicht erwarten, dass sie sich eine halbe Stunde mit einem Puzzle beschäftigt, während Sie die Zeitung lesen. Ein eher ängstliches Kindergartenkind sollte nicht unter Druck gesetzt werden, auf dem Klettergerüst genauso hoch hinauszuwollen wie seine Kameraden, wenn das bei ihm große Angst auslöst.

Ein vorsichtiges Kind kann an seiner Disposition genauso wenig ändern wie ein kleiner Wirbelwind oder ein furchtsamer Zeitgenosse. Ihr Sohn oder Ihre Tochter haben keinen Einfluss auf die eigene Veranlagung.

Sprechen wir also darüber, was man bei einem Kind mit schwierigem Temperament tun kann.

Das Temperament Ihres Kindes mag für Sie unbequem sein, aber von ihm zu erwarten, dass es seinen angeborenen Charakter umkrempelt, ist ebenso unsinnig wie die Hoffnung, Ihre Tochter möge ihre Augenfarbe ändern, damit sie zu dem Outfit passt, das Sie schick finden. Wenn Sie finden, dass ein Kleid nicht zu den Augen Ihrer Tochter passt, dann müssen Sie eben etwas anderes für sie aussuchen. Und wenn es Ihnen Sorgen macht, welche Reaktionen das Temperament Ihres Kindes in bestimmten Situationen hervorruft, dann ändern Sie die Situation.

Versuchen Sie nicht, die Veranlagung Ihres Kindes umzumodeln. An der Ängstlichkeit Ihres Sohnes ändert sich nichts, wenn Sie ihn mit Stresssituationen konfrontieren, um ihn »abzuhärten«. Ein sehr temperamentvolles und aktives Kind ist kein Wildpferd, das man »brechen« muss. Ihr Kind ist wie es ist – zumindest zum Teil –, weil es so geboren wurde, und Sie beide müssen lernen, sich auf seinen Charakter einzustellen.

Wenn Sie mit einem unkomplizierten Baby gesegnet wurden, ist es wohl kaum sehr anstrengend, Ihren Erziehungsstil dem kindlichen Temperament anzupassen. Bei Kindern mit schwieriger Veranlagung werden Sie hingegen um einige größere Anpassungen nicht herumkommen.

Sofern Sie ein Kind mit schwierigem Temperament haben, kommt es darauf an, dass Sie Situationen auswählen und schaffen, die zu seiner Persönlichkeit passen. Das heißt nicht, dass Sie die grundsätzlichen Strategien Ihrer Erziehung über Bord werfen sollen. Es geht nur darum, sie ein wenig »zurechtzubiegen«.

Denken Sie vor allem daran, dass Sie einem Kind mit schwierigem Temperament etwas mehr Zeit einzuräumen müssen, wenn es mit Veränderungen oder ungewohnten Situationen konfrontiert ist. Ob Ihr Kind nun besonders ängstlich oder übertrieben schüchtern reagiert, zu Zornausbrüchen neigt oder eine Kombination dieser Eigenschaften aufweist, ist dabei nicht so wichtig. Bei all diesen Charakterzügen sollten Sie Ihrem Sohn oder Ihrer Tochter zusätzlich Zeit lassen, um sich an Neues zu gewöhnen – sei es eine neue Tagesmutter, ein Schulwechsel, der Umzug in eine andere Wohnung oder ein veränderter Tagesablauf.

Dasselbe gilt für Erfahrungen, die Ihr Kind zum ersten Mal macht, z. B. der erste Besuch beim Zahnarzt, die erste Übernachtung bei der Freundin oder die erste Einladung zu einer Geburtstagsparty. Ihr Kind ist schneller ängstlich, scheu oder aufgeregt als andere Kinder, und wenn es angespannt ist, braucht es länger, diese

Gefühle unter Kontrolle zu bekommen. Und daher müssen Sie Geduld haben.

Zwar können Sie nicht alles beeinflussen, was Ihrem Kind begegnet, aber wenn Sie die Möglichkeit haben, berücksichtigen Sie die Veranlagung Ihres Sohnes oder Ihrer Tochter. Falls sich Ihr Kind nicht lange konzentrieren kann, dann planen Sie keine Familienausflüge, bei denen man lange im Auto sitzen oder stillhalten muss. Für Kinder, die körperlich sehr aktiv sind, empfehlen sich Betätigungen, bei denen sie sich völlig verausgaben können. Ängstliche Kinder sollte man keinesfalls angstauslösenden Situationen aussetzen. Berücksichtigen Sie einfach das Temperament Ihres Kindes und lassen Sie den gesunden Menschenverstand zum Zug kommen.

Viele Eltern meinen, wenn sie ein Kind mit seinen »Dämonen« konfrontieren, würde das zur Persönlichkeitsentwicklung beitragen, aber das gilt ausschließlich für ältere Kinder. 7- bis 8-Jährige entwickeln langsam die Selbstbeherrschung, die man braucht, um stillzusitzen, obwohl man lieber herumrennen möchte, sich einer ruhigen Beschäftigung zu widmen, obwohl man lieber toben würde, oder sich selbst die Angst auszureden. Die Kleineren sind aber dazu einfach noch nicht imstande.

Offen gesagt ist es für Kinder unter acht Jahren besser, wenn sie möglichst selten mit Situationen konfrontiert werden, die ihrem Temperament zuwiderlaufen. Zwingt man ein aktives Vorschulkind, längere Zeit stillzusitzen, ändert das nichts an seinem Temperament, sondern wirkt lediglich frustrierend. Und wenn man eine ängstliche 5-Jährige furchteinflößenden Dingen aussetzt, dann verstärkt sich ihre Ängstlichkeit nur noch.

Es ist jedoch sinnvoll, mit dem Kind Situationen zu »üben«, die häufig ein Problem darstellen. Wenn Ihre Tochter z. B. Angst hat, weil sie zum ersten Mal auf eine Halloween-Party eingeladen ist, dann gehen Sie mit ihr erst einmal in ein Kostümgeschäft, damit sie sich die unheimlichen Verkleidungen anschauen kann, die die anderen tragen werden; so bleibt ihr etwas Zeit, sich daran zu gewöhnen. Bei einem Kind, das Angst vor Fremden hat, sollten Sie nicht gleich zur Tür hinausstürmen, sobald der neue Babysitter gekommen ist; bitten Sie das junge Mädchen lieber, etwas früher zu kommen und erst einmal gemeinsam mit Ihnen mit Ihrem Kind zu spielen. Oder wenn Ihr Sohn leicht ablenkbar ist, können Sie sich Spiele ausdenken, bei denen man auf bestimmte Anweisungen hören muss, damit er sich zu Hause ans aufmerksame Zuhören gewöhnen kann und nicht erst beim Schulbesuch damit konfrontiert wird.

Durch Übung ist jedoch vor allem bei kleineren Kindern nur begrenzt etwas zu erreichen. Erwarten Sie also keine Wunder. Im Lauf der Zeit werden Sie und Ihr Kind gemeinsam Wege finden, mit seiner Schwachstellen zurechtzukommen. Bis es so weit ist, müssen Sie beide sie schlicht akzeptieren.

Der Trick besteht darin, Situationen zu schaffen, in denen die angeborenen Stärken Ihres Kindes von Vorteil sind, und solche zu vermeiden, die seine Schwächen deutlicher werden lassen. Dazu müssen Sie erst einmal wissen, was in Ihrem Kind vorgeht, einen flexiblen Erziehungsstil entwickeln und Ihr Kind als Individuum behandeln. Diese drei Maximen sollten stets berücksichtigt werden.

Natürlich ist es ungerecht, dass die Tochter Ihrer Nachbarn ein ruhiges Gemüt hat, stets fröhlich und zufrieden wirkt, sich leicht trösten lässt und sich in neuen Situationen mühelos zurechtfindet, während Ihr Kind mürrisch erscheint, sich nur schwer beruhigen lässt und halsstarrig an seinen Gewohnheiten festhält. Aber das ist nun einmal Glückssache. Manche Babys kommen einfach mit einem unkomplizierten Naturell zur Welt, während andere einen eher schwierigen Charakter haben.

Vielleicht meinen Sie, Sie hätten Ihr pflegeleichtes Kind der Tatsache zu verdanken, dass Sie während der Schwangerschaft Mozart gehört, Zwiebeln gemieden oder morgens meditiert haben. Aber in Wirklichkeit haben Sie einfach nur Glück gehabt. Seien Sie dankbar.

Und bei einem schwierigen Kind können Sie auch nichts dafür. Sofern Sie keine Drogen genommen haben (Alkohol, Tabak oder illegale Rauschmittel), ist es unwahrscheinlich, dass Ihr Verhalten während der Schwangerschaft irgendeinen positiven oder negativen Einfluss auf den Charakter Ihres Kindes hatte.

Versuchen Sie nicht, gegen das Temperament Ihres Kindes anzukämpfen. Wenn Sie es akzeptieren, statt dagegenzuarbeiten, werden Sie beide erheblich glücklicher sein.

Ihr Kind ist einzigartig

Ich kann mir nicht viele Situationen im Leben vorstellen, in denen die Aussage »dieselbe Größe für alle« stimmig ist, außer vielleicht beim Sockenkauf, und nicht einmal da kann man sich darauf verlassen. Auf keinen Fall lässt sich dieses Motto auf die Grundsätze gelingender Erziehung anwenden.

Es ist zwar richtig, dass unsere Grundprinzipien für alle Kinder gelten. Aber wie sie praktisch umgesetzt werden, sollte auf das Alter, die Persönlichkeit, die Interessen und Lebensumstände Ihres Kindes zugeschnitten sein. An den Prinzipien selbst gibt es zwar nichts zu rütteln, aber es ist sinnvoll, sie auf die unverwechselbaren Eigenschaften Ihres Kindes hin ein wenig zurechtzubasteln.

Der Grundgedanke, dass man ein Kind als Individuum sehen sollte, trifft natürlich auch dann zu, wenn in der Familie mehrere Kinder sind.

Es besteht überhaupt keine Veranlassung, alle Kinder einer Familie absolut gleich zu behandeln, während es viele Gründe dagegen gibt, nur um konsequent sein zu wollen, eine rigorose Haltung einzunehmen. Geschwister unterscheiden sich häufig hinsichtlich ihrer Persönlichkeit, ihrer Talente und Interessen, und das sollte im Umgang mit den Kindern berücksichtigt werden. Wieder gilt es, die Grundprinzipien zu beachten, sie aber auf jedes Kind zurechtzuschneidern.

So lautet z. B. ein Prinzip, dass Kinder aller Altersstufen Strukturen und Grenzen brauchen. Aber welche Regeln dann tatsächlich im Alltag gelten, sollte vom Alter und von der Reife des Kindes abhängen. Ein Junge, dem es schwer fällt, mit seinen Hausaufgaben fertig zu werden, braucht z. B. mehr Aufsicht durch die Eltern als sein Bruder, der seine Aufgaben immer problemlos erledigt. Beide Kinder sollten gewisse Regeln bei den Schularbeiten einhalten, aber in diesem Fall ist es sinnvoll, bei dem einen Kind strengere Vorgaben zu machen als bei dem anderen. Ebenso dürfen ältere Kinder länger aufbleiben oder ausbleiben als jüngere, was für die Kleinen ohne weiteres einzusehen ist.

Es ist völlig in Ordnung, für die einzelnen Kinder im selben Haushalt leicht voneinander abweichende Regeln festzulegen, solange man erklärt, warum, und solange die Regeln auf echten Unterschieden zwischen Geschwistern beruhen, die eine Ungleichbehandlung tatsächlich rechtfertigen. (Unterschiedliche Behandlung um ihrer selbst willen ist ebenso wenig sinnvoll wie konsequente Gleichbehandlung um ihrer selbst willen.)

Wenn ältere Kinder mehr Rechte erhalten als jüngere, dann kann man den Kleineren erklären, dass sie sich darauf freuen dürfen, später so behandelt zu werden wie die größeren Geschwister.

Falls Ihre Gründe für alle Beteiligten nicht unmittelbar einzusehen sind, sollten Sie Ihre Motive erklären. (»Du warst im letzten Halbjahr in der Schule nicht besonders gut, deshalb darfst du nicht so oft ausgehen wie deine Schwester. Sobald sich deine Noten verbessern, machen wir es wieder wie früher.«)

Eltern trauen ihren Kindern häufig nicht zu, die Gründe für die unterschiedliche Behandlung der Geschwister zu verstehen, und meinen, die jüngeren seien nur mit absoluter Gleichbehandlung zufrieden. Doch schon 6- bis 7-Jährigen geht es mehr um »Fairness« als um Gleichheit. Sie begreifen, dass eine individuelle Behandlung gerecht sein kann. Erst wenn die unterschiedlichen Regeln als *ungerecht* empfunden werden, beginnen sie zu rebellieren.

Unabhängig davon, wie viele Kinder Sie haben, ist es wichtig, dass Jungen und Mädchen die Möglichkeit haben, zu dem Menschen heranzuwachsen, der sie sein wollen, statt in die Schablone der Eltern gepresst zu werden. Es ist völlig in Ordnung, wenn Sie versuchen, bei Ihren Kindern Interesse für Dinge zu wecken, die Ihnen wichtig sind, aber wenn sich Ihre Tochter dagegen entscheidet, lassen Sie sie gewähren. Denn sie braucht die Freiheit, eine eigenständige Persönlichkeit zu entwickeln.

Vielleicht sind Sie begeisterte Sportlerin, aber die Freizeitinteressen Ihrer Tochter sehen ganz anders aus. Und während Sie in der Grundschule den Ton angegeben haben, ist Ihr Sohn eher introvertiert. Es mag Sie überraschen, dass Sie einen in sich gekehrten Künstler großgezogen haben und keinen wilden Mannschaftssportler, aber zwischen Überraschung und Enttäuschung besteht ein gewaltiger Unterschied.

Verständlicherweise haben alle Eltern Fantasien und Träume in Bezug auf die Zukunft ihrer Kinder. Aber aus Tagträumen sollten keine zementierten Pläne werden. Ihre Aufgabe ist es, Ihrem Kind zu helfen, seine Talente zu erkennen und zu entwickeln und seine Interessen zu verfolgen, ganz gleich ob sie mit Ihren Erwartungen übereinstimmen oder nicht. Wecken Sie bei Ihrem Sohn keine Schuldgefühle, weil er Ihre Hoffnungen nicht erfüllt. Sie möchten doch, dass er stolz auf sich ist, und nicht, dass er sich schämt, weil er seine Eltern enttäuscht hat.

Gelegentlich werden unsere Kinder unseren Erwartungen gerecht, manchmal übertreffen sie sie, hin und wieder bleiben sie dahinter zurück, meist aber gehen sie einfach einen anderen Weg, als wir ihn uns vorgestellt hatten. Ich glaube, es kann genauso befriedigend sein, wenn Eltern sich von der Entwicklung ihres Kindes überraschen lassen, als wenn sie ihre Hoffnungen erfüllt sehen – und manchmal bereitet die Überraschung einem sogar noch mehr Freude.

Es treten vor allem dann verstärkt Probleme auf, wenn Eltern ihre Kinder zu bestimmten Interessen und Beschäftigungen drängen und von den Geschwistern der eine die Pläne der Eltern verfolgt und der andere nicht. Ich denke hier an Familien, in denen sich alle außer einem Kind für ein bestimmtes Hobby begeistern, das den Großteil der Freizeit ausfüllt. Das ist völlig in Ordnung, solange das Kind mit den abweichenden Interessen diesen auch nachgehen darf und dabei genauso viel Unterstützung von den Eltern erhält wie seine Geschwister. Es wäre verkehrt, Ihrer Tochter die Aufmerksamkeit zu entziehen, nur weil sie andere Talente und Vorlieben hat als der Rest der Familie.

Häufig behandeln Eltern Geschwister aufgrund des Geschlechts unterschiedlich, was aber grundsätzlich nicht zu empfehlen ist. Wenn Ihr Sohn andere Interessen und Talente hat als Ihre Tochter, sind unterschiedliche Regeln gerechtfertigt. Aber bei Jungen ist grundsätzlich kein anderer Erziehungsstil angesagt als bei Mädchen. Unabhängig davon, ob Sie nur ein Kind haben oder mehrere, behandeln Sie Ihre Kinder als Individuen und nicht als Angehörige des männlichen oder weiblichen Geschlechts. Ihre Kinder werden im Leben noch häufig genug stereotypen Vorstellungen von den Geschlechterrollen begegnen. Jetzt müssen nicht Sie auch noch dazu beitragen.

Auch in schulischen Fragen gilt es, die Persönlichkeit Ihres Kindes zu berücksichtigen. Eltern sollten bei den Schularbeiten klare Maßstäbe für alle Geschwister setzen, aber sie müssen oft überdacht werden, sobald Sie mehr über die Begabungen Ihres Kindes herausbekommen. Besonders schwierig ist dieses Problem bei Geschwistern, deren intellektuelle Fähigkeiten sich stark voneinander unterscheiden. Natürlich kann man verlangen, dass jedes Kind sein Bestes tut und in die Schule Zeit und Kraft investiert, aber man darf nicht erwarten, dass ein Kind, das intellektuell mit seinen Geschwistern nicht mithalten kann, in denselben Fächern ähnlich gute Noten erreicht.

Unterschiedlich begabte Kinder sind auch in derselben Schule nicht immer gleich gut aufgehoben. Manche Jungen und Mädchen brauchen beispielsweise einen stark strukturierten Schulalltag, andere kommen mit eher locker gestaltetem Unterricht zurecht. Die einen möchten sich ausgiebig sportlich betätigen, die anderen sind besser in einer Schule untergebracht, die weniger Wert auf Wettbewerbssport legt. Wenn mehrere Schulen zur Auswahl stehen, suchen Sie die geeignetste für Ihr Kind aus, auch wenn die Geschwister dann nicht dieselbe Schule besuchen können.

Schließlich ist wichtig, dass Sie mit jedem Kind Zeit allein verbringen. Häufig sind Eltern nur im Familienkreis mit ihren Kindern zusammen. Zwar ist die gemeinsame Zeit der ganzen Familie unentbehrlich, aber meist gibt dann das dominanteste oder das bedürftigste Kind den Ton an. So wichtig das Zusammengehörigkeitsgefühl in der Familie auch ist, brauchen doch alle Kinder ihre eigene Zeit mit Mutter und Vater, in der sie sich einzigartig und als etwas Besonderes fühlen dürfen. Wann haben Sie sich das letzte Mal eine bestimmte Zeit nur für Ihr Kind genommen?

Respektieren Sie Ihr Kind als das Individuum, das es ist, und als die einzigartige Persönlichkeit, zu der es heranwächst. Ich garantiere Ihnen, dass Ihr Sohn oder Ihre Tochter von Ihrer individuellen Aufmerksamkeit nur profitieren wird. Kinder sind einzigartig und sollten auch so behandelt werden.

Geduld bei Übergangsphasen der Entwicklung

Kinder entwickeln sich meist nicht kontinuierlich und allmählich. Sehr häufig vollzieht sich die Entwicklung jäh und sprunghaft. Je älter die Kinder werden, desto mehr wechselt geistige und emotionale Entwicklung zwischen ruhigen Abschnitten, in denen sich nicht viel zu tun scheint, und Übergangsperioden, in denen in kurzer Zeit sehr viel geschieht, sodass man als Eltern nur staunen kann.

Die psychische Entwicklung Ihres Kindes ist ein Sprinten und dann wieder Ausruhen und Erholen, Sprinten und dann wieder Ausruhen und Erholen usw. und kein gleichmäßiges Joggen. Der Prozess kommt aber in den Ruhephasen keineswegs zum Stillstand. Er läuft nur sehr langsam und gleichmäßig ab und ist kaum wahrnehmbar, wenn man nicht ganz genau hinschaut. Der »Sprint« ist dagegen allerdings unverkennbar.

Ein gutes Beispiel ist das Wachstum der Kinder. In der Grundschulzeit wachsen Jungen und Mädchen nur ganz allmählich. Wenn Sie die Größe jeden Monat mit Strichen an der Wand markieren, sehen Sie viel leichter, dass Ihre Tochter größer geworden ist, als wenn Sie Ihr Kind nur anschauen. Denn das langsame Wachstum in diesem Alter fällt nur auf, wenn Sie es genau festhalten.

Mit elf bis zwölf Jahren legt das Wachstum jedoch unglaublich zu. Jedes Kind wächst in diesem Alter etwa ein Jahr lang ungefähr doppelt so schnell wie zuvor. Wenn diese Phase erreicht ist, brauchen Sie keine Striche an der Wand mehr, um zu sehen, wie Ihre Tochter wächst. Da kann es dann vorkommen, dass Sie morgens den Eindruck haben, sie sei über Nacht zehn Zentimeter in die Höhe geschossen. Nach etwa zwölf Monaten ist dieser Wachstumsspurt zu Ende, und Ihr Kind wächst wieder langsam wie gewohnt.

Auch auf der psychischen Ebene gibt es solche Wachstumsspurts, und diese Abschnitte rasanter Entwicklung können für beide Seiten sehr anstrengend sein. Diese entscheidenden Übergangsphasen in der Entwicklung stellen sogar die größte Herausforderung dar, vor der Eltern stehen.

Da sich Kinder nicht nach Plan entwickeln, kann ich Ihnen nicht genau sagen, in welchem Alter Ihr Kind diese Phasen durchmacht, aber größere Veränderungen stehen mit zwei bis drei Jahren an, dann wieder etwa mit sechs, mit zwölf und mit sechzehn Jahren. In der Zwischenzeit gibt es auch kleine Übergänge, besonders während der ersten sechs Lebensjahre, aber es sind vor allem die vier großen Entwicklungsschritte, die Eltern häufig Rätsel aufgeben.

Dass die Übergangsperioden Eltern aus dem Konzept bringen, ist leicht verständlich. Die seelische Entwicklung der Kinder ändert sich in der Sprint-Phase so rasch, dass man kaum ahnen kann, was einen am nächsten Tag erwartet. Und das Ganze wird noch komplizierter, weil in dieser Zeit die Entwicklung häufig so verläuft: zwei Schritte vor, einen Schritt zurück.

An einem Tag haben Sie den Eindruck, Ihr Kind hätte körperlich, geistig oder emotional einen wichtigen Meilenstein erreicht, z. B. in der Sauberkeitserziehung, und am nächsten Morgen sieht es so aus, als sei alles wieder verloren. In Wirklichkeit hat Ihr Kind keineswegs das Erreichte wieder verlernt. Es ist lediglich eine Eigentümlichkeit der kindlichen Entwicklung, dass sie sich sprunghaft vollzieht und nicht in gleichmäßigem Tempo.

Bei einem Baby stellen sich Eltern meist noch auf diesen Sachverhalt ein, aber während der Kindheit und Jugend sieht es nicht anders aus. Vater und Mutter freuen sich, weil ihr Fünfjähriger nun endlich zwei Nächte hintereinander durchgeschlafen hat, ohne ein Glas Wasser zu verlangen. Doch in der dritten Nacht ist er zu seiner alten Gewohnheit zurückgekehrt und sie werden wieder aus dem Schlaf gerissen. Nach jahrelangem Kleinkrieg um die gewissenhafte Erledigung der Hausaufgaben beweist Ihr Elfjähriger mit einem Mal erstaunliches Pflichtbewusstsein, was das Helfen im Haushalt betrifft, und das auch noch mehrere Tage hintereinander. Doch schon in der folgenden Woche neigt er wieder zur Vergesslichkeit.

Diese Wechselhaftigkeit ist vor allem bei Kindern anzutreffen, die einen seelischen Wachstumsspurt durchmachen. Zwischen Kindheit und Beginn der Pubertät gibt es z. B. eine Phase, in der Ihr Kind Sie durch besondere Reife in Erstaunen versetzt, mit kindischem Getue überrascht und Sie mit ganz unberechenbaren Einfällen aus der Fassung bringt – und das alles gleichzeitig. Den einen Abend schlägt Ihre Elfjährige ihre Zimmertür zu und teilt Ihnen mit, Sie seien die schrecklichste Mutter der Welt, am nächsten Tag schließt sie Sie in die Arme und erklärt, es sei wirklich ein Glücksfall, dass sie so tolle Eltern hat. Damit zeigt sie sich nicht absichtlich wetterwendisch – sie macht nur eine Übergangsphase durch. Es ist wenig gewonnen, wenn Sie Ihr Kind auf seine Unbeständigkeit hinweisen, auch wenn die Versuchung noch so groß ist.

Eine ähnliche Mischung aus Reife und Unreife zeigt sich beim Übergang in die Endphase der Pubertät. Ihr 16-Jähriger hat auf dem Heimweg zwar die Einkäufe erledigt, die Sie ihm aufgetragen haben, aber er hat vergessen, seine kleine Schwester vom Nachmittagssport abzuholen, die nun allein in der Schule zurückgeblieben ist. Ihr Teenager ist in vieler Hinsicht nun erwachsen geworden, fällt aber im Verhalten immer wieder in kindliche Muster zurück. Damit müssen Eltern rechnen.

Was ist da los? Wissenschaftler haben inzwischen herausgefunden, dass Perioden rasanter psychischer Entwicklung mit dramatischen Änderungen der Hirnfunktionen einhergehen – und diese Veränderungen haben oft zur Folge, dass die Zusammenarbeit zwischen den Hirnregionen in größerem Umfang reorganisiert wird. Diese Reorganisation geschieht allerdings nicht fließend, und Überbleibsel des alten Musters sind noch vorhanden, während sich die neuen etablieren. Während der Übergangsphase im Alter von etwa zwölf Jahren sind z. B. Teile des Gehirns noch kindlichen Gewohnheiten verhaftet, während andere Bereiche sich bereits für die Pubertät rüsten. Aus diesem Grund legen 12-Jährige häufig eine verwirrende Mischung aus reifem und unreifem Verhalten und Denken an den Tag.

Wenn Sie je in einer Firma gearbeitet haben, die eine umfassende Reorganisation durchlaufen hat, wissen Sie, dass es hart hergeht, bis sich die Leute an das neue System gewöhnt haben. Alte Gewohnheiten und Abläufe wehren sich gelegentlich gegen Veränderungen, auch nachdem die Reorganisation vollzogen wurde. Gewisse Elemente des neuen Konzepts vollziehen sich planmäßig, während andere hinterherhinken, sodass alles aus dem Takt gerät. Im Laufe der Zeit werden diese Widersprüche behoben, aber das geschieht nicht von heute auf morgen. Dasselbe gilt für Kinder, die Übergangsphasen der Entwicklung durchmachen.

Während dieser Zeit sollten sich Eltern ganz besonders flexibel zeigen und ausgesprochen verständnisvoll reagieren. Solche Phasen sind für Sie frustrierend, aber Ihr Kind hat ebenfalls darunter zu leiden. Denn die Plötzlichkeit, Unberechenbarkeit und Unvertrautheit des Übergangs, mit der Sie als Eltern zu kämpfen haben, bereitet auch Ihrem Kind Probleme. Aus diesem Grund ist es so wichtig, dass Sie während dieser Zeit Ihren Sohn oder Ihre Tochter geduldig unterstützen und akzeptieren.

Während einer schwierigen Übergangsphase darf man vor allem nicht vergessen, dass sie nicht ewig dauert. Es hilft schon, wenn man nach dem Licht am Ende des Tunnels Ausschau hält. Mit etwas Anstrengung können Sie es sehen, und Sie können dann Hoffnung schöpfen, dass auch diese Phase vorbeigeht. Bleiben Sie geduldig und suchen Sie sich ein Ventil für Ihren Ärger. Aber lassen Sie ihn nicht an Ihrem Kind aus, es kann nichts dafür.

Wandel der Elternrolle

Während ein Kind heranwächst, verändert sich die Rolle der Eltern.

Das mag Ihnen offensichtlich erscheinen, aber diese Tatsache zu akzeptieren ist oft leichter gesagt als getan. Viele Eltern sind sich darüber völlig im Klaren, haben aber doch ihre Schwierigkeiten damit. Manche passen sich klaglos an, andere wehren sich energisch dagegen.

Kämpfen Sie nicht dagegen an, dass Ihre Rolle im Leben Ihres Kindes einem Wandel unterworfen ist. Die Bedürfnisse von Söhnen und Töchtern verändern sich, ob Ihnen das gefällt oder nicht. Wenn Sie nicht mit Ihren Kindern Schritt halten, dann schlagen diese den Weg in die Zukunft ohne Sie ein. Und das wollen Sie doch sicher vermeiden.

Warum Eltern sich häufig scheuen, den Rollenwechsel hinzunehmen, ist leicht zu verstehen. Unser eigenes Altern lesen wir auch am Älterwerden unserer Kinder ab. Eltern, die plötzlich erkennen, dass das eigene Kind bereits eingeschult wird, die ersten Kontakte zum anderen Geschlecht knüpft oder den Führerschein macht, werden sich bewusst, wie viele Jahre sie selbst schon auf dem Buckel haben.

Wer den gewohnten Erziehungsstil beibehält, versucht, an früheren Entwicklungsstadien seines Kindes festzuhalten und so das eigene Älterwerden zu verhindern. Wer die 16-jährige Tochter behandelt, als sei sie erst sechs, fühlt sich um 10 Jahre verjüngt.

Vielleicht wünschen Sie sich, Sie könnten die Entwicklung Ihres Sohnes zum Stillstand bringen, aber das ist das Letzte, was er möchte. Sie kämpfen gegen das Alter an, aber er will einfach nur erwachsen werden.

Versuchen Sie nicht, die eigene Jugend zu beschwören, indem Sie Ihr Kind behandeln, als sei es noch nicht aus den Windeln heraus. Das mag billiger sein als ein Gesichtslifting, aber langfristig ist es nur mit noch größeren Schmerzen verbunden.

Drei Einschnitte sind für Eltern besonders schwer zu akzeptieren, was teilweise daran liegt, dass diese neuen Anforderungen nicht einfach als Veränderungen gesehen werden, sondern als Verlust. Wenn Sie diese Entwicklungsschritte in einem positiveren Licht sehen und verstehen, warum sie so wichtig sind, dann fällt es Ihnen auch leichter, sie zuzulassen.

Ihre Rolle als Eltern verändert sich zum ersten Mal, wenn Sie im Leben Ihres Kindes nicht mehr absolut im Mittelpunkt stehen, sondern nur noch einer von vielen Menschen sind, die Ihr Kind mag. Bei kleinen Kindern sind Mutter und Vater die Stars. Doch nach und nach bauen die Heranwachsenden wichtige Beziehungen zu anderen Menschen auf – zu den Freunden, den Lehrern und schließlich auch zum anderen Geschlecht. (Vielleicht können Sie sich bei Ihrem Kindergartenkind kaum vorstellen, dass es sich einmal verliebt, aber das geht oft schneller, als man ahnt.)

Der wachsende Kreis von Menschen, in dem sich Ihr Sohn oder Ihre Tochter bewegen, beeinflusst auch die Beziehung zu den Eltern. Irgendwann möchte Ihre Tochter mehr Zeit mit den Freundinnen verbringen, und zwar auf Kosten der Zeit mit den Eltern. Später beansprucht dann ihr Freund einen Großteil ihrer Zeit. Es kann vorkommen, dass sie die Meinung einer Lehrerin höher einschätzt als die Ihre. All das kann bei Eltern das Gefühl wecken, sie hätten das eigene Kind verloren.

Das ist aber nicht der Fall. Ihre Tochter ist jetzt lediglich in der Lage, innerhalb und außerhalb der Familie eine ganze Reihe wichtiger Beziehungen zu pflegen, und Sie müssen Ihr Kind nun mit anderen teilen. Die Bedeutung anderer Menschen in seinem Leben ist gewachsen, aber Sie sind deshalb nicht weniger wichtig für Ihr Kind. Ihre Tochter hat nun gelernt, mehrere enge Beziehungen gleichzeitig zu haben. Wenn Sie die anderen Menschen im Leben Ihrer Tochter als Hinweis auf die schwindende Bedeutung von Mutter und Vater sehen, dann stellt sich Trauer ein. Doch statt das so zu deuten, sollten Sie versuchen, sich über die wachsende Beziehungsfähigkeit Ihres Kindes zu freuen. Dass Ihre Tochter so gut mit anderen auskommt, ist eine Gabe, die Sie ihr als gute Eltern geschenkt haben. Lassen Sie zu, dass sie sich daran erfreut.

Die zweite Neuorientierung, mit der nicht alle Eltern zurechtkommen, ist der allmähliche Verzicht, das Leben des Sohnes oder der Tochter kontrollieren zu wollen und dadurch wachsende Verantwortung Ihrem Kind zu überlassen. Vor allem für Mütter und Väter, die selbst ein ausgeprägtes Kontrollbedürfnis haben, ist das schwer zu akzeptieren.

Statt Ihrem Sohn Entscheidungen abzunehmen, helfen Sie ihm nun, selbst eine gute Wahl zu treffen. Das passiert nicht über Nacht, aber im Laufe der Zeit müssen Sie zulassen, dass sich die Machtverhältnisse in Ihrer Beziehung verändern und eine größere Gleichheit zwischen Ihnen entsteht. Beim Kleiderkauf suchen Sie beispielsweise die Sachen für Ihr Kleinkind selbst aus. Sobald Ihr Sohn etwas älter ist, darf er (innerhalb vernünftiger Grenzen) mitbestimmen, was er tragen möchte. Und sobald er selbstständig einkaufen gehen kann, zieht er in Modefragen nur noch seine Freunde zu Rate. (Natürlich zahlen Sie nach wie vor die Rechnung, ganz gleich wer die Entscheidung trifft, aber das ist nun einmal das Los aller Eltern.)

Dass Sie Ihrem Kind erlauben, eigene Entscheidungen zu treffen, sei es in der Kleiderwahl oder auch bei anderen Dingen, ist zunächst ungewohnt, weil Sie bisher praktisch die gesamte Beziehung kontrolliert haben. Aber diesen schrittweisen Verzicht auf Autorität Ihrerseits braucht Ihr Sohn, um später zu einem verantwortungsbewussten jungen Erwachsenen zu werden. Eines Tages wird er seine Entscheidungen selbst treffen müssen, und Sie möchten, dass er das mit Zuversicht und Selbstbewusstsein tun kann. Und wenn er ein junger Mann ist, wollen Sie sicherlich nicht mehr mit ihm Kleidung kaufen gehen.

Wenn Sie Ihren allmählich schwindenden Einfluss auf die Entscheidungen Ihres Kindes als Autoritätsverlust empfinden, dann weckt das ein Gefühl der Machtlosigkeit, das Angst, Wut oder beides auslösen kann. Sobald Sie aber ein wenig Abstand nehmen und beobachten, wie Ihr Sohn kluge Entscheidungen trifft, und darauf stolz sind, dass er seine Angelegenheiten inzwischen selbst regelt, wird sich das schon ganz gut anfühlen. Sie können sich sogar dazu beglückwünschen, dass Ihre Erziehung ihm zu so viel Kompetenz verholfen hat.

Der dritte Einschnitt erfordert, dass Sie nicht länger versuchen, Ihr Kind zu formen, sondern ihm ermöglichen, seine eigene Persönlichkeit zu entwickeln.

Es ist völlig in Ordnung, dass Sie Einfluss auf die Entwicklung Ihres Kind nehmen wollen – das gehört zu Ihren Aufgaben als Mutter oder Vater. Im Laufe der Zeit gilt es jedoch, Ihr Kind nicht länger in eine bestimmte Richtung lenken zu wollen, sondern ihm dabei zu helfen, die Fähigkeiten zu entwickeln, die es zur Selbstfindung braucht. Statt wie bisher Einfluss auf die Persönlichkeit Ihrer Tochter zu nehmen, helfen Sie ihr nun, ein Gefühl für die eigene Individualität zu entwickeln.

Im Alltag heißt das, dass Sie Ihre Tochter ermutigen, eine eigene Meinung zu äußern, es zulassen, dass sie die Dinge anders sieht als Sie, ihr eine Privatsphäre zubilligen und akzeptieren, dass es Aspekte ihres Lebens gibt, über die Sie nicht Bescheid wissen. Das bedeutet nicht, dass Ihr Kind Sie ablehnt. Es heißt lediglich, dass Ihre Tochter sich selbst entdeckt und akzeptiert. Vielleicht erfüllt sie am Ende tatsächlich die Hoffnungen, die Sie in sie gesetzt haben. Oder sie entwickelt sich vollkommen anders. In jedem Fall ist es wichtig, dass Sie ihr zubilligen, so zu werden, wie sie werden möchte.

Wenn Sie die Versuche Ihres Kindes, eine individuelle Persönlichkeit zu werden, so sehen, als weise es Ihren Einfluss und Ihre Wertvorstellungen zurück – statt sie als Teil einer gesunden Entwicklung zu betrachten, die zu einer starken und klaren Identität führt –, dann können Sie das Heranwachsen Ihres Sohnes oder Ihrer Tochter nur mit Enttäuschung und Verbitterung beobachten. Sie sollten Ihr Kind zur Entfaltung seiner eigenen Identität ermuntern, statt ihm eine überzustülpen, die Ihnen behagt. Wenn Sie mit ein wenig Abstand die einzigartige Persönlichkeit bewundern können, zu der Ihre Tochter heranreift, dann ist das weitaus befriedigender, als wenn Sie sich danach zurücksehnen, als sie noch Mamis und Papis kleines Mädchen war.

Kinder großziehen hat Ähnlichkeit mit dem Bau eines Schiffs, das schließlich zu Wasser gelassen wird. Die Arbeit ist erfreulich, aber ebenso schön ist es zu beobachten, dass das fertige Schiff seetauglich ist. Eltern gelangen irgendwann an den Punkt, an dem sie ihr Kind auf die Jungfernfahrt vorbereiten.

Lassen Sie zu, dass Ihre Elternrolle immer wieder neu definiert wird, während Ihr Kind heranwächst. Lernen Sie, die Bühne mit anderen Menschen zu teilen, die ihm wichtig sind. Teilen Sie die Verantwortung für Entscheidungen mit Ihrem Kind, statt sie allein zu treffen. Geben Sie ihm den nötigen psychischen Freiraum, den es braucht, um sich als Individuum zu entfalten. Wenn Sie diese drei Dinge bewältigen, ist das für Sie und Ihr Kind besser.

Die Frage ist nicht, ob sich Ihre Rolle verändert, denn sie *muss* sich verändern, weil das für die Entwicklung Ihres Kindes unverzichtbar ist.

Die Frage ist, wie Sie diesen Prozess sehen – ob Sie diese Veränderungen als Verlust betrachten, als Vorgang, den man bekämpfen, beklagen oder so lange wie möglich hinauszögern muss, oder ob Sie darin einen notwendigen Umbruch erkennen, den Sie für Ihr Kind in die Wege leiten müssen, damit es zu einem gesunden, glücklichen Erwachsenen heranwächst.

Zu akzeptieren, dass sich Ihre Rolle im Leben Ihres Kindes verändert, gehört zu den schwersten Aufgaben, vor denen Eltern stehen, aber auch zu den wichtigsten.

Fünftes Gebot: Stellen Sie Regeln auf und setzen Sie Grenzen

Alle Kinder brauchen Regeln und Grenzen

Das Wichtigste, was Kinder von ihren Eltern brauchen, ist Liebe, aber auf dem zweiten Platz folgt in geringem Abstand Struktur. Um dem Leben Ihres Kindes Struktur zu geben, stellen Sie einerseits klar, welches Verhalten Sie von ihm erwarten, und andererseits erlegen Sie seiner Freiheit gewisse Beschränkungen auf. Wie alt Ihr Kind ist, spielt dabei keine Rolle. Alle Kinder brauchen Regeln und Grenzen.

Manche Eltern scheuen sich, Regeln aufzustellen und Grenzen zu setzen, weil sie ihren Söhnen und Töchtern nicht das Gefühl geben wollen, sie würden kontrolliert oder unter Druck gesetzt. Sie versetzen sich in ihr Kind hinein und stellen sich vor, wie es wäre, wenn einem andere ständig sagen, was man tun und lassen soll. Und weil sich Erwachsene schlecht fühlen, wenn andere ihnen Beschränkungen auferlegen, meinen sie, Kindern gehe es genauso.

Das ist mitfühlend gedacht, aber falsch.

Nach Richtlinien zu leben, die ein anderer aufstellt, hat auf Kinder nicht dieselben Auswirkungen wie auf Erwachsene. Die Struktur, die durch Regeln und Grenzen geschaffen wird, weckt bei Kindern keine negativen Gefühle. In Wirklichkeit gilt sogar das Gegenteil: Struktur gibt Kindern Sicherheit.

Wenn Sie wollen, dass es Ihrem Kind schlecht geht, dann lassen Sie es in einem Haushalt aufwachsen, in dem die täglichen Ereignisse unvorhersehbar sind, das Leben chaotisch abläuft und keinerlei Regeln existieren. Sprechen Sie mit Erwachsenen, die unter solchen Umständen groß geworden sind, und sie werden Ihnen versichern, dass sie viel lieber in einer Familie gelebt hätten, in der Ordnung und Klarheit herrschen, in der die Eltern Regeln aufstellen und durchsetzen und dem Verhalten der Kinder Grenzen gesetzt sind.

Gute Eltern können natürlich unterschiedliche Vorstellungen von den Details der Regeln haben, die sie aufstellen, aber alle guten Eltern sollten Regeln festsetzen, an die sich die Kinder zu halten haben. Die einen meinen z. B., ein Neuntklässler sollte am Wochenende um 22 Uhr zu Hause sein, während andere denken, 23 Uhr sei völlig ausreichend. Ob Ihr Kind nun um 22 Uhr oder um 23 Uhr zu Hause sein soll, spielt aber im Grunde keine große Rolle. Wichtig ist nur, dass die Heranwachsenden wissen, wie lange sie ausbleiben dürfen, und dass die Eltern diese Regel auch durchsetzen.

Zahlreiche Gründe sprechen dafür, Regeln aufzustellen, der Hauptgrund ist aber meines Erachtens, dass Ihr Kind dadurch im Lauf der Zeit lernt, das eigene Verhalten zu steuern. Es klingt zwar widersprüchlich, aber gerade dadurch, dass Kinder die Spielregeln der Eltern einhalten, lernen sie, sich selbst zu kontrollieren. Denn Selbstkontrolle entsteht dadurch, dass man die von den Eltern vorgegebenen Regeln sich selbst auferlegt. Im Laufe der Zeit wird die von außen vorgegebene Kontrolle (die durch Sie und andere Erwachsene festgelegt wird) zu einer inneren Kontrolle (die das Kind selbst festlegt). Wenn die äußere Kontrolle aber gar nicht erst vorhanden ist, kann sich die innere Kontrolle – die Selbstkontrolle – nicht entwickeln.

Früher oder später haben Sie Ihre Kinder nicht mehr ständig unter Aufsicht, und Sie möchten, dass sie selbstständig wissen, wie man sich benimmt. Wenn eine Sechsjährige sich jeden Abend vor dem Zubettgehen gewissenhaft die Zähne putzt, ob ihre Eltern nun darauf Acht geben oder nicht, dann liegt das vermutlich daran, dass sie als Vierjährige bereits dazu angehalten wurde. Der Grund, warum der eine neunjährige Junge zu Besuch bei seinem Freund bei Tisch ruhig sitzen bleibt und um Erlaubnis fragt, bevor er aufsteht, während ein anderes gleichaltriges Kind einfach aufspringt, ist vermutlich darin zu suchen, dass der eine zu Hause zu diesem Verhalten erzogen wurde und der andere nicht. Wenn ein 16-Jähriger seine Hausaufgaben pünktlich abgibt, haben seine Eltern wahrscheinlich während der Grundschulzeit täglich kontrolliert, ob alles erledigt ist. Mit anderen Worten: Die Regeln, die ein Kind von

Ihnen lernt, haben Einfluss auf die Maßstäbe, die es sich später selbst setzt.

Kinder kommen nicht mit der Fähigkeit zur Welt, ihr Leben in die Hand zu nehmen. Sie lernen es aber, indem sie dazu angehalten werden, sich an Regeln und Grenzen zu halten, die ihre Eltern festlegen, weil sie richtiges Verhalten von ihren Kindern erwarten.

Machen Sie sich keine Sorgen, dass sich Ihr Kind kontrolliert und eingeschränkt fühlen könnte. Wenn Sie das Verhalten Ihres Kindes nicht in Bahnen lenken, solange es klein ist, wird es als junger Mensch Probleme haben, ohne Hilfe von außen das eigene Leben zu regeln.

Darüber sollten Sie sich viel eher Gedanken machen.

Streng, aber gerecht

Gute Eltern stellen in jeder Entwicklungsphase Regeln auf, an die sich ihr Kind halten soll. Und in jeder Phase reizen Kinder ihre Grenzen aus. Das ist vollkommen natürlich.

Krabbelkinder schreien, wenn man ihrem Forscherdrang Grenzen setzt. Kleinkinder protestieren, wenn sie sich bei den Süßigkeiten an der Supermarktkasse nicht bedienen dürfen. Vorschulkinder sind nicht begeistert, wenn man ihren Fernsehkonsum einschränkt. Grundschulkinder beklagen sich über ihre Hausaufgaben. Und Teenager stellen alles und jedes in Frage.

Zu Ihren Aufgaben gehört es, dafür zu sorgen, dass Ihr Kind tut, was ihm am besten bekommt, auch wenn Sie beide hier unterschiedlicher Meinung sind. Denn Sie haben mehr Überblick. Sie denken voraus und sind nicht dem Augenblick verhaftet.

Lassen Sie Ihr Kleines nicht in Ecken krabbeln, die Sie für Gefahrenzonen halten, nur weil es brüllt, sobald Sie ihm Grenzen setzen. Sie haben aus gutem Grund beschlossen, diese Zonen zum Sperrgebiet zu erklären, und ein Baby kann gar nicht verstehen, warum.

Kaufen Sie Ihrer kleinen Tochter die Süßigkeiten nicht, nur weil sie sonst vor der Kassiererin einen Trotzanfall bekommt. Sie wissen, dass Kindern zu viel Zucker schadet, was Ihr Kind aber noch nicht begreift. Glauben Sie mir, es ist nicht der erste Wutanfall, den die Kassiererin zu sehen bekommt.

Lassen Sie nicht zu, dass Ihr Fünfjähriger mehr Zeit vor dem Fernseher verbringt, als gut ist, nur weil er ununterbrochen nörgelt. Sie haben nur einige wenige geeignete Sendungen ausgewählt, weil Sie wissen, dass andere Aktivitäten wie Bewegung im Freien oder die Beschäftigung mit Bilderbüchern sinnvoller sind. Ihr Kind kann noch nicht abwägen, wie positiv sich ein geregelter Tagesablauf auswirkt. Jungen und Mädchen in diesem Alter haben diese Urteilsfähigkeit noch nicht.

Nehmen Sie Ihrem Viertklässler seine häuslichen Pflichten nicht ab, nur weil er keine Lust hat abzuspülen und entsprechend mürrisch ist. Sie wissen bereits, dass es Dinge im Leben gibt, die erledigt werden müssen, ob man Lust dazu hat oder nicht. Ihre Aufgabe ist es, ihm diese Einsicht zu vermitteln.

Lassen Sie nicht zu, dass Ihre 16-jährige Tochter unter der Woche später heimkommt als vereinbart, nur weil sie sagt, sie sei die einzige unter ihren Freundinnen, die so früh zu Hause sein muss. Sie wissen, dass sie am nächsten Morgen in der Schule nicht aus den Augen schauen kann, wenn sie so spät ins Bett geht, und auch wenn Ihre Tochter anderer Meinung ist, ist es wichtiger, dass sie in der Schule aufpassen kann, als dass sie mit ihren Freunden möglichst lange ausbleibt.

Wenn Sie sich Ihrer Sache sicher sind, dann bleiben Sie unnachgiebig.

Eltern, die nicht streng genug auftreten, tun dies meist aus zweierlei Gründen. Manche Eltern geben ständig nach, weil das leichter ist, als eine Regel gegen den Widerstand der Kinder durchzusetzen. Andere werden schwach, weil Sie es nicht ertragen, dass ihr Kind wütend auf sie ist. Zu beiden Situationen will ich etwas sagen.

Wenn Sie leicht ins Wanken geraten, weil Ihr Kind Ihnen das Leben zur Hölle macht, sobald Sie versuchen, Ihre Regeln durchzusetzen, lassen damit zu, dass Ihr Kind die Oberhand gewinnt. Das sollten Sie aus mehreren Gründen vermeiden.

Erstens lernt Ihr Kind dadurch, dass es durch Brüllen, Jammern, Nörgeln, Quengeln oder Widerrede seinen Willen bekommt. Das veranlasst Kinder, noch häufiger zu brüllen, jammern, nörgeln, quengeln und zu widersprechen. Dass es damit zum Ziel kommt, kann sich jedes Kind ausrechnen.

Zweitens geben Sie dadurch zu erkennen, dass Ihre Regeln nicht besonders bedeutsam sind. Sie möchten Ihrem Kind aber vermitteln, dass Sie Ihre Vorgaben machen, weil sie wichtig sind. Wenn Sie Ihre Meinung hinsichtlich einer Regel geändert haben und sie nun nicht mehr für wichtig halten, ist das in Ordnung. Aber Sie sollten das Ihrem Kind deutlich sagen, statt es in dem Glauben zu lassen, die Regel bestehe noch und werde nur nicht mehr durchgesetzt.

Es gibt Zeiten, da macht es Jungen und Mädchen wütend, dass sie an der kurzen Leine gehalten werden. Niemand hört gern, dass er nicht bekommt, was er haben möchte, auch nicht Ihr Kind. Wenn Sie sich nicht zur Standhaftigkeit durchringen können, weil Sie den Zorn Ihres Kindes nicht ertragen, dann sollten Sie daran denken, dass eben Ihr Wunsch, der beste Freund Ihres Sohnes zu sein, zuweilen mit Ihren Elternpflichten kollidiert. Wenn das geschieht, sollte das Verantwortungsgefühl als Mutter oder Vater die Oberhand behalten.

Ich weiß, dass niemand sich freut, wenn das eigene Kind wutentbrannt auf einen losgeht. Aber wenn Sie an die Regel glauben, die Sie aufgestellt haben, und die Entscheidung, die Sie getroffen haben, für sinnvoll halten, dann nutzen Sie diese Zuversicht, um dem Zorn Ihres Kindes standzuhalten. Sagen Sie sich z. B., dass es besser ist, wenn Ihr Sohn vorübergehend wütend ist, weil Sie ihn ins Bett geschickt haben, als dass er am Morgen schlecht gelaunt ist, weil er nicht genug Schlaf bekommen hat. Glauben Sie mir, Ihr Sohn hat den Streit schneller vergessen als Sie.

Es ist völlig in Ordnung, wenn sich Ihr Kind über eine von Ihnen getroffene Entscheidung aufregt. Ganz im Ernst. In der Regel legt sich der Zorn rasch; bei Kindern halten sich Gefühle meist nicht so lange wie bei Erwachsenen. Und auch wenn es ein wenig länger als erwartet dauern sollte, bis der Zorn verraucht ist, geht die Welt davon nicht unter. Wenn Ihre Beziehung zu Ihrem Kind auf einer guten Basis steht, wird sie durch einen Streit um eine Regel nicht dauerhaft beeinträchtigt.

Eines möchte ich allerdings klar stellen. Ich trete nicht dafür ein, Regeln um ihrer selbst willen aufzustellen oder die eigene Autorität zu behaupten, damit Ihr Kind weiß, wer der Boss ist. Daraus lernen Jungen und Mädchen nur, dass Autorität mit Willkür verbunden ist, und damit weckt man allenfalls Ungehorsam. Sie möchten doch nicht, dass Ihr Kind Sie als Tyrannen sieht. Vielmehr sollte es erkennen, dass Ihre Autorität auf Wissen und Urteilsvermögen beruht. Langfristig wird dadurch Kooperation gefördert.

Mit anderen Worten: *Wie* Regeln aufgestellt und durchgesetzt werden, ist genauso entscheidend wie, *ob* sie aufgestellt und durchgesetzt werden. Aus diesem Grund ist es so wichtig, fair und gerecht vorzugehen.

Fair zu sein heißt, Regeln aufzustellen, die einleuchten, die dem Alter Ihres Kindes angemessen sind und die sich ändern lassen, wenn die Jungen und Mädchen größer werden. Das heißt, die Regeln, die Sie Ihrem Kind geben, sollten gut durchdacht sein. Und sie sollten logisch und zweckmäßig sein.

Es ist sinnvoll, die einmal gesetzten Regeln von Zeit zu Zeit auf den Prüfstand zu stellen. Wenn ihre Logik nach wie vor nachvollziehbar ist und ihr Zweck noch Gültigkeit hat, besteht keine Veranlassung, die Regeln zu ändern. Falls Ihr Partner oder Ihr Kind richtigerweise darauf aufmerksam macht, dass die Regel nicht mehr den früher angestrebten Zweck erfüllt, sollten Sie sich flexibel zeigen. Strenge ist nicht dasselbe wie Starrheit.

Irgendwann sind Kinder für bestimmte Regeln zu groß geworden. So pflegten Sie z. B. darauf zu achten, dass Ihr Sohn jeden Tag vor dem Zubettgehen badet, aber jetzt ist er alt genug, sich am Morgen selbstständig zu duschen, und das ist ihm lieber. Solange er sich täglich wäscht, spielt es ja keine Rolle, ob das morgens oder abends geschieht. Die neue Regel sollte lauten, dass sich Ihr Kind täglich duscht oder badet, und zwar dann, wenn es am besten passt.

In anderen Fällen zeigt sich, dass eine neue Regel denselben Zweck erfüllt wie die alte. So haben Sie z. B. bisher verlangt, dass Ihre Tochter alle Hausaufgaben erledigt, bevor sie zum Spielen hinausgeht, aber inzwischen kann sie ihre Zeit selbst besser einteilen, und da reicht es aus, wenn sie die Aufgaben vor dem Schlafengehen gemacht hat; im Übrigen darf sie selbst entscheiden, wann sie sich an die Arbeit macht.

Eine vernünftige Umgestaltung der Regeln zeigt Ihrem Kind, dass Ihre Vorgaben Sinn haben und nicht nur auf Macht beruhen. Das ist entscheidend, denn Kinder, die erkennen, dass die aufgestellten Regeln fair und sinnvoll sind, fügen sich eher den Wünschen der Eltern.

Stellen Sie für Ihre Kinder Regeln auf, machen Sie klar, was Sie erwarten, und dann halten Sie daran fest, bis Sie meinen, dass eine Änderung oder eine vorübergehende Ausnahmeregelung nötig ist. Aber vergessen Sie nicht, dass die Entscheidung, eine Regel zu ändern oder zeitweise außer Kraft zu setzen, bei Ihnen liegt und nicht bei Ihrem Kind. Treffen Sie diese Entscheidung aus plausiblen Gründen, und nicht weil es leichter oder bequemer ist nachzugeben, statt auf Ihren Grundsätzen zu beharren.

Seien Sie streng, aber auch fair. Diese Kombination funktioniert am besten.

Kontrolle ist wichtig

Sobald sich Ihr Kind gelegentlich außer Haus aufhält, ist es entscheidend, dass Sie über sein Verhalten Bescheid wissen. Das allerwichtigste Mittel, das Eltern zur Verfügung steht, um zu vermeiden, dass ihre Kinder in Schwierigkeiten geraten, ist, darüber Bescheid zu wissen, was sie tun, mit wem sie zusammen sind und wo sie sich aufhalten.

Jederzeit, ob bei Tag oder Nacht, sollten Sie diese drei Fragen beantworten können:

- Wo ist mein Kind?
- Mit wem ist mein Kind zusammen?
- Was tut mein Kind?

Wenn Sie bei diesen drei Fragen ratlos sind, dann heißt das noch nicht, dass Ihr Kind Unsinn macht. Aber wenn Sie sich nicht zuverlässig darüber Bescheid wissen, was Ihr Sohn oder Ihre Tochter treibt, steigt die Wahrscheinlichkeit, dass sie irgendwann einmal zu Problemverhalten tendieren wie Kriminalität, Alkohol- oder Drogenkonsum oder vorzeitige sexuelle Erfahrungen.

Daher sollten Eltern sowohl vorher als auch nachher Erkundigungen einholen. Das heißt, Sie sollten wissen, was Ihre Tochter vorhat, bevor sie weggeht, und Sie sollten in Erfahrung bringen, was sie tatsächlich getan hat, während sie unterwegs war.

Außerdem sollte im Vorhinein klar sein, wie Sie und Ihr Kind damit umgehen, wenn sich Pläne ändern oder sich eine Situation anders entwickelt als vorgesehen. Ich bin davon überzeugt, dass Kinder ihren Eltern immer Bescheid sagen sollten, wenn sie sich anderswo aufhalten, als vorher abgesprochen war. Ihr Sohn hatte vielleicht vor, nach dem Unterricht einen Freund zu besuchen, blieb aber stattdessen in der Schule, um mit einem Lehrer zu sprechen; in diesem Fall sollte ihm klar sein, dass er Sie anrufen muss, damit Sie wissen, wo er steckt. (Ihr Kind sollte Sie jederzeit erreichen können und für alle Fälle eine Telefonkarte und Kleingeld bei sich haben.) Schließlich kann jederzeit eine Situation eintreten, in der Ihr Kind rasch auffindbar sein muss; z. B. haben Sie vergessen, Ihrem Sohn zu sagen, dass er am Nachmittag einen Termin beim Zahnarzt hat. In diesem Fall möchten Sie ja keine panische Suchaktion einleiten müssen.

Es gibt kein Patentrezept dafür, über das Tun und Treiben Ihres Kindes auf dem Laufenden zu bleiben. Viel hängt davon ab, welchen Charakter Ihr Kind hat.

Manche Eltern sind so glücklich, Kinder zu haben, die ihnen ohne Aufforderung alles erzählen. Sie kündigen an, wo sie hingehen, mit wem sie ihre Zeit verbringen, was sie unternehmen, und sobald sie wieder nach Hause kommen, berichten sie ausführlich von ihren Erlebnissen. Wenn diese Beschreibung auf Ihr Kind zutrifft, haben Sie es gut. Seien Sie dankbar, dass Ihnen Ihr Kind so viel Arbeit abnimmt, und loben Sie es dafür. Sagen Sie ihm, dass es sehr verantwortungsbewusst handelt, weil es Sie stets wissen lässt, was es vorhat.

Andere Kinder halten Ihre Eltern gern über ihre Freizeitgestaltung auf dem Laufenden, wenn man danach fragt. Wenn die Eltern nicht vergessen, sich zu erkundigen, sind die Kinder sehr entgegenkommend. Natürlich denken Eltern nicht immer daran zu fragen.

Wenn das auf Ihr Kind zutrifft, sollten Sie sich angewöhnen, stets die Wer-, Wo- und Was-Frage zu stellen, wenn Sie Ihr Kind für einige Zeit nicht beaufsichtigen. Das gilt nicht nur in dem Moment, wenn Ihr Sohn zur Tür hinausstürmt, sondern immer, wenn der geplante Tagesablauf eine Trennung von den Eltern mit sich bringt. Wenn Ihr Sohn beispielsweise nach der Schule regelmäßig ohne seine Eltern auskommen muss, erkundigen Sie sich morgens vor dem Aufbruch zur Schule nach seinen Plänen für den Nachmittag. Wenn Sie sich das zur Gewohnheit machen, wird Ihr Sohn bald von sich aus erzählen, was er vorhat. Und wenn er es vergisst, dann fragen Sie.

Hier möchte ich noch erwähnen, dass Kinder nach der Schule nur dann unbeaufsichtigt bleiben sollten, wenn es unumgänglich ist, und wenn dies tatsächlich der Fall ist, dann sind sie am besten zu Hause aufgehoben, und zwar entweder allein oder mit verantwortungsbewussten älteren Geschwistern. Wenn Sie zulassen, dass sich Ihr Kind mit seinen Freunden in einem Haushalt trifft, wo kein Erwachsener anwesend ist, sei es bei Ihnen zu Hause oder anderswo, dann sind Probleme vorprogrammiert. Selbst gut erzogene Kinder gehen mit ihren Freunden ohne elterliche Aufsicht Risiken ein, die sie sonst vermeiden würden.

Wenn Ihr Sohn aufgrund Ihrer Arbeitszeiten nach der Schule oder am Wochenende allein zu Hause bleiben muss, sollten Sie aus der Ferne telefonisch Kontakt halten oder eine Nachbarin oder

Freundin bitten, nach ihm zu sehen. Ich finde es auch sinnvoll, im Voraus zu planen, was Ihr Kind allein zu Hause tut (auch wenn ein wenig Fernsehen auf der Liste steht, ist das besser, als den Tagesablauf dem Zufall zu überlassen). Wichtig ist auch, dass telefoniert wird, sobald Ihr Sohn nach Hause kommt (ob er Sie oder Sie ihn anrufen, spielt dabei keine Rolle).

Wenn Ihr Kind gern von seinen Plänen und Unternehmungen erzählt, sobald Sie danach fragen, sollten Sie bei Ihren Erkundigungen Ihre Sorge in den Vordergrund stellen, und nicht etwa Misstrauen. Stellen Sie Ihr Kind nicht auf die Anklagebank. Schließlich beruht Ihr Interesse nicht auf mangelndem Vertrauen, sondern darauf, dass Sie als Eltern die Verantwortung dafür tragen, dass Ihr Kind behütet aufwächst. Wenn Sie es so formulieren, zeigen die meisten Kinder überraschend großes Verständnis. Erst wenn sie Misstrauen wittern, werden sie verschwiegen.

Am schwersten sind Kinder zu kontrollieren, die auch bei interessierten Erkundigungen wenig preisgeben. Sie antworten meist vage, wenn die Eltern fragen, wohin sie gehen (»weg«), wer noch dabei ist (»alle«) oder was sie vorhaben (»nichts«). Dieses Verhalten ist vor Beginn der Pubertät kaum anzutreffen, bei Jugendlichen allerdings gar nicht selten.

Was tun, wenn Ihre Tochter Ihnen nicht sagen will, wo sie sich aufhält, was sie tut und mit wem sie zusammen ist? Ich würde daraus nicht sofort den Schluss ziehen, dass eine Jugendliche, die nicht gesprächsbereit ist, auf Schwierigkeiten zusteuert, denn bei manchen Kindern beruht solche Zurückhaltung auf dem Bedürfnis, unabhängig zu sein, was in der Pubertät in Maßen ganz normal ist. Hier empfiehlt es sich, erst einmal nach Anzeichen für Probleme zu suchen (Absinken der schulischen Leistungen, Symptome von Alkohol- oder Drogenkonsum, chronische Müdigkeit, problematischer Freundeskreis), bevor sich die Vermutung aufdrängt, dass eine verschwiegene Jugendliche etwas zu verbergen hat. Wenn Sie aber Grund zu der Annahme haben, dass Ihr Kind gefährliche Dinge tut, würde ich direkt danach fragen, bis Sie eine zufrieden stellende Antwort erhalten haben.

Viele Eltern überlegen, ob es ratsam ist, dem eigenen Kind hinterher zu spionieren – Schubladen zu durchsuchen, seine E-mails zu lesen, heimlich Telefongespräche zu belauschen usw. In der Regel rate ich davon ab. Eine gute Eltern-Kind-Beziehung beruht auf Vertrauen, und wenn Sie Ihr Kind auskundschaften, ist das ein Vertrauensbruch. Falls Sie aber den ernsthaften Verdacht haben, dass Ihr Kind in Gefahr ist – wenn Sie z. B. glauben, dass Ihr Sohn oder Ihre Tochter ein Drogenproblem hat, in illegale Machenschaften verstrickt oder selbstmordgefährdet ist – und Sie durch direkte Fragen nichts erreichen, dann bleibt Ihnen nichts anderes übrig, als auf anderem Wege herauszufinden, was los ist. Allerdings sollten Sie die ehrlichen Mittel und Wege ausschöpfen, bevor Sie die Privatsphäre Ihres Kindes verletzen.

Sollte sich Ihr Sohn in Schweigen hüllen – sei es aus einem normalen Bedürfnis nach Intimsphäre oder weil er etwas vor Ihnen verheimlichen möchte –, lassen Sie sich durch seine Zurückhaltung nicht davon abhalten, weiter nachzuhaken. Und wenn er Ihnen schlichtweg nicht sagen will, wohin er geht, wen er trifft und was er unterwegs tut, sollten Sie ihn nur unter Aufsicht Erwachsener ausgehen lassen. Wenn er seine Freunde sehen möchte, kann er sie zu sich einladen, während Sie zu Hause sind.

Sie müssen nicht jede Einzelheit eines jeden Gesprächs kennen, das Ihr Sohn mit seinen Freunden führt – das wäre aufdringlich und unvernünftig. Aber Sie müssen wissen, wo sich Ihr Kind aufhält, was Ihr Kind macht und mit wem es zusammen ist. Den Zusammenhang zwischen einer allzu sorglosen Einstellung der Eltern und Verhaltensproblemen bei Jugendlichen haben Wissenschaftler in vielen hundert Studien nachgewiesen.

Achten Sie also unter allen Umständen darauf, dass Sie jederzeit wissen, wo sich Ihr Sohn oder Ihre Tochter aufhalten, mit wem sie zusammen sind und was sie tun.

Konflikte um Regeln

Mir wird immer mulmig, wenn ich sehe, dass Eltern sich darauf versteifen, aus jedem Streit mit ihren Kindern einen Kampf zu machen, bei dem es Gewinner und Verlierer geben muss. Denn ganz gleich wie die Meinungsverschiedenheit ausgeht, sind die Folgen katastrophal, weil einer von beiden das Gefühl hat, eine Niederlage erlitten zu haben. Der Trick besteht darin, einen Weg zur Lösung von Konflikten zu finden, mit dem beide zufrieden sein können (was keineswegs gleichbedeutend mit »gewinnen« ist).

Konflikte zwischen Eltern und Kindern bleiben nicht aus. Immer wieder stellen Sie Regeln auf, die Ihrem Kind nicht passen, und daraus entsteht leicht ein Streit. In manchen Familien wird mehr diskutiert als in anderen, aber Kinder, die nicht wenigstens ab und zu widersprechen, gibt es nicht. Daher sind gelegentliche Streitigkeiten kein Grund zur Sorge. Wenn es bei Ihnen allerdings häufiger als ein paar Mal pro Woche hoch hergeht und die Streitenden dabei meist die Kontrolle verlieren, sich wütend anschreien, herumbrüllen und das Ganze in körperliche Gewalt ausartet, dann sollten Sie psychologische Beratung suchen. Denn Konflikte in diesem Ausmaß sind nicht normal.

Es geht also nicht darum, ob Sie mit Ihrem Kind Streit haben, denn der bleibt nicht aus. Es geht darum, wie Konflikte gelöst werden und wie Sie und Ihr Kind sich fühlen, wenn die Auseinandersetzung hinter Ihnen liegt. Im Wesentlichen haben Sie hier die Wahl zwischen vier Möglichkeiten.

Wenn Sie mit Ihrem Kind um eine Regel streiten, können Sie schlicht Ihre elterliche Autorität ausspielen. Ihre fünfjährige Tochter will ihre grünen Bohnen nicht aufessen, also zwingen Sie sie, am Tisch sitzen zu bleiben, bis sie den Teller restlos leer gegessen hat. Ihr Neunjähriger möchte seine Hausaufgaben mit seiner Lieblingsmusik im Hintergrund machen, und Sie erlauben es nicht. Ihr Teenager möchte aus dem Handballverein austreten, und Sie lassen es nicht zu. Die elterliche Macht auszuspielen kann den Konflikt zwar in Ihrem Sinne beenden, aber Ihr Kind hat das Gefühl, eine

Niederlage zu erleiden und unfair behandelt zu werden. Im Laufe der Zeit wächst dann der Groll, was bei älteren Kindern häufig zur Rebellion führt.

Langfristig bewährt es sich nicht, Ihr Kind ständig Ihre Macht spüren zu lassen. Sie mögen es so empfinden, als hätten Sie etwas erreicht, aber ein echter Sieg ist das nicht, wenn Ihr Kind Sie im Endeffekt als lieblosen Tyrannen sieht. Kinder schätzen es, wenn ihre Meinung gehört und ernst genommen wird (auch wenn sie sich nicht immer durchsetzen können), und in Zukunft werden sie sich eher fügen, wenn sie den Eindruck haben, dass Auseinandersetzungen fair ausgetragen werden. Sollte sich der Konflikt allerdings um eine Regel drehen, deren Nichtbeachtung die Gesundheit oder die Zukunft Ihres Kindes gefährden kann – wie das Tragen des Fahrradhelms oder der tägliche Schulbesuch –, ist eine unnachgiebige Haltung gerechtfertigt. Aber ich würde die autoritäre Methode nur in den seltenen Situationen anwenden, in denen das entschlossene Handeln eines erfahrenen Erwachsenen wirklich gebraucht wird.

Eine zweite Möglichkeit besteht darin, Ihrem Kind nachzugeben und seinen Wunsch zu erfüllen. Ihr Vierjähriger möchte das T-Shirt, das Sie bereitgelegt haben, nicht anziehen, also lassen Sie zu, dass er sein Lieblings-T-Shirt trägt, auf dem noch Flecken vom Vortag sind. Ihre Zehnjährige hat keine Lust, Klavier zu üben, also erzwingen Sie nichts. Ihr Zwölfjähriger findet, es sei seine Angelegenheit, ob er sein Zimmer aufräumt, also machen Sie die Tür zu und achten nicht weiter darauf. Ihr 17-Jähriger möchte ganz allein entscheiden, wie er seinen Verdienst aus dem Ferienjob ausgibt, also lassen Sie ihn gewähren.

Nachgeben ist unter zwei Bedingungen völlig in Ordnung. Es ist richtig, wenn Ihr Kind Recht und Sie Unrecht haben (was von Zeit zu Zeit vorkommt). Dass Sie Ihrer Tochter ihren Willen lassen, sofern sie ihre Sache überzeugend vorbringt, beweist, dass Sie sich ihren Standpunkt anhören und lernbereit sind. Damit steigen die Chancen, dass Ihre Tochter bei künftigem Streit auch Ihre Entscheidung akzeptiert, sofern Sie Recht haben. Ich halte wie gesagt nichts von unvernünftigen Regeln – damit untergraben Sie selbst Ihre Autorität, und nur weil Sie die Eltern sind, haben Sie nicht automatisch Recht. Gleichzeitig gilt es aber abzuwägen, ob Sie nicht einfach nur deshalb nachgeben, weil es bequemer ist.

Nachgeben ist auch dann eine gute Lösung, wenn das Thema für Sie unbedeutend, für Ihr Kind aber wichtig ist (z. B. was Ihr Zehnjähriger zu einer Geburtstagsparty anzieht). Kinder brauchen das Gefühl, dass sie einige Dinge in ihrem Leben selbst bestimmen können, das sollten Sie bedenken, bevor Sie einen Streit vom Zaun brechen. Eltern meinen zuweilen, wenn sie sich bei unwichtigen Fragen durchsetzen, dann werde ihr Kind sich auch bei wichtigen Themen fügen. Sie glauben an die, wie ich es nenne, »Domino-Theorie« der Erziehung: Sie befürchten, sobald die Mutter oder der Vater auf einem Nebenschauplatz die Waffen streckt, wird das Kind auch in wichtigen Fragen rebellieren. In Wirklichkeit gilt aber das Gegenteil. Wenn Sie Ihrem Kind zeigen, dass Sie den Unterschied zwischen trivialen und schwerwiegenden Dingen erkennen, dann erscheint Ihre Haltung in bedeutsamen Fragen umso eher gerechtfertigt.

Eine dritte Strategie ist der Kompromiss. Sie bestehen darauf, dass Ihr Fünfjähriger wenigstens einen Teil der Hauptmahlzeit isst, bevor er seine Nachspeise bekommt. Sie lassen Ihre Zehnjährige Klavier üben, aber nur halb so lange, wie die Lehrerin es empfiehlt. Ihre 16-Jährige darf eine halbe Stunde länger ausbleiben als sonst, obwohl sie um eine Stunde Verlängerung gebeten hat.

Bei der Lösung von Konflikten bewährt sich ein Kompromiss, sofern er einleuchtet und beide Parteien damit zufrieden sind. Manchmal wird das durch einen Mittelweg erreicht, oft aber auch nicht: Immer wieder kommt es vor, dass der Kompromiss für beide Seiten unerfreulich ist. Wenn Ihr Kind einfach keine Bohnen mag, dann ist es mit der Lösung, sich auf eine halbe Portion zu beschränken(als Kompromiss zwischen ganz darauf zu verzichten oder den Teller leer essen zu müssen), nicht wesentlich glücklicher als mit einer ganzen Portion. Wenn drei Stunden Übungszeit pro Woche erforderlich sind, um ein Klavierstück zu meistern, dann bringen

15 Minuten täglich nicht viel mehr, als wenn man gar nicht übt. Und für eine 16-Jährige, die mit ihren Freunden auf ein Konzert gehen will, ist das Problem nicht gelöst, wenn sie ein wenig länger ausbleiben darf als sonst und trotzdem die Veranstaltung vorzeitig verlassen muss. Und häufig sind Sie beim nächsten Mal am selben Punkt, an dem Sie angefangen haben: beim Streit um Brokkoli statt Bohnen, um zehn oder zwanzig Minuten Übungszeit und um die Frage, ob Ihre Tochter um halb oder um Viertel vor zwölf zu Hause sein soll.

Die vierte Alternative, die ich befürworte, ist die gemeinsame Problemlösung. Wenn Sie mit Ihrem Kind Meinungsverschiedenheiten wegen einer Regel haben, dann sehen Sie, ob Sie gemeinsam eine bessere Regel entwerfen können, die beide Seiten zufrieden stellt. Das heißt, Sie konzentrieren sich auf die Überprüfung der Regel, statt zu überlegen, ob und wie sie durchsetzbar ist.

Vielleicht können Sie mit Ihrer Fünfjährigen eine Liste von Gemüsesorten zusammenstellen, die sie gerne isst, und Sie einigen sich, dass Sie ihr nur diese Sorten vorsetzen. (Das bedeutet ein bisschen mehr Arbeit für Sie, aber es ist doch weniger anstrengend, als jeden Abend um die Bohnen zu streiten.) Vielleicht kommen Sie mit Ihrer Zehnjährigen überein, dass sie jeweils länger und dafür weniger häufig übt, sodass die Gesamtzeit, die sie am Instrument verbringt, der Mindestanforderung entspricht. (Solange Ihre Tochter sich durch das Üben verbessert, spielt die Zeiteinteilung keine so große Rolle.) Und mit Ihrer 16-Jährigen können Sie sich vielleicht darauf einigen, dass sie in Ausnahmefällen länger ausbleiben darf als gewohnt, sofern sie vorher fragt und der Grund einleuchtet. (Dadurch kann sie sogar reifer werden, weil sie mehr Verantwortung trägt.)

Ich will nicht behaupten, dass diese Form der Zusammenarbeit immer möglich oder angemessen ist. Denn zuweilen müssen Sie Ihre elterliche Autorität durchsetzen, manchmal ist es sinnvoll, wenn Sie Ihrem Kind seinen Willen lassen, und gelegentlich ist ein Kompromiss der beste und einfachste Weg. Ganz kleine Kinder sind von einer gemeinsamen Problemlösung häufig überfordert.

(Nichts ist so nervtötend wie Eltern, die mit Dreijährigen sprechen, als hätten sie das logische Denkvermögen eines Erwachsenen.) Aber ganz allgemein gilt: Wenn eine Zusammenarbeit möglich ist, um einen Disput beizulegen, sollte sie auch versucht werden. Schließlich können Sie immer noch auf andere Strategien zurückgreifen, wenn es nicht klappt.

Bei der gemeinsamen Problemlösung gibt es weder Gewinner noch Verlierer, Ihr Kind fühlt sich ernst genommen und lernt, dass es Vorteile hat zu kooperieren. Außerdem ist es weniger wahrscheinlich, dass das Thema in Zukunft wieder zur Diskussion steht, weil auf diesem Weg meist eine dauerhafte Lösung gefunden wird.

Lockerung der Grenzen, wenn die Kinder größer werden

Wer erfolgreich erziehen möchte, sollte die elterliche Beeinflussung des Verhaltens der Kinder nach und nach zurücknehmen, da diese immer mehr in der Lage sind, ihr Leben selbst in die Hand zu nehmen. Zwar sollten Sie an jedem Punkt in der Entwicklung Ihres Sohnes oder ihrer Tochter *gewisse* Grenzen und Strukturen vorgeben. Aber die Regeln, die Sie aufstellen, und die Grenzen, die Sie setzen, müssen auf die wachsenden Fähigkeiten der Kinder zugeschnitten werden.

Es gibt Eltern, die bei älteren Kindern strenger sind, weil sie sich über die größeren Gefahren Sorgen machen, die Jugendlichen drohen. Sie meinen, bei einem Kleinkind könne man ruhig nachgiebiger sein, aber dies sei tunlichst zu vermeiden, sobald das Kind alt genug ist, um sich ernste Probleme einzuhandeln. Diese Eltern glauben, bei Jugendlichen ab einem gewissen Alter könne man gar nicht streng genug sein.

Andere sehen die Dinge genau umgekehrt. Sobald ihr Kind heranwächst, resignieren sie und werfen gleich alle Regeln und Grenzen über Bord. Das erscheint ihnen als der leichteste Weg, weil der unaufhörliche Machtkampf mit einem Kind, das mehr Freiheit will, sie zu viel Kraft kostet. Bei großen Kindern sehen sie kaum noch Möglichkeiten, auf die Disziplin Einfluss zu nehmen. Warum also wegen einer aussichtslosen Sache das Familienglück gefährden?

Wieder andere sperren sich gegen jede Art von Veränderung. Sie meinen, ihre bisher so erfolgreiche Strategie könne ruhig beibehalten werden, wenn das Kind den nächsten Entwicklungsschritt macht. Schließlich, so denken sie, ist ihr Erziehungsstil nicht »defekt«, folglich sind auch keine Reparaturen nötig.

Keine dieser drei Methoden ist besonders erfolgversprechend. Bei ihnen geht der Schuss allenfalls nach hinten los.

Wenn Sie bei Ihrem Teenager größere Strenge zeigen als zuvor, wird Ihr Kind rebellieren, weil es natürlich davon ausgeht, dass ihm, wenn es älter wird, *mehr* Unabhängigkeit zugestanden wird und nicht weniger. Falls Sie alle Regeln und Erwartungen fallen lassen, könnte es passieren, dass Ihr Kind sich einen unguten Freundeskreis sucht, wo mit gefährlichen Dingen experimentiert wird, weil Kinder über zehn nun einmal dazu neigen, mit Risiken zu spielen, wenn Erwachsene sie nicht daran hindern. Und sollten Sie Ihre Regeln gar nicht ändern wollen, dann ist die Folge ein pausenloses Hickhack, weil Ihr Kind zu Recht denkt, dass Sie seine zunehmenden Fähigkeiten nicht wahrnehmen. Und mit den ständigen Streitereien um Kleinigkeiten möchten Söhne und Töchter beweisen, dass sie älter sind, als ihre Eltern meinen.

Wenn Kinder heranwachsen, sollten Sie daher ganz allmählich die Beschränkungen lockern, aber nur, wenn die Heranwachsenden auch mehr Verantwortungsgefühl zeigen. Regeln und Grenzen neu zu bestimmen gleicht einer Fahrt auf vereisten Straßen: Sie dürfen nicht abrupt beschleunigen, bremsen oder die Richtung ändern. Richtig ist vielmehr eine Politik der kleinen Schritte, bei der die sich ändernden Regeln den neu entwickelten Fähigkeiten des Kindes angepasst sind.

Jedes Mal, wenn Sie eine Beschränkung lockern, sollten Sie darauf achten, wie Ihr Kind darauf reagiert. Wenn Ihr Sohn mit der neugewonnenen Freiheit verantwortungsbewusst umgeht, haben

Sie die richtige Entscheidung getroffen. Bleiben Sie etwa ein Jahr bei den neuen Freiheiten, bevor Sie weitere Änderungen anpeilen. Sofern keine dramatischen Ereignisse eintreten, die es erfordern, frühzeitig einen anderen Kurs einzuschlagen, muss dieser Prozess nicht schneller vorangehen.

Sobald z. B. Ihre Tochter anfängt, abends auszugehen, sollte sie zu einer bestimmten Zeit zu Hause sein. Erweist sich im Laufe des folgenden Jahres, dass sie mit dieser Regelung verantwortungsbewusst umgeht, dann lässt sich die Vereinbarung dahingehend ändern, dass sie bei besonderen Anlässen länger ausbleiben darf, sofern sie zu einer bestimmten Zeit anruft und fragt – und solange sie dieses Privileg nicht ausnutzt. Soll sie z. B. normalerweise um elf zu Hause sein, dann könnten Sie ihr erlauben, bei Konzerten bis zwölf wegzubleiben, vorausgesetzt, sie ruft vor zehn an und erklärt, wo sie ist und warum sie später heimkommen möchte. Eine solche Regeländerung als Belohnung für verantwortungsbewusstes Verhalten gibt ihr größere Unabhängigkeit, weil sie selbst entscheiden kann, wann und wie oft sie anruft, damit sie ausnahmsweise länger wegbleiben darf.

Lockern Sie eine Regelung und Ihr Kind kann nur schlecht damit umgehen, dann sind Sie vermutlich zu schnell zu weit gegangen. Wenn Sie z. B. um Rückruf gebeten haben, wenn Ihre Tochter länger ausbleiben möchte, und sie erst in letzter Minute anruft, statt eine Stunde im voraus, oder den Anruf ganz vergisst, dann ist sie mit der neuen Freiheit offenbar überfordert. Bei einem einzelnen Versäumnis dieser Art muss man diesen Schluss noch nicht ziehen, kommt es aber zweimal vor, dann empfehle ich, zu einer strengeren Regelung zurückzukehren und ein paar Monate abzuwarten, bis das Experiment erneut gestartet werden kann. Allerdings sollten Sie Ihrem Kind auf jeden Fall die Gründe für Ihre Entscheidung erklären.

Diese Strategie lässt sich natürlich auch auf alle möglichen anderen Regeln anwenden. Aber gehen Sie in kleinen Schritten vor, um abschätzen zu können, wie Ihr Kind mit der größeren Freiheit umgeht. Falls es nicht klappt, sollten Sie auch bereit sein, das Privileg wieder zu entziehen. Lassen Sie sich nur nicht weismachen, dass eine einmal beschlossene Sache nicht wieder rückgängig zu machen ist. Das ist selbstverständlich möglich.

Bevor Sie sich auf Experimente einlassen, die zu größerer Unabhängigkeit führen, ist es sinnvoll, die grundsätzlichen Regeln mit Ihrem Kind in aller Ruhe zu besprechen. Achten Sie darauf, dass Ihr Sohn genau versteht, was Sie von ihm erwarten und welche Folgen es hat, wenn er Sie enttäuscht. Die meisten Kinder reagieren äußerst vernünftig, wenn man sie fair und mit Respekt behandelt.

Meist geht die Anregung zu einer Regellockerung von Ihrem Kind aus, aber es wäre auch eine nette Geste Ihrerseits, wenn Sie gelegentlich etwas in dieser Richtung vorschlagen, bevor Ihr Kind darum bittet. Ihr Sohn oder Ihre Tochter werden es zweifellos zu würdigen wissen, dass Sie eine so hohe Meinung von ihnen haben und ihnen von sich aus mehr Autonomie und Unabhängigkeit zugestehen.

Dann sind ausnahmsweise einmal Sie derjenige, der dem anderen eine Überraschung bereitet, und nicht umgekehrt.

Sechstes Gebot: Fördern Sie die Unabhängigkeit Ihres Kindes

Kinder brauchen Autonomie

Wenn Ihrem Kind Grenzen gesetzt werden, hilft ihm dies, ein Gefühl dafür zu entwickeln, wie man sich kontrolliert. Ermutigen Sie aber seine Unabhängigkeit, so fördern Sie das Gefühl der Selbstbestimmung. Um Erfolg im Leben zu haben, braucht ein Mensch beides.

Den Drang sich von den Einschränkungen durch die Eltern unabhängig zu machen, muss man selten fördern. Kinder streben meist von sich aus nach größerer Freiheit, als Mutter und Vater ihnen zubilligen wollen.

Um sinnvoll erziehen zu können, muss man erst einmal die Tatsache akzeptieren, dass der kindliche Drang nach Autonomie vollkommen normal ist. Viele Eltern setzen das Unabhängigkeitsstreben ihres Kindes irrtümlich mit Rebellion oder Ungehorsam gleich. Kinder bemühen sich aber nicht darum, unabhängig zu werden, weil sie gegen ihre Eltern rebellieren und vorsätzlich ungehorsam sein wollen. Sie streben nach Unabhängigkeit, weil es der menschlichen Natur entspricht, dass man das eigene Leben selbst bestimmen will, statt von anderen kontrolliert zu werden.

Betrachtet man den Wunsch nach Unabhängigkeit als natürliches Bedürfnis, das befriedigt werden muss, und nicht als lästiges Übel, das zu unterdrücken ist, erspart man sich eine Menge Ärger.

Kluge Eltern begreifen, dass man mit dem Drang nach Autonomie bei Kindern aller Altersstufen am besten zurechtkommt, wenn man ihr Verhalten beeinflusst, ohne dass sie das Gefühl haben, kontrolliert zu werden. Ich weiß, dass sich das schwierig anhört, aber es ist wirklich viel leichter, als man denkt. Bevor ich aus dem Nähkästchen plaudere, möchte ich jedoch erklären, warum es wichtig ist, dem kindlichen Unabhängigkeitsstreben von Zeit zu Zeit nach-zugeben.

Kinder brauchen eine Mischung aus Freiheit und Beschränkungen. Richtig ist, dass Ihr Kind nur schwer eine angemessene Selbstkontrolle entwickeln kann, wenn Sie seinem Verhalten nicht sinnvolle Grenzen setzen. Wenn Sie ihm aber andererseits keine hinreichende Autonomie zubilligen, dann kann Ihr Kind kaum selbstständig werden. Wird Jungen und Mädchen nicht genug Unabhängigkeit zugestanden, dann werden sie unsicher, ängstlich, unentschlossen und übertrieben abhängig von anderen. Mit anderen Worten: Ein gesundes Kind großzuziehen ist ein Balanceakt Ihrerseits, eine Gratwanderung zwischen den Grenzen, die Sie setzen, und der Unabhängigkeit, die Sie zugestehen. Diese Gratwanderung ist deshalb besonders schwierig, weil sich das Gleichgewicht beim Wechsel in das nächste Entwicklungsstadium ständig verlagert und bei Heranwachsenden die Regeln immer ein wenig gelockert werden. Aber Eltern müssen immer abwägen, wie viel Freiheit sie gewähren und wo sie Grenzen setzen.

Ein Ziel der Erziehung ist, den Kindern die nötigen Fähigkeiten zu vermitteln, um selbstbestimmt Entscheidungen treffen und verantwortungsbewusst handeln zu können. Dabei denke ich nicht nur an die Zukunft, wenn sie als junge Erwachsene in der eigenen Wohnung leben, sondern auch bereits an die Schule, Treffen mit Freunden und Unternehmungen ohne die Eltern. Die Lehrer erwarten von Ihrer Tochter, dass sie Projekte bearbeitet, bei denen Initiative und Eigenständigkeit gefragt sind. Andere Kinder setzen sie unter Druck, Dinge zu tun, die – wie sie selbst weiß – falsch sind, und da muss sie genug Rückgrat besitzen, ihnen die Stirn zu bieten. Sie muss Schwierigkeiten meistern, wenn sie mit Freunden zusammen oder allein unterwegs ist. In diesen und anderen Situationen, in denen Sie ihr nicht beistehen können, muss Ihre Tochter verantwortungsbewusste Entscheidungen treffen und an ihnen mit Selbstvertrauen festhalten.

Immer wieder stelle ich überrascht fest, dass Eltern von ihrem Kind erwarten, dass es bei seinen Freunden ein ganz anderer

Mensch ist als zu Hause. Wenn Sie Ihren Sohn einschüchtern, dann haben Sie zwar ein Kind, das sich dem Willen seiner Eltern beugt, Sie ziehen aber auch einen Jungen auf, der sich gegen andere, auch gegen seine Altersgenossen, nur schwer behaupten kann. Und das wollen Sie doch sicher nicht.

Wenn Sie Ihrem Sohn zu Hause eine gewisse Selbstbestimmung zubilligen, dann helfen Sie ihm, eben jene Fähigkeiten zu entwickeln, zu verfeinern und einzuüben, die er braucht, wenn er die Eltern nicht um sich hat. Sofern Sie ihm nicht ein gewisses Maß an Entscheidungsfreiheit zubilligen, wird er nie lernen, allein zurechtzukommen.

Da Sie nun verstehen, warum es so wichtig ist, Ihrem Kind eine gewisse Autonomie zu gewähren, können wir darüber sprechen, wie Sie einerseits die Zügel in der Hand behalten können, während Sie andererseits Ihrem Kind ein Gefühl von Unabhängigkeit geben. Die fünf wichtigsten Punkte einer Erziehung zur Autonomie sind: Vermeiden Sie Streit auf Nebenschauplätzen; machen Sie sich im voraus Gedanken über die Wahlmöglichkeiten; loben Sie Ihr Kind für die getroffene Wahl; helfen Sie bei schwierigen Entscheidungen und lassen Sie gelegentlich zu, dass Ihr Kind aus falschen Entscheidungen lernt.

Kein Streit auf Nebenschauplätzen. Regen Sie sich nicht wegen jeder Kleinigkeit auf. Vermeiden Sie Machtkämpfe über Nebensächlichkeiten. Wenn die Entscheidung Ihres Kindes keine bedeutsamen Folgen hat, dann gewähren Sie lieber zu viel Autonomie als zu wenig. Vielleicht wünschen Sie sich, dass Ihr Sohn geschmackvoll gekleidet ist, aber er hat eine Vorliebe für Farben, die sich beißen. Solange seine Kleidung nicht anstößig ist (ein T-Shirt mit beleidigenden Slogans) oder unangemessen (zerrissene Jeans zum 65. Geburtstag der Großmutter), lassen Sie ihn tragen, was ihm gefällt. Er möchte bei den Hausaufgaben Musik hören. Finden Sie sich damit ab. Er will sich die Haare wachsen lassen, Ihnen gefallen sie kurz besser. Lassen Sie ihm seinen Willen.

Machen Sie sich im voraus Gedanken über die Wahlmöglichkeiten.

Kinder treffen gerne Entscheidungen, weil sie sich dann erwachsen fühlen. Damit sichergestellt ist, dass Ihre Tochter die richtige Entscheidung trifft, bietet sich an, die Alternativmöglichkeiten so einzuschränken, dass Sie mit allen Entscheidungen leben können. Im Restaurant darf z. B. Ihr Vorschulkind das Essen selbst aussuchen, aber Sie sorgen dafür, dass es unter Gerichten wählt, die Sie für vernünftig halten. Wenn Sie z. B. vermeiden wollen, dass Ihre Tochter etwas bestellt, das sie gar nicht mag, dann sollten Sie die Alternativmöglichkeiten zunächst einmal einschränken. Sie fragen besser: »Möchtest du lieber Hotdog oder gebackenen Camembert?« als »Was möchtest du essen?«, weil Ihr Kind sonst etwas verlangen könnte, das Sie nicht billigen, und dies hätte vermutlich Streit zur Folge. Wenn Sie den Fernsehkonsum Ihrer Tochter auf eine Sendung pro Tag begrenzen möchten, dann suchen Sie einige Sendungen aus, unter denen sie wählen darf, statt sie die Entscheidung ganz allein treffen zu lassen. Wenn Sie mit Ihrer Achtjährigen in einen Spielzeugladen gehen, in dem es auch Sachen gibt, die Sie nicht kaufen möchten, dann grenzen Sie die Wahl auf einige Dinge ein, aus denen sich Ihre Tochter etwas aussuchen darf. Und wenn Sie den Süßigkeitenverbrauch Ihrer Zwölfjährigen einschränken wollen, dann ist es besser, gar nicht erst Schokoriegel im Haus zu haben, statt darüber zu streiten, wie viel sie essen darf.

Loben Sie Ihr Kind für die getroffene Wahl. Sie möchten, dass sich Ihr Kind zutraut, selbst die richtigen Entscheidungen zu treffen. Deshalb sagen Sie Ihrer Tochter, dass die getroffene Wahl gut war (vorausgesetzt, sie hat sich für eine der von Ihnen gebilligten Alternativen entschieden). Versichern Sie ihr, dass die von ihr ausgewählten Kleider hübsch sind, dass sie das beste Gericht auf der Speisekarte bestellt hat oder dass sie das ideale Geschenk für ihren Vater ausgesucht hat – das macht sie stolz und baut ihr Selbstvertrauen auf. Ihnen mögen diese Entscheidungen trivial erscheinen, aber für einen kleinen Menschen haben sie große Bedeutung. Und auch bei älteren Kindern ist es sinnvoll, ihre Umsicht angesichts schwieriger Entscheidungen zu loben.

Helfen Sie Ihrem Kind, Entscheidungen abzuwägen, statt sie an seiner Stelle zu treffen. Was Ihnen auf den ersten Blick als die richtige Entscheidung erscheint, muss Ihrem Kind nicht sofort einleuchten. Es ist günstiger, Sie helfen Ihrem Sohn zu erkennen, warum die eine Alternative besser ist als die andere, statt einfach für ihn die Wahl zu treffen. Angenommen, Ihr Sohn möchte sein Geburtstagsgeld ausgeben und entscheidet sich zwischen zwei Spielsachen, die beide für Sie akzeptabel sind, nur sind Sie überzeugt, dass das eine nach kurzer Zeit zu Bruch gehen wird. Statt nun das höherwertige Spielzeug für ihn auszusuchen, unterziehen Sie die Sachen gemeinsam einer Überprüfung. Zeigen Sie ihm, worauf er achten muss. Dann sagen Sie z. B.: »Sieht so aus, als könnte beides Spaß machen, aber was meinst du, sieht das hier nicht irgendwie so aus, als könnte es leicht kaputt gehen?« Dann soll er sich entscheiden. (Wenn er sich das wackelige Spielzeug aussucht, dann lassen Sie ihm seinen Willen. Aus Schaden wird man klug.) Ist Ihr Sohn schon etwas älter, können Sie darauf hinweisen, was man bei wichtigen Entscheidungen berücksichtigen muss, ohne die Entscheidung für ihn zu treffen. Möchte er sich z. B. zwischen verschiedenen Ferienjobs entscheiden, deuten Sie an, dass der Lohn nicht der einzige Faktor ist, auf den es ankommt; oft ist es sinnvoll, einen etwas schlechter bezahlten Job anzunehmen, der berufsbezogen ist, als einen besser honorierten, der für die Zukunft wenig bringt.

Lassen Sie zu, dass Ihr Kind aus Fehlern lernt. Zuweilen scheuen sich Eltern, ihrem Kind Autonomie zu gewähren, weil sie befürchten, dass es sich angesichts einer falschen Entscheidung ärgern wird. Wenn Sie die Alternativmöglichkeiten für Ihre Tochter von vornherein eingrenzen, schließen Sie ohnehin aus, dass Fehler gravierende Folgen haben könnten. Doch auch das fällt Eltern oft schwer, weil wir unseren Kindern Enttäuschungen ersparen wollen. Aber schließlich möchten wir ihnen vermitteln, dass man als unabhängiger Mensch mit den Folgen der eigenen Entscheidungen leben muss. Eine solche Situation entsteht häufig, wenn Kinder entscheiden möchten, wie sie ihr Geld ausgeben. Sie als Eltern wissen inzwischen, dass die Werbung viele Artikel besser erscheinen lässt, als sie sind. Ihr Kind nimmt Ihnen das aber nicht ohne weiteres ab. Erst wenn Ihr Sohn oder Ihre Tochter ein paar unvernünftige gekauft haben, begreifen sie die Lektion.

Ihr Kind hat den natürlichen Drang, von den Eltern unabhängig zu werden. Gewähren Sie Ihrem Kind genügend Autonomie, ohne dabei die Zügel ganz aus der Hand zu geben.

Was tun bei Widerworten und Streitlust?

Die Mutter eines 13-Jährigen erklärte mir einmal, mit ihrem Sohn gebe es so viel Streit, dass sich der Eindruck aufdrängte, sie habe es mit einem Kampfhahn zu tun. Ich habe zwar noch nicht gehört, dass sich Eltern von Kleinkindern über ihre Kampfküken beklagten, aber zweifellos kommen viele Mütter und Väter mit Kindern in diesem Alter auch zuweilen an ihre Grenzen.

Wenn Sie erfahrene Eltern nach den schwierigsten Phasen in der kindlichen Entwicklung fragen, steht der Beginn der Pubertät bestimmt auf Platz eins, dicht gefolgt vom Kleinkindalter. Das ist keine besondere Überraschung, denn Teenager und Kleinkinder erweisen sich als besonders streitlustig. Und die Auseinandersetzung mit den Eltern drehen sich häufig um die Frage der Autonomie.

Bei den Kleinen gibt es häufig Streit darum, was Ihr Kind anzieht, isst oder sich als Spielzeug aussucht. Bei den Heranwachsenden geht es hingegen um nüchterne Themen wie die Ordnung im Kinderzimmer, die Frage, wie lange ein Jugendlicher abends wegbleiben darf, und die Zeit, die er für seine Hausaufgaben aufwendet. Obwohl in beiden Altersstufen unterschiedliche Details zur Diskussion stehen, ist die Grundfrage doch die gleiche: Ihr Kind streitet und widerspricht, weil es sich mehr Autonomie wünscht, als Sie ihm zugestehen.

Streitlust ist lästig, aber sie erwächst ganz natürlich aus dem nor-

malen Unabhängigkeitsstreben bei Kleinkindern und Jugendlichen, das mit der Verbesserung der sprachlichen Fähigkeiten,
die eigenen Wünsche zu formulieren, einhergeht. Jetzt hat Ihre
kleine Tochter die Worte zur Verfügung, um mit Ihnen zu kommu-
nizieren und gegen die Zwänge, die Sie ihr auferlegen, zu protestieren. Jetzt kann ein junges Mädchen mit Hilfe des logischen
Denkens Sie in eine Diskussion verwickeln.

Mit anderen Worten: Wenn Sie den Eindruck haben, dass Ihr
Kind alles, was Sie von ihm wollen, in Frage stellt, nur um Ihnen
Probleme zu machen, stimmt das nicht. Ihr Dreijähriger hat endlich
die verbalen Fähigkeiten, um seine abweichende Meinung zu
äußern, und dies möchte er auch erproben (auch wenn sein Wortschatz begrenzt scheint, ist er doch wesentlich ausgereifter als noch
vor wenigen Monaten). Und Ihr 13-Jähriger hat plötzlich die Fähigkeit, in zuvor ungeahnter Weise logisch zu argumentieren: Er kann
abstrakt denken, den Advocatus diaboli spielen und die Ungereimt-
heiten in Ihrer Logik aufdecken. (Dieser Widerspruchsgeist dient
teilweise auch der Selbstbehauptung als Individuum, was in diesem
Entwicklungsstadium ebenfalls normal ist.) Da ist es nur verständlich, dass Ihr Sohn Ihnen seine neuen Talente demonstrieren will.
Jungen und Mädchen sind also nicht streitlustig geworden – sie
können jetzt einfach besser argumentieren.

Eltern fällt es oft schwer, Streitlust und Widerspruchsgeist als wünschenswerte Eigenschaften zu betrachten, aber wenn man ein wenig
darüber nachdenkt, kann man sie schon als solche ansehen. Offen
gestanden wäre ich sehr beunruhigt, wenn ein Kleinkind nie trotzig
wäre, und genauso große Sorgen würde ich mir über einen Teenager
machen, der alles, was seine Eltern sagen, ohne Widerrede hinnimmt. Eine ständige Rebellion ist natürlich auch kein Hinweis auf
eine gesunde Entwicklung, aber allzu große Passivität in einem Alter,
in dem Kinder normalerweise ihre Meinung sagen, ist häufig ein
Zeichen für Unreife. In der Regel ist das kein Anlass zu übergroßer
Sorge, es sei denn, der Zustand hält an (die allzu gefügigen Kinder
erleben früher oder später eine Phase des Widerstands gegen die
elterliche Autorität), aber man sollte doch darauf achten.

Bei einem extrem folgsamen Kleinkind können Sie ruhig ein wenig nachhelfen, damit es seine Meinung sagt, oder eigens darauf hinweisen, dass es ruhig eigene Ansichten vertreten darf, auch wenn Sie anders denken. Fragen Sie Ihre kleine Tochter hin und wieder, was sie sich wünscht, und wenn sie unbedingt Ihnen die Führung überlassen will, dann erklären Sie ihr, dass Sie sich nicht entscheiden können und ihre Hilfe brauchen. Und bei Familiendiskussionen sollten Sie Ihren ungewöhnlich gefügigen Teenager bitten, eine Meinung abzugeben. Wie gesagt löst übertriebene Willfährigkeit bei Eltern meist keine Panik aus. In der Regel wird es eher als Problem empfunden, wenn Kinder hartnäckig an der Autorität von Mutter und Vater rütteln.

Sobald Jungen und Mädchen bewiesen haben, dass sie ihre Wünsche artikulieren und durchsetzen können, erlahmt der Selbstbehauptungstrieb meist ein wenig. Aus diesem Grund folgt auf das »Trotzalter« der Dreijährigen meist eine überraschend angenehme Phase, und die Machtkämpfe der Teenagerzeit gehören etwa um den 15. Geburtstag weitgehend der Vergangenheit an. Offenbar haben Kinder in diesem Stadium bereits gezeigt, worum es ihnen geht, und sind für den nächsten Entwicklungsschritt bereit. Schwierige Kleinkinder, die noch nach der Einschulung regelmäßig Trotzanfälle bekommen, und Teenager, die noch in der 9. und 10. Klasse rebellieren, haben häufig Probleme (und zwar meist im Zusammenhang mit ihrer Beziehung zur Mutter oder zum Vater). Wenn das auf Ihr Kind zutrifft, sollten Sie sich psychologische Beratung suchen.

Der Trotz der Kleinkinder und die Streitlust der Teenager sind vorübergehende Verhaltensweisen, die an Bedeutung verlieren, sobald die Kinder sich und ihren Eltern bewiesen haben, dass sie eigenständige Menschen sind. Deshalb darf das Unabhängigkeitsstreben Ihres Kindes keinesfalls unterdrückt werden; vielmehr sollten Sie ihm so viel Autonomie zugestehen, dass die neuentdeckte Selbstbestimmung gestärkt wird, ohne dass Sie dabei Ihre elterliche Autorität ganz über Bord werfen. Im Abschnitt »Kinder brauchen Autonomie« habe ich mehrere Strategien aufgezeigt, die dabei hilfreich sind.

Dass Ihr Kind Ihre Autorität in Frage stellt, ist ein gutes Zeichen, kein schlechtes. Es zeigt, dass Ihr Kind erwachsen wird. Wenn Ihr Sohn oder Ihre Tochter dieses Stadium durchläuft, dann sehen Sie das Ganze positiv, bewahren Sie sich Ihren Sinn für Humor und vergessen Sie nicht, dass auch diese Zeit vorübergeht.

Geben Sie Ihrem Kind psychischen Freiraum

Damit Ihr Kind ein gesundes Gefühl der Unabhängigkeit entwickelt, ist von den Eltern ein doppelter Balanceakt gefragt.

Der erste besteht darin, die richtige Mischung von Grenzen-Setzen einerseits und Gewähren von Autonomie andererseits zu finden. Sie sollten Ihrem Kind zum einen gewisse Verhaltensregeln vorgeben, damit es Selbstkontrolle lernt und nicht in Schwierigkeiten gerät, und zum anderen sollten Sie ihm immer wieder die Möglichkeit bieten, eigene Entscheidungen zu treffen, damit sich eine gesunde Selbstbestimmung entwickelt.

Der zweiten Balanceakt betrifft das richtige Maß an emotionaler Beteiligung. Kinder sollten einerseits das Gefühl haben, dass Sie emotional für sie da sind, damit sie sich gut aufgehoben fühlen. Ungünstig wäre es aber, wenn Sie sich emotional so sehr mit Ihrem Kind verstricken, dass es sich erdrückt fühlt. Um Selbstvertrauen zu entwickeln, brauchen Kinder psychischen Freiraum. Wenn Sie allzu aufdringlich sind, untergraben Sie ihr Selbstvertrauen.

Damit meine ich nicht, man solle sich absichtlich reserviert verhalten oder dem eigenen Kind die Liebe verweigern. Es geht vielmehr darum, dass sich Kinder erdrückt fühlen, wenn man ständig um sie herumscharwenzelt. Kinder brauchen das Gefühl gegenseitiger Zuneigung, aber gleichzeitig muss eine gewisse Abgrenzung möglich sein.

Um zu begreifen, wie das Leben mit emotional aufdringlichen Eltern aussieht, möchte ich Sie bitten, sich eine Beziehung mit einem Menschen vorzustellen, der unaufhörlich Ihre Stimmung beobachtet, Sie ständig fragt, wie Sie sich fühlen, und so stark mitfühlt, dass Sie zuweilen den Eindruck haben, als würde man Ihnen Ihre Gefühle »stehlen«. Natürlich möchte niemand mit einem Partner zusammensein, der unsere Stimmung missachtet, dem unser Befinden gleichgültig ist und der sich überhaupt nicht einfühlen kann. Aber das andere Extrem – die emotionale Aufdringlichkeit – ist ebenso unangenehm. Nur eben auf eine andere Art und Weise.

Ein weiteres Beispiel kann dies verdeutlichen: Haben Sie sich schon einmal daran gemacht, etwas zu reparieren, und ein lieber Mitmensch hat Sie gefragt, ob Sie Hilfe brauchen, noch bevor Sie die Chance hatten, es allein zu versuchen? Oder er ist ständig um Sie herumgelaufen, während Sie daran gearbeitet haben? Oder er hat Sie mit Argusaugen beobachtet, während Sie einfach nur Ihre Ruhe haben wollten?

Manchmal möchte auch Ihr Kind in Ruhe gelassen werden. Eltern fällt es oft schwer, das zu akzeptieren, aber es gibt Zeiten, da möchte sich ein Kind zurückziehen, um mit seiner Wut oder seinem Kummer allein fertigzuwerden, ohne bei den Eltern Trost zu suchen; sich in solchen Situationen selbst zu helfen ist eine wichtige Fähigkeit, die bei einem aufdringlichen Erziehungsstil nicht erlernt werden kann. Zuweilen sieht man Eltern, die herbeieilen, um ihr Kind zu trösten – z. B. eine Dreijährige, die hingefallen ist, oder einen Achtjährigen, der eine Niederlage beim Fußball einstecken musste –, bevor das Kind die Chance hatte, allein aufzustehen und sich den Staub abzuklopfen. Häufig bringt die Überreaktion der Eltern Jungen und Mädchen mehr aus der Fassung als der Vorfall selbst. Wenn Ihr Kind tatsächlich in Not ist, müssen Sie sich natürlich um es kümmern. Aber manchmal braucht ein Kind einfach nur einen aufmunternden Blick, der ihm sagt, dass kein Grund zur Sorge besteht. Lassen Sie nicht zu, dass der Kummer, den Sie empfinden, die Sache für Ihr Kind noch schlimmer macht.

Eltern sollten natürlich die Stimmungslage und die Gefühle ihrer Kinder wahrnehmen, aber das kann auch geschehen, ohne dass Sie Ihr Kind ständig beobachten, sodass es keinen Atemzug mehr tun kann, ohne dass Nachfragen und besorgte Kommentare folgen. Stimmungsschwankungen sind bei Kindern völlig normal; nur selten müssen sich die Eltern einschalten. Selbstverständlich sollten Sie etwas unternehmen, wenn Ihr Kind völlig aus der Fassung gerät, und das in Ihrer Macht Stehende tun, um ihm zu helfen. Eltern, die auf jede Gefühlsschwankung ihrer Kinder reagieren, als würde die Welt untergehen, wecken allerdings eher Ängste, als sie zu beschwichtigen.

Neben der allzu aufmerksamen Beobachtung kindlicher Gefühle ist es auch verkehrt, wenn man immer wieder versucht, den Seelenzustand des Kindes zu beeinflussen, statt ihm zu helfen, selbst mit seinen Gefühlen klar zu kommen. Keiner sieht es gern, wenn das eigene Kind durcheinander, wütend, traurig oder frustriert ist. Aber Sie müssen es zulassen, dass Ihr Kind fühlt, was es fühlt. Niemals sollte man versuchen, die wahren Gefühle von Kindern zu leugnen (»Da braucht man doch überhaupt keine Angst zu haben«), ihnen zu erklären, was sie »in Wirklichkeit« empfinden (»Du bist nicht wütend, du bist nur enttäuscht«), oder indem man voreilig zu verhindern sucht, dass ein unangenehmes Gefühl entsteht (z. B. indem man einem Kindergartenkind bei einem schwierigen Puzzle hilft, sobald es erste Anzeichen von Ungeduld zeigt).

Kinder haben ein Recht auf ihre Gefühle, wie beunruhigend sie für die Eltern auch sein mögen. Wenn Sie Ihrer Tochter sagen, dass sie nicht fühlt, was sie fühlt, ändert das gar nichts an ihren Empfindungen. Vielmehr wird sie bei der Beurteilung ihrer Emotionen unsicher oder sie kommt zu dem Schluss, dass man seine Gefühle lieber für sich behalten sollte. Besondere Sorge machen mir Eltern, die Jungen und Mädchen unterschiedliche Gefühle vorschreiben möchten (z. B. wenn sie ihrem Sohn einreden, er habe eigentlich keine Angst, oder ihrer Tochter, sie sei in Wirklichkeit nicht wütend). Alle Emotionen sind erlaubt, und zwar unabhängig vom Geschlecht des Kindes. Denn Sie wollen doch sicherlich vermeiden, dass Ihr Kind neben seiner Angst, Wut oder Trauer auch noch Schuldgefühle entwickelt.

Wenig empfehlenswert ist es auch, wenn Eltern Fragen beantworten, die an ihr Kind gerichtet sind und die es ohne weiteres selbst beantworten könnte. Wenn eine Verwandte Ihre Tochter fragt, ob sie ihre neue Lehrerin mag, ob sie in der neuen Klasse schon Freunde gefunden hat oder was ihr Lieblingsfach ist, lassen Sie sie es selbst zu Wort kommen. Vielleicht wissen Sie gar nicht, was Ihr Kind in Wirklichkeit empfindet, und wenn Sie an seiner Stelle antworten, dann vermitteln Sie ihm, dass seine Gefühle keine Rolle spielen. Versetzen Sie sich einfach für einen Augenblick in die Lage Ihres Kindes. Wie würden Sie es finden, wenn bei Fragen nach Ihrer Meinung oder Ihren Gefühlen stets ein anderer eingreift und für Sie antwortet, als wären Sie gar nicht anwesend? Mit der Zeit wecken solche Erfahrungen ein Minderwertigkeitsgefühl, und genauso geht es Ihrem Kind, wenn Sie ihm das antun. Lassen Sie Ihr Kind also zu Wort kommen.

Doch nicht nur bei negativen, auch bei positiven Gefühlen tun übereifrige Eltern manchmal des Guten zu viel. Ich denke dabei an Mütter und Väter, die über Leistungen und Erfolge ihrer Kinder so in Verzückung geraten, dass die Freude, die der Sohn oder Tochter selbst erlebt, in den Schatten gestellt wird. Damit wird das Glück des Kindes häufig getrübt, weil es den Eindruck gewinnt, das Ereignis sei eigentlich Sache der Eltern, und nicht die seine. So wichtig es ist, die Freude der Kinder zu teilen, sollten Eltern doch darauf achten, mit Ihrer eigenen Begeisterung die der Jungen und Mädchen nicht zuzudecken.

Außerdem ist es wichtig, dass Sie Ihrem Kind eine gewisse emotionale Intimsphäre zubilligen. Wenn Ihre Neunjährige offensichtlich verstört von der Schule nach Hause kommt, dann fragt man natürlich, was los ist. Will sie aber nicht darüber reden, dann setzen Sie sie nicht unter Druck. Erklären Sie ihr nur, dass Sie jederzeit für sie da sind, wenn sie darüber sprechen möchte. Wahrscheinlich wird sie Ihnen irgendwann sagen, was sie bedrückt, aber erst dann wenn sie bereit ist, sich zu öffnen. Und ob eine Jugendliche ihren Liebeskummer mit Ihnen, ihrem großen Bruder, ihrer besten Freundin oder gar nicht bespricht, ist ihre Angelegenheit.

Alle Eltern wollen wissen, ob und warum ihr Kind unglücklich ist. Aber einen persönlichen Freiraum zu haben und eine gewisse Privatsphäre haben zu können gehört zum Erwachsenwerden dazu und ist vor allem für Kinder zu Beginn der Pubertät wichtig. Wenn

Sie hierauf keine Rücksicht nehmen, fördern Sie die emotionale Unreife.

Kinder können das Unbehagen, das die Aufdringlichkeit von Mutter oder Vater weckt, nicht immer in Worte fassen, und häufig scheuen sie sich, ihre Eltern um größere Zurückhaltung zu bitten. Aber wenn die eigenen Stimmungen ständig überwacht, Gefühle unaufhörlich ausgeforscht und Emotionen von einem anderen Menschen allzu intensiv geteilt werden, ist das für ein Kind genauso unerfreulich wie für einen Erwachsenen.

Nehmen Sie Anteil, aber erdrücken Sie Ihr Kind nicht mit Ihrer Anwesenheit.

Steuern Sie das Leben Ihres Kindes nicht bis ins letzte Detail

Kinder aller Altersstufen brauchen eine gewisse Freiheit, zu tun, was ihnen gefällt, damit sie das Gefühl haben, die eigene Welt unter Kontrolle zu haben. Zwar ist es wichtig, dass Eltern ihren Kindern Grenzen setzen und ihnen Strukturen vorgeben, aber innerhalb dieses abgesteckten Gebiets sollten sie frei umherwandern und einige Entscheidungen selbst treffen können.

Steuern Sie also das Leben Ihres Kindes nicht bis ins letzte Detail.

Eltern erteilen oft unnötige Anweisungen, wenn es um Essgewohnheiten, Lieblingsspiele, Freundschaften und Freizeitgestaltung geht. In all diesen Lebensbereichen können Mütter und Väter unbesorgt ein wenig in den Hintergrund treten und ihre Kinder eigene Entscheidungen treffen lassen.

Überflüssige Einflussnahme erfolgt auch häufig am Esstisch. Zweifellos ist es wichtig, dass Kinder Tischmanieren lernen, aber hin und wieder eine freundliche Ermahnung reicht zu diesem Zweck vollkommen aus, ständige Kritik ist hingegen eher unangebracht. Es spielt doch keine Rolle, ob Ihre Vierjährige zuerst die Karotten und anschließend das Hühnchen isst oder umgekehrt.

Einen Sechsjährigen kann man ab und zu auffordern, seine Hände auf dem Schoß zu lassen oder aufrecht zu sitzen, aber das ist rasch wieder vergessen, wenn man durch das Tischgespräch abgelenkt wird. Wenn Sie Ihr Kind ständig beobachten und zu schimpfen anfangen, sobald seine guten Manieren nachlassen, verwandelt sich das Essen in der Familie, das doch etwas Schönes sein sollte, für alle Beteiligten in eine unangenehme Sache. Nichts ist so ärgerlich wie eine Mahlzeit, bei der Eltern unaufhörlich auf ihr Kind einreden, wie, wann oder was es essen soll.

Auch beim Spielen sollten sich Eltern zurückhalten. Bei kleinen Kindern ist es in Ordnung, eine gewisse Kontrolle auszuüben, indem man geeignetes Spielzeug aussucht, das man im Haus hat, aber sobald das geregelt ist, kann Ihr Sohn doch ruhig selbst entscheiden, womit er spielt und wie er spielt. Vielleicht finden Sie es besser, wenn er die Felder im Malbuch exakt ausfüllt, während er lieber wild herumkritzelt – lassen Sie ihn einfach machen. Manche Kinder bauen mit ihren Legos gern die vorgegebenen Konstruktionen nach, andere gestalten lieber Fantasiegebilde. Beides ist in Ordnung – überlassen Sie die Entscheidung ruhig Ihrem Kind. Setzen Sie Ihren Sohn mit dem Malkasten doch lieber an einen mit Zeitungspapier abgedeckten Tisch, statt ihn ständig zu ermahnen, er solle nicht herumklecksen und kein Chaos anrichten.

Dasselbe gilt beim gemeinsamen Spiel mit Freunden, die zu Besuch kommen. Wichtig ist, dass Kinder das Gefühl haben, selbst miteinander Spaß haben zu können, statt einem Drehbuch zu folgen, das die Eltern geschrieben haben. Wenn ein Freund da ist, haben Sie ein Auge auf die beiden, aber aus der Ferne, damit sie ungezwungen miteinander spielen können. Kinder denken sich z. B. gern andere Spielregeln aus, als die Erwachsenen sie vorgeben haben, und dabei lernen sie eine Menge über Zusammenarbeit und Fairness. Vielleicht halten Sie sich beim Kartenspielen an die offiziellen Regeln, aber es besteht kein Grund, Kinder dazu anzuhalten, denen es mehr Spaß macht, nach den eigenen Vorstellungen zu spielen. Natürlich müssen Sie eingreifen, wenn Verletzungsgefahr droht, wenn die Spielkameraden ein Problem nicht allein lösen können oder wenn sie ausdrücklich um Hilfe bitten. Aber sonst ist Zurückhaltung angesagt.

Eltern steuern die sozialen Kontakte ihrer Kinder häufig noch in einem Alter, in dem diese sich längst selbst darum kümmern könnten. Ihre Elfjährige braucht keinen Rat, wie sie den Konflikt mit ihrer besten Freundin lösen kann, neben wem sie im Schulbus sitzen könnte, was sie zu einer Schulveranstaltung anziehen soll oder wie sie jemandem, der mit ihr Freundschaft schließen möchte, klar machen kann, dass sie nicht interessiert ist – es sei denn, Ihre Tochter bittet Sie darum. Für Kinder ist es weitaus befriedigender, ein Problem selbst zu lösen, als einer detaillierten Anweisung zu folgen.

Sorge bereitet mir auch, wenn Kinder einen so überfrachteten Terminkalender haben, dass ihnen keine Minute Zeit bleibt, über die sie selbst verfügen können. Kindern schadet es, wenn die von den Eltern geplanten Aktivitäten nur noch Stress und Druck bedeuten. Außerschulischer Musik- oder Sportunterricht ist eine wichtige Bereicherung, aber Ihr Kind braucht auch Freizeit, die es selbstständig gestalten kann.

Sobald Beschäftigungen, die eigentlich Spaß machen sollten, zur Belastung werden, können Sie davon ausgehen, dass Sie des Guten zu viel getan haben und Ihren Einfluss zurückschrauben sollten.

Eltern, die das Tun und Lassen ihres Kindes bis ins letzte Detail steuern, nehmen ihm die Lebensfreude. Eltern sollten ihren Kindern mit Hilfe, Rat und Führung zur Verfügung stehen, sie aber nicht mit ständigem Vorschlägen, Belehrungen, Erinnerungen und Anweisungen überschütten. Auf diese Weise wird Ihr Kind nur zum Nervenbündel.

So beschützend wie nötig, so frei wie möglich

Neben den Regeln, die vorgeben, was erlaubt und was verboten ist, sollten sich Eltern ein paar allgemeine Richtlinien zurechtlegen, auf die sie zurückgreifen können, wenn ihr Kind mit einer neuen oder ungewöhnlichen Bitte zu Ihnen kommt. In vielen Fällen wissen Sie ohnehin genau, was zu tun ist. Aber vor allem bei älteren Kindern kommt es auch immer wieder zu unerwarteten Situationen, bei denen Mütter und Väter erst einmal eine Denkpause einlegen müssen, bevor sie eine Lösung finden.

Wenn Sie bei einer Entscheidung schwanken, ist es hilfreich, diese Faustregel zu beherzigen: *So beschützend wie nötig, so frei wie möglich.*

Das heißt, in Situationen, die sich so oder so entscheiden lassen, sollten Sie Ihrem Kind größtmögliche Autonomie zubilligen, solange es nichts tut, was seine Gesundheit, sein Wohlbefinden oder seine Zukunft gefährden könnte.

Um zu einer Lösung zu kommen, ist folgende Checkliste hilfreich:

Ist das, was mein Kind vorhat, gefährlich? Wie sehr Ihr Sohn auch bittet und bettelt, verhindern Sie, dass er sich auf gefährliche Abenteuer einlässt. Ob es nun ums Fahrradfahren ohne Helm geht, die Abkürzung durch eine unsichere Gegend auf dem Heimweg vom Nachmittagsunterricht oder um eine Autofahrt mit einem Freund, der gerade erst den Führerschein gemacht hat. Eine günstige Lösung wäre, das Vorhaben so umzugestalten, dass die Gefahr ausgeschaltet ist. Aber wenn das nicht geht, seien Sie lieber zu vorsichtig.

Ist das Vorhaben meines Kindes gesundheitsschädlich? Lassen Sie nicht zu, dass Ihr Kind seine Gesundheit aufs Spiel setzt. Ab und zu eine Mahlzeit vom Schnellimbiss, mal ein ganzes Wochenende vor dem Fernseher, hin und wieder eine Nacht, in der deutlich länger aufgeblieben wird als sonst, oder ein Abend, an dem die Zähne nicht geputzt werden, richten keinen großen Schaden an, aber wenn dergleichen zur Gewohnheit wird, leidet die Gesundheit Ihres Kindes. Und selbstredend sollten Eltern nie zulassen, dass Ihre Kinder zu Tabak, Alkohol oder illegalen Drogen greifen.

Ist der Wunsch meines Kindes illegal oder unmoralisch? Ob Ihr Kind ein Bewusstsein für Recht und Unrecht entwickelt, liegt an Ihnen. Kinder leiten manches aus dem Verhalten ihrer Eltern ab, aber wie Mütter und Väter reagieren, wenn ihre Kinder schwierige moralische oder rechtliche Fragen anschneiden, ist ebenso wichtig. In den seltensten Fällen fragen Kinder ihre Erziehungsberechtigten direkt, ob sie gesetzeswidrige oder unethische Aktivitäten billigen, aber Sie wären überrascht, wie oft Jungen und Mädchen mit ihren Eltern über Themen wie Spicken, Ladendiebstahl, Lügen oder andere unerlaubte Handlungen sprechen. Manchmal verraten Kinder der Mutter oder dem Vater, was sie angestellt haben, um herauszufinden, ob die Eltern ernsthaft etwas dagegen einzuwenden haben. Jedenfalls sollten Sie niemals eine Handlungsweise billigen, die gegen das Gesetz verstößt oder sonst unethisch ist und Ihre Ansichten in dieser Hinsicht vollkommen klarstellen.

Kann das, was mein Kind vorhat, Schwierigkeiten verursachen? Gelegentlich versuchen Kinder die Erlaubnis für Pläne einzuholen, die zu Problemen führen können. Ihr Viertklässler möchte nachmittags einen Freund besuchen, der allein daheim ist. Ihre Neuntklässlerin fragt, ob sie ihren Freund mit nach Hause bringen kann, während Sie im Büro sind. Ihr Zehntklässler möchte seine besten Freunde zu einer kleinen Party einladen, während Sie eine Geschäftsreise machen. Ihr Elftklässler hat vor, mit seinen Kumpeln bis in die Puppen zu feiern. Die Bereitschaft zu Risiken und gefährlichen Experimenten steigt enorm, wenn Kinder und Jugendliche sich an Orten treffen, an denen kein Erwachsener dabei ist. Lassen Sie nicht zu, dass sich Ihr Kind in Situationen begibt, vor denen Ihr Instinkt Sie warnt.

Falls etwas schief geht, sind die Folgen irreparabel oder schwer wieder gutzumachen? Ihr Kind wird immer wieder falsche Entscheidungen treffen, bis es erwachsen ist, aber glücklicherweise haben die meisten keine bleibenden Auswirkungen. Manchmal kann aber eine im Augenblick harmlos scheinende Entscheidung sogar sehr weitreichende Folgen haben. Wenn Sie Ihrer Tochter beispielsweise erlauben, ein bestimmtes Fach abzuwählen, kann das im Augenblick wie eine unbedeutende Entscheidung erscheinen, aber eines Tages kann dadurch die Auswahl an Studienfächern deutlich eingeschränkt werden. (Dass sie heute Latein nicht mag, heißt noch lange nicht, dass sie nicht in ein paar Jahren ein Fach studieren möchte, in dem sie entsprechende Vorkenntnisse braucht.) Ihr

Kind, das im Hier und Jetzt lebt, wird wohl kaum alle künftigen Folgen einer Entscheidung durchdenken. Und wenn Ihre Tochter heute eine Entscheidung treffen möchte, die ihr in Zukunft schaden kann, sollten Sie eingreifen.

Deshalb mein Rat: Wenn Ihr Kind um Erlaubnis für eine bestimmte Entscheidung bittet, bei der Sie sich Ihrer Sache nicht ganz sicher sind, haken Sie die Checkliste ab. (Wenn Sie etwas Zeit brauchen, um in Ruhe zu überlegen, oder die Sache mit Ihrem Partner besprechen wollen, sagen Sie das Ihrem Kind und nennen Sie einen Zeitpunkt, bis zu dem Sie eine Lösung finden wollen.) Falls Ihr Kind etwas vorhat, das weder gefährlich, ungesund, illegal, riskant oder irreversibel ist, schlage ich vor, die Erlaubnis zu geben. Andernfalls seien Sie lieber zu vorsichtig und erklären Sie, wie Sie zu dieser Entscheidung gelangt sind.

Manchmal lehnen Eltern die Bitte eines Kindes nicht aufgrund der Sachlage ab, sondern einfach, weil sie keinen Präzedenzfall setzen wollen. Sie stellen sich z. B. vor: Wenn sie ihrem Sohn einen etwas längeren Fernsehabend erlauben, weil er gerade nichts mit sich anzufangen weiß, würde er sie immer wieder bedrängen, noch eine weitere Sendung sehen zu dürfen. Oder wenn sie ihrer Tochter erlauben, ausnahmsweise einmal »blau zu machen« und zu Hause zu bleiben, statt zur Schule zu gehen, könnte das zur Gewohnheit werden.

Ich meine jedoch, dass es in der Kindererziehung nicht um Präzedenzfälle geht. Schließlich arbeiten Sie nicht an Gesetzesentwürfen oder juristischen Gutachten. Jede Situation ist anders, und mit größeren Kindern muss man anders umgehen als mit kleinen. Was bei einem Zehnjährigen Unsinn gewesen wäre, kann bei Ihrem 14-jährigen Sohn vollkommen in Ordnung sein.

Statt aus Prinzip nachsichtig oder streng zu sein, ist es besser, mit Überlegung an die Sache heranzugehen. Prüfen Sie jede Situation einzeln. Das ist zwar zeitaufwändiger, aber letztlich der klügere Weg. Denn in der Erziehung steht Achtsamkeit an erster Stelle.

Siebtes Gebot: Konsequenz ist wichtig

Konsequenz im Alltag

Die Hauptursache für Disziplinprobleme bei Kindern ist inkonsequente Erziehung. Wenn Sie heute andere Regeln aufstellen als morgen oder sie nur gelegentlich durchsetzen, dann sind Sie, und nicht Ihr Kind, an seinem schlechten Benehmen schuld.

Am leichtesten lernt ein Kind, sich richtig zu verhalten, wenn das gute Benehmen zu einer Gewohnheit wird, über die man gar nicht mehr nachdenken muss. Und das geschieht durch konsequente Erziehung im Alltag.

Eltern zerbrechen sich häufig den Kopf darüber, ob sie mit Strafe, Belohnung oder geduldigem Erklären arbeiten sollten, um für Disziplin zu sorgen. Mit all diesen Mitteln kann man viel erreichen, am wichtigsten aber ist die Konsequenz, mit der Sie vorgehen. Und wenn Sie noch so selbstherrlich Ihre Macht ausspielen, sich die raffiniertesten Belohnungen einfallen lassen oder die Geduld eines Hiob an den Tag legen – solange Sie nicht konsequent sind, wird sich Ihr Kind daneben benehmen. Ob Sie Auszeiten, Bestechung oder Überredungskunst einsetzen, um Ihr Kind zu beeinflussen, spielt keine Rolle. Achten Sie nur einfach darauf, Ihre Regeln und Erwartungen konsequent durchzusetzen.

Ihre Regel lautet, dass Ihre Vierjährige nach dem Spielen ihre Spielsachen aufräumen muss; aber solange Sie nur dann darauf bestehen, wenn Sie Lust auf Ordnung haben, dürfen Sie sich keine großen Hoffnungen machen, dass Ihr Kind regelmäßig aufräumt. Ihre Tochter kann schließlich nicht Gedanken lesen. Sie weiß nicht, wann Sie den Putzfimmel bekommen.

Sie möchten, dass Ihre sechsjährigen Zwillinge sich nicht ständig prügeln, also müssen Sie konsequent eingreifen, sobald sich eine Rauferei anbahnt. Das funktioniert nicht, falls Sie nur dann dazwischengehen, wenn Sie Kopfschmerzen haben oder der

Streit Sie gerade besonders stört. Soll die Zankerei wirklich aufhören, müssen Sie jedes Mal etwas unternehmen, sobald ein Streit anfängt.

Ihr Zehnjähriger soll Sie täglich anrufen, sobald er von der Schule heimkommt; wenn Sie aber ein-, zweimal die Woche vergessen, den Anruf einzufordern, kann das nicht zur zuverlässigen Gewohnheit werden. Das wird erst durch eine konsequente Erwartungshaltung erreicht.

Sie haben Ihrer Zwölfjährigen erlaubt, täglich eine Stunde im Internet zu surfen. Wenn Sie zulassen, dass sie ihr Zeitpensum ohne zu fragen nach und nach ausdehnt, wird sie bald drei Stunden am Tag online sein statt der einen, die Sie in Ordnung fanden.

Häufig merken Eltern gar nicht, dass sie es an Konsequenz fehlen lassen. Sollten Sie mit Ihrem Kind Disziplinprobleme haben, dann überlegen Sie erst einmal in Ruhe, ob Sie sich inkonsequent verhalten. Diese Möglichkeit sollte immer geprüft werden, bevor man andere Erklärungen heranzieht.

Für einen inkonsequenten Erziehungsstil gibt es viele Ursachen, aber der Stress spielt vermutlich die größte Rolle. Eltern, die aus welchem Grund auch immer unter Stress stehen, können sich meist nicht recht auf ihre Erziehungsaufgaben konzentrieren. In Umbruchsituationen (wie Trennung, Scheidung, eine neue Ehe oder Umzug) oder angesichts finanzieller Not und dem damit verbundenen Stress sollten Sie ganz besonders darauf achten, gegenüber Ihrem Kind konsequent aufzutreten.

Sie werden erstaunt feststellen, wie rasch Kinder ihr Verhalten ändern, sobald sich die Eltern entscheiden, konsequent die Befolgung ihrer Regeln einzufordern. Wenn Ihnen Ihre Kinder auf der Nase herumtanzen und gar nicht daran denken, sich Ihren Wünschen zu fügen, dann ist meist nach wenigen Wochen klarer, konsequenter Disziplinierung eine dramatische Verbesserung des Verhaltens zu beobachten.

Der geregelte Tagesablauf

Eltern fällt es viel leichter, ihre Kinder konsequent zu erziehen, wenn die Gestaltung des Familienlebens nicht dem Zufall überlassen bleibt, sondern festen Regeln folgt. Wenn die Tagesereignisse nicht vorhersehbar sind, wird man ablenkbar, und zerstreute Eltern sind selten konsequent.

Ein geregelter Tagesablauf ist für eine konsequente Erziehung förderlich.

Versuchen Sie, Ordnung in den Tagesrhythmus Ihrer Familie zu bringen. So weit wie möglich sollten sich alle an feste Essenszeiten halten; und Routinedinge wie das Ankleiden der Kinder, das Bringen zum Kindergarten oder zur Schule, das Fertigmachen fürs Bett, das Einschlafen und Aufstehen sollten zur gleichen Zeit geschehen (regelmäßige Schlafenszeiten sind für Kinder und Erwachsene gleichermaßen gesund). Natürlich kann man diese Zeiten am Wochenende ein bisschen lockerer handhaben, aber je stärker man samstags und sonntags vom Werktagsrhythmus abweicht, desto schwerer fällt es Ihrem Kind, am Montag wieder zum gewohnten Ablauf zurückzufinden.

Besonders wichtig ist, dass Sie Ihr Kind jeden Abend um dieselbe Zeit ins Bett bringen, es sei denn, besondere Umstände machen es unmöglich – z. B. wenn ein Besuch bei einer befreundeten Familie länger dauert als geplant oder wenn Sie Ihrem Kind versprochen haben, mit ihm eine Veranstaltung zu besuchen, die sich bis in den Abend hineinzieht. Feste Schlafenszeiten, die garantieren, dass Ihr Kind genug Schlaf bekommt, erleichtern das Erziehen ungemein, denn unausgeschlafene Kinder sind häufig reizbar und undiszipliniert.

Zum Thema Schlafenszeiten sind auch ein paar Worte über die Schlafgewohnheiten von Teenagern angebracht, die häufig familiäre Konflikte heraufbeschwören.

Das Gehirn hat eine »innere Uhr«, die den Tag in Schlaf- und Wachphasen einteilt. Jeder, ob er nun ein Morgen- oder ein Abendmensch ist, hat bestimmte Tageszeiten, zu denen er hellwach ist, und andere, zu denen er müde dahindämmert.

Wissenschaftler haben festgestellt, dass während der Pubertät biologische Veränderungen im Gehirn stattfinden, die es den Jugendlichen schwer machen, zur gewohnten Zeit einzuschlafen. Abends liegen sie dann im Bett und fühlen sich genau wie Sie, wenn Sie sich zwingen wollen einzuschlafen, obwohl Sie nicht müde sind. Teenager, die lange aufbleiben, haben aber natürlich auch Schwierigkeiten, morgens aufzuwachen, und folglich bekommen sie in der Schule kaum die Augen auf.

Dem natürlichen Wunsch, lange aufzubleiben, können Sie entgegenwirken, indem Sie Ihre Söhne und Töchter Tag für Tag in aller Frühe aus dem Bett werfen. Geschieht das regelmäßig, wird dadurch die biologische Verschiebung der inneren Uhr außer Kraft gesetzt. Wenn Sie Ihren Teenager nur unter der Woche anhalten, früh aufzustehen, ihm aber samstags und sonntags erlauben, bis mittags auszuschlafen, war die Mühe umsonst, und er wird an den folgenden Tagen wieder große Probleme haben, aus den Federn zu kommen.

Zu beachten ist, dass der entscheidende Faktor für die Neueinstellung der inneren Uhr die Zeit des *Aufwachens* ist, und nicht der Zeitpunkt, an dem die jungen Leute ins Bett gehen. Das heißt, Ihr Teenager darf am Wochenende aufbleiben, so lange er will, aber Sie bestehen darauf, dass er etwa um dieselbe Zeit aufsteht wie an Schultagen. Machen Sie sich auf einen Streit über das frühe Aufstehen gefasst, aber wenn Ihr Teenager am Montag- und Dienstagmorgen wie ein Zombie herumläuft, dann dürften die verschlafenen Vormittage am Wochenende dafür verantwortlich sein. Ob Ihnen die Lösung dieses Problems den Konflikt wert ist, müssen Sie selbst entscheiden.

Ob es nun um Schlafenszeiten, geregelte Mahlzeiten oder um die Zeit für die Hausaufgaben geht, ein geordneter Tagesablauf macht Familien das Leben leichter. Dank der Vorhersehbarkeit der Routineabläufe fühlen sich Kinder sicher und geborgen, weil sie wissen, was auf sie zukommt, statt sich unkontrollierbaren Ereignissen gegenüberzusehen. Aus diesem Grund haben Kleinkinder eine so ausgeprägte Vorliebe für Rituale. Wenn Ihre Dreijährige abends normalerweise erst gebadet wird, dann zwei Geschichten vorgelesen bekommt und anschließend ein Schlaflied folgt, dann ist sie nicht gerade begeistert, wenn Sie plötzlich neue Sitten einführen und schon nach der ersten Geschichte singen. Ihre Tochter wird Ihnen dann klar machen, dass Sie vergessen haben, die zweite Geschichte zu lesen, und das Schlaflied will sie erst hören, wenn die Geschichte fertig ist. (Falls Sie beim Zubettbringen in Zeitnot sind, ist es besser, alle Komponenten des Rituals ein wenig abzukürzen, als eine ganz wegzulassen.)

Das Bedürfnis nach Sicherheit, das Kinder durch Rituale befriedigen, lässt mit zunehmendem Alter etwas nach, weil die Heranwachsenden dann mehr Kontrolle über ihr Leben gewinnen; und natürlich ist es schwieriger, an den gewohnten Zeiten festzuhalten, wenn Ihr Kind nach der Schule, am Wochenende und abends nun seinen Interessen nachgeht, was den Terminkalender der Familie komplizierter werden lässt. Aber auch bei Teenagern sollte eine gewisse Regelmäßigkeit im Tagesablauf beibehalten werden. Denn dadurch entsteht ein Rhythmus, der in Ihrem Zuhause Ruhe einkehren lässt. Und damit wird auch die konsequente Erziehung erleichtert.

Wie wichtig ist Einigkeit der Eltern?

Eine besonders häufig gestellte Frage lautet, ob es ratsam ist, dass Mutter und Vater sich immer einig sind, wenn es um die Disziplin geht.

Die einfachste Antwort lautet, dass es vom Alter der Jungen und Mädchen abhängt. Je kleiner das Kind, desto wichtiger ist es, dass sich die Partner einig sind. Diese Faustregel gilt, ganz gleich ob Sie verheiratet sind, getrennt leben, geschieden sind oder in zweiter Ehe leben.

Kleine Kinder (unter sechs Jahren) kommen leicht durcheinander, wenn die Mutter andere Regeln aufstellt als der Vater oder wenn ein Elternteil die Regeln durchsetzt und der andere nicht. In diesem Alter sehen Kinder die Welt als etwas Absolutes. Weil es ihnen schwer fällt, die Widersprüche zwischen unterschiedlichen Ansichten aufzulösen, begreifen sie nicht, warum Papa A sagt und Mama B. Für die Kleinsten gibt es nur eine »richtige« Art und Weise, wie man etwas macht. Das wird zum Problem, wenn Sie und Ihr Partner uneins sind, denn Sie wollen schließlich nicht, dass Ihr Kind glaubt, die Mutter habe Recht und der Vater Unrecht oder umgekehrt. Im Laufe der Zeit wird dadurch der Respekt für den Elternteil untergraben, der scheinbar im Irrtum ist.

Im Alter zwischen sechs und elf differenziert sich dieses Schwarz-Weiß-Sehen der Welt ein wenig. Dennoch rate ich, dass Eltern mit Kindern unter elf Jahren ihr Möglichstes tun sollten, um nach außen hin geschlossen aufzutreten. Für Ihr Kind ist das Leben erheblich leichter, wenn Sie Ihre Konflikte unter vier Augen klären.

Zweifellos ist Einigkeit der Eltern auch bei etwas älteren Kindern wünschenswert, aber sie ist nicht mehr absolut notwendig. Elf- und Zwölfjährige verstehen bereits, dass Menschen unterschiedlicher Ansicht sein können, ohne dass einer von ihnen Unrecht hat. Die abweichende Haltung der Eltern führen sie meist auf unterschiedliche Persönlichkeiten und Wertvorstellungen zurück. Statt zu glauben, die Mutter habe Recht und der Vater Unrecht, kommen Kinder in diesem Alter zu dem Schluss, der Vater sei streng und die Mutter nachgiebig. Dadurch entstehen natürlich Schwierigkeiten anderer Art, denn kluge Kinder lernen bald, erst einmal die nachgiebige Mutter zu fragen, wenn sie etwas möchten, und die Eltern gegeneinander auszuspielen. Aber im großen und ganzen sind diese Probleme lösbar, wenn Sie die Ratschläge aus diesem Abschnitt beherzigen.

Bei unterschiedlichen Ansichten in bestimmten Erziehungsfragen ist es zunächst einmal sinnvoll, die Sache in aller Ruhe zu besprechen, ohne dass Ihr Kind zuhört. (Das empfiehlt sich bei Kindern aller Altersstufen.)

Wenn Ihre unterschiedlichen Haltungen vor Ihrem Kind deutlich werden (Sie sehen z. B. mit Ihrem Mann fern, da kommt Ihr 12-jähriger Sohn herein und fragt, ob er sich Ohrlöcher stechen lassen darf, und Sie hören entsetzt, wie Ihr Partner zustimmt), dann sagen Sie Ihrem Kind, dass Sie die Sache erst einmal besprechen müssen, bevor Sie zu einer endgültigen Entscheidung kommen. Das ist natürlich weniger peinlich, wenn von Ihnen noch keiner seine Meinung kundgetan hat, aber auch wenn Sie oder Sie beide es schon getan haben, schadet es nicht zuzugeben, dass Sie sich nicht einig sind und erst mal darüber reden müssen. Für welche Lösung Sie sich auch entscheiden – tragen Sie Ihre Meinungsverschiedenheit nicht aus, während Ihr Sohn dabeisteht und wartet. Schließlich wissen Sie ja nicht, ob die Diskussion kurz, ruhig und sachlich ausfällt oder lang, kompliziert und hitzig. Natürlich schadet es nicht, wenn Kinder ein kurzes, ruhiges Gespräch mitbekommen; einem Streit sollte man sie jedoch nicht aussetzen.

Sobald Sie und Ihr Mann die Sache diskutieren, versuchen Sie möglichst, sich in der Mitte treffen und den Standpunkt des anderen zu verstehen. Lassen Sie die Einzelheiten der Sache, um die es geht, ein wenig in den Hintergrund treten und überlegen Sie, ob einer von Ihnen eine Haltung einnimmt, die mit Ihren sonstigen Prinzipien besser in Einklang steht. Dadurch lässt sich oft herausfinden, worum es eigentlich geht.

Manchmal ist einer von Ihnen einfach zu sehr in die Einzelheiten des Problems verstrickt, um es objektiv zu betrachten. Wenn Sie keine Lösung finden, mit der Sie beide leben können, und wenn die Sache nicht sofort entschieden werden muss, lassen Sie es erst einmal auf sich beruhen und schlafen Sie drüber. Vielleicht ändert einer von Ihnen seine Meinung.

Immer wieder gibt es Fragen, über die sich Eltern auch nach ausführlicher Diskussion einfach nicht einig werden. Dann muss man sich einfach darauf »einigen, dass man uneins ist«, sich für eine Lösung entscheiden und sie durchziehen. Es gibt kaum Entscheidungen, an denen sich nicht rütteln lässt, und wenn sich zeigt, dass Sie einen Fehler begangen haben, können Sie immer noch umschwenken.

Sich einigen, dass man uneins ist, stellt kein Problem dar. Wichtiger ist, dass Sie die richtige Entscheidung treffen, als dass Sie eine

Einigung suchen, nur um geschlossen aufzutreten. Kinder sind besser dran, wenn wenigstens ein Elternteil die goldenen Regeln einer gelingenden Erziehung befolgt, als wenn sich beide zu einer gemeinsamen Entscheidung zwingen, die sich dann als falsch erweist.

Wenn Sie und Ihre Partnerin oder Ihr Partner in einer schwer zu entscheidenden Frage beide sachlich Recht haben und trotzdem nicht einig werden, kann eine der folgenden Entscheidungshilfen einen Beitrag zur Lösung liefern:

- *Entscheiden Sie zugunsten des Elternteils, dem die Frage wichtiger ist.* Wenn Ihnen das Problem nicht besonders am Herzen liegt, bringt Prinzipienreiterei wenig. In anderen Situationen, wo es sich umgekehrt verhält, werden Sie sich freuen, dass Ihr Standpunkt mehr Gewicht erhält, weil Ihnen die Sache wichtiger ist als Ihrer Partnerin.

- *Im Zweifel lieber zu vorsichtig.* Für den nachgiebigeren Elternteil ist es viel leichter, mit einer vorsichtigen Entscheidung zu leben, als umgekehrt. Für Ihr Kind bedeutet das größere Sicherheit. Wenn Sie erlauben würden, dass Ihr Kind abends länger ausbleibt, Ihr Partner aber dagegen ist, sollten Sie seinem Rat folgen.

- *Entscheiden Sie aufgrund der größeren Sachkenntnis eines Elternteils.* Wenn es um Gesundheitsfragen geht und Ihre Partnerin ist Ärztin, dann dürfte sie besser in der Lage sein, die Sache zu entscheiden.

- *Bedenken Sie, wer die Hauptlast der Entscheidung trägt.* Wenn Ihre Entscheidung den Alltag Ihres Partners beeinflusst, nicht aber den Ihren (z. B. weil er Ihr Kind zum Sport bringen und wieder abholen muss), dann sollte seine Meinung den Ausschlag geben.

- *Wenn alle anderen Mittel versagen, dann sollte ein Ausgleich zwischen den Eltern gefunden werden.* Wenn sich buchstäblich bei allen Entscheidungen in letzter Zeit der eine Partner durchgesetzt hat, dann ist es Zeit, der Stimme des anderen mehr Gewicht zu geben.

Sobald Sie die Sache mit Ihrer Partnerin oder Ihrem Partner geklärt haben, ist es wichtig, dass Sie sich gegenseitig unterstützen, auch wenn Sie anderer Meinung sind. Einander unterstützen ist nicht dasselbe wie Geschlossenheit zeigen.

Falls Ihr Kind alt genug ist, um zu begreifen, dass zwei Menschen unterschiedlicher Meinung sein können, ohne dass einer von beiden Unrecht hat, dann sagen Sie ihm ruhig, dass Sie sich uneins sind, die Entscheidung aber aufgrund anderer Erwägungen getroffen haben (sie ist ungefährlicher, sie bedeutet einem Elternteil mehr als dem anderen, sie erleichtert die Dinge für die Mutter oder den Vater usw.). Dadurch lernt Ihr Kind, dass man in einer guten Beziehung Kompromisse eingeht. Wenn Sie bei Uneinigkeit stets Geschlossenheit präsentieren, wird das nicht so deutlich.

Allerdings bedeutet gegenseitige Unterstützung, dass Sie die getroffene Entscheidung nicht in Frage stellen oder die Autorität Ihrer Partnerin untergraben, indem Sie Ihrem Sohn helfen, die Regelung zu umgehen, dass Sie nicht augenzwinkernd darüber hinwegsehen, wenn er dagegen verstößt, nicht ganz bewusst darauf verzichten, auf Einhaltung zu pochen, sobald Ihre Partnerin nicht da ist, oder Ihrem Kind implizit oder explizit andeuten, Sie seien auf seiner Seite, der andere Elternteil aber nicht.

Derartige Sabotage ist häufig bei getrennt lebenden oder geschiedenen Paaren anzutreffen, die ihre Differenzen nicht freundschaftlich beilegen können, sie kommt aber auch bei zusammenlebenden Eltern vor, und zwar vor allem dann, wenn die Mutter oder der Vater sich ihrer Rolle so unsicher sind, dass sie es nicht wagen, sich den Zorn des Kindes zuzuziehen. Solche heimlichen Allianzen zwischen dem Kind und der Mutter oder dem Vater sind schädlich, weil sie entweder die Autorität des anderen Elternteils untergraben oder beim Kind Schuldgefühle wecken, weil es tut, was ihm explizit verboten wurde. Kleinere Kinder mögen in solchen Situationen den »netten« Elternteil lieber, aber langfristig schätzen junge Menschen den mehr, der sich verantwortlich verhalten hat, während sie den Vater oder die Mutter, der bzw. die sich eher kindlich als erwachsen benommen hat, weniger respektieren.

Falls Ihr Kind wütend auf Sie ist, weil eine unliebsame Entscheidung getroffen wurde, die auf Ihr Konto ging, können Sie unbesorgt sein. Das ist kein Problem, solange nicht ein Elternteil immer die Rolle des »Bösen« zugewiesen bekommt und Ihre Entscheidungen auch hin und wieder Freude machen. Wenn Kinder jedoch immer ein »Nein« zu hören bekommen und immer nur ein Elternteil dafür verantwortlich ist, zieht dieser sich dauerhaft den Zorn des Kindes zu.

Wenn Sie mit Ihrem Partner nicht einig werden, lassen Sie sich nicht auf einen Machtkampf ein. Hier wird kein Kampf ausgetragen, bei dem der Stärkere, Klügere, Nettere oder Bessere gewinnt. Die richtige Lösung für Meinungsverschiedenheiten mit dem Partner oder der Partnerin ist diejenige, die am besten für Ihr Kind ist, und nicht diejenige, die die Macht des einen Elternteils über den anderen festigt. Erziehen ist kein Wettstreit.

Konsequenz ohne Starrheit

Konsequenz in Erziehungsfragen bedeutet nicht Starrheit. Gute Eltern sind flexibel, ohne deshalb inkonsequent zu werden.

Der Unterschied besteht darin, dass sich konsequente Erziehung an der Situation orientiert, während starre Erziehung keine Rücksicht auf die Umstände nimmt. Eine derart unflexible Haltung zeugt nicht gerade von Intelligenz und sie dient ausschließlich dazu, die Autorität der Eltern gegenüber dem Kind zu behaupten. Sinn und Zweck von Regeln bestehen nicht darin, dem Kind klar zu machen, wer der Boss ist. Regeln existieren, um das Verhalten des Kindes zu lenken, und kluge Lenkung erfordert eine Einschätzung der Situation und entsprechendes Handeln.

Es gibt zahlreiche Beispiele für unflexibel gehandhabte Regeln. Z. B. bestehen manche Eltern darauf, dass jede einzelne Regel buchstabengetreu umgesetzt wird, und zwar völlig unabhängig von der Situation. Für sie ist jeder Regelverstoß unentschuldbar, ganz gleich wie die Umstände aussehen. Ein Kindergartenkind bekommt erst dann seine Nachspeise, wenn es das Hauptgericht restlos aufgegessen hat, und diese Forderung wird bei jeder Mahlzeit durchgesetzt, auch wenn es das vorgesetzte Essen auf den Tod nicht ausstehen kann. Eine Fünftklässlerin soll ihre Hausaufgaben machen, sobald sie von der Schule nach Hause kommt, und wenn ihre Freundin anruft und um Rat fragt, wie sie ein Problem mit einem anderen Mädchen lösen kann, muss sie ihre Freundin auf später vertrösten. Eine Jugendliche, die bis Samstagmittag eine Aufgabe im Haushalt zu erledigen hat, muss die Konsequenzen tragen, wenn sie sich verspätet, auch wenn der Grund dafür ist, dass sie in ein spannendes Buch vertieft war, und obwohl es eigentlich keine Rolle spielt, wann die Arbeit getan wird.

Vernünftige Ausnahmen zuzulassen schmälert aber nicht Ihre Autorität, sondern stärkt sie, weil Sie damit beweisen, dass Ihre Regeln durchdacht und nicht willkürlich sind. Ein Kindergartenkind wird nicht krank, nur weil ihm seine Eltern gelegentlich erlauben, einen Teil des Hauptgerichts wegzulassen und gleich zur Nachspeise überzugehen. (Der zur besonderen Auszeichnung erhobene Nachtisch wird für Ihr Kind nur noch mehr zum Objekt der Begierde.) Eine Fünftklässlerin kann ihre Mathematikaufgaben ruhig ein wenig aufschieben, um einer Freundin bei Problemen zu helfen. (Schließlich sind die sozialen Fähigkeiten Ihrer Tochter genauso wichtig wie ihre intellektuellen.) Eine Jugendliche kann selbst einschätzen, wie lange es dauert, eine Aufgabe im Haushalt zu erledigen, und überlegen, wie viel Zeit ihr noch bleibt, bevor sie loslegt. (Außerdem, warum einen jungen Menschen beim Lesen stören, wenn die Arbeit doch eigentlich warten kann?)

Doch die unflexible Haltung kann auch andere Formen annehmen. Manche Eltern sind so starrsinnig, dass sie nicht einmal Regeln ändern wollen, die sich als falsch oder untauglich erwiesen haben. Eine Fünfjährige kann abends nicht einschlafen, weil sie zu früh ins Bett gebracht wird, aber ihre Eltern halten an einer Schlafenszeit fest, die für ihr Alter einfach nicht mehr passt. Ein Achtjähriger darf nicht allein zu den Nachbarn hinübergehen, obwohl das Viertel ungefährlich ist und alle seine gleichaltrigen Freunde in der Gegend ohne Begleitung unterwegs sind. Eine Zwölfjährige darf nicht mit Gleichaltrigen ins Kino gehen, ohne dass ein Erwachsener mitkommt, obwohl das in ihrer Klasse so üblich ist.

Wer Regeln ändert, die sich als falsch oder der Entwicklungsstufe unangemessen erweisen, handelt nicht inkonsequent, sondern vernünftig.

Wenn Sie Ihre Fünfjährige eine halbe Stunde später ins Bett bringen, ist das für alle Beteiligten sehr viel angenehmer und Ihr Kind bekommt trotzdem noch genug Schlaf. Sprechen Sie mit verantwortungsvollen Eltern aus der Nachbarschaft, dann könnte sich herausstellen, dass ein achtjähriges Kind durchaus in diesem Viertel gefahrlos seine Freunde besuchen kann. Wenn Sie Ihrer zwölfjährigen Tochter erlauben, mit den Klassenkameraden ins Kino zu gehen, Sie aber vor dem Kino absetzen und anschließend wieder abholen, kann sie altersgemäß mit ihren Freunden und Freundinnen etwas unternehmen, während die Eltern immer noch eine gewisse Kontrolle darüber haben, was sie in ihrer Freizeit anstellt.

Alle Eltern stellen irgendwann einmal Regeln auf, die sich als falsch erweisen. Es hat aber keinen Sinn, an Regeln festzuhalten, die offensichtlich ihren Zweck nicht erfüllen, nur um zu vermeiden, dass Sie einen Fehler zugeben oder das einmal Festgelegte zurücknehmen müssen. Wenn eine Ihrer Regeln nicht zum Ziel führt, obwohl Sie konsequent auf deren Einhaltung geachtet haben, dann nehmen Sie etwas Abstand von der jeweiligen Situation und überlegen, was Sie eigentlich erreichen wollten. Fast immer bietet sich ein anderer Weg, der zum selben Ziel führt. Das heißt, Ihre Absichten sind in Ordnung, Sie müssen nur andere Mittel einsetzen.

Flexible Eltern sollten auch auf die Absicht ihres Kindes achten, und nicht nur auf sein Verhalten. Kinder verstoßen manchmal mit besten Absichten gegen Regeln. Bevor Sie Ihren Sohn oder Ihre Tochter tadeln, sollten Sie erst einmal herausfinden, *warum* er oder sie die Regel außer Acht gelassen hat.

Ihr sechsjähriger Sohn hat in einem Zimmer, in dem er nicht spielen darf, eine Vase zerbrochen, aber er hatte nur versucht, dem Hund, der in das Zimmer gerannt war, eines seiner Stofftiere zu entreißen. (Ein Sechsjähriger lebt noch vorwiegend im Augenblick, und er hatte Angst, dass Sie böse sein würden, wenn der Hund ein Spielzeug kaputt macht.) Ihr zehnjähriger Sohn hat ohne Erlaubnis Ihren Computer benutzt, als Sie nicht zu Hause waren, weil er im Internet für eine Hausaufgabe recherchieren musste, die am nächsten Tag abzugeben war; nun hat er versehentlich eine Datei gelöscht, an der Sie gerade gearbeitet haben, weil er nicht daran gedacht hat nachzuschauen, ob etwas abgespeichert werden musste, bevor er das Gerät ausschaltete. (Er hatte vergessen, dass mit dem Ausschalten des Computers nicht gespeicherte Daten verloren gehen.) Ihre Tochter hat nicht angerufen, um zu sagen, dass sie später nach Hause kommt als abgemacht, weil sie mit ihren Freunden nach dem Popkonzert im Stau steckte und sie ihr Handy nicht aufgeladen hatte. (Teenager können nicht so gut vorausdenken wie Erwachsene.)

Hat ein Kind aus verständlichen Gründen gegen eine Regel verstoßen, dann sollten Eltern einfach erklären, was man hätte anders machen können oder was der Sohn oder die Tochter das Nächste Mal in einer ähnlichen Situation tun sollte (den Hund aus dem Zimmer locken; Sie vor dem Benutzen des Computers im Büro anrufen; an der nächsten Telefonzelle halten und die Verspätung erklären). Wenn Ihre Entscheidungen die Disziplin betreffen, dann sind es die Motive, nicht die Taten Ihres Kindes, auf die es ankommt.

Seien Sie konsequent ohne starr zu werden. Konsequenz, gepaart mit Flexibilität, führt letztendlich eher zu einem besseren Verhalten Ihrer Kinder als irrationaler Starrsinn.

Bestimmen Sie die eisernen Regeln

Eltern, die entscheiden müssen, wann sie sich flexibel zeigen und wann nicht, sollten sich überlegen, an welchen »eisernen Regeln« sie unbedingt festhalten wollen. Diese Regeln sind so wichtig, dass es vertretbar ist, sie kompromisslos durchzusetzen.

Für welche Regeln Sie sich entscheiden, kann ich Ihnen nicht sagen, weil das vom Alter des Kindes, den Lebensumständen der Familie und von Ihren persönlichen Wertvorstellungen abhängt. Was bei kleinen Kindern noch als unumstößliche Regel gilt (vorher anrufen und die Erlaubnis einholen, wenn sie nach der Schule Freunde besuchen wollen), könnte bei älteren Kindern lockerer gehandhabt werden (Ihre Tochter muss nicht im Voraus anrufen, sondern kann Bescheid sagen, wenn sie bereits bei der Freundin ist). Was in einer Stadt mit hoher Kriminalität als eiserne Regeln gilt (niemals allein von der Schule nach Hause gehen), muss in einer weniger gefährlichen Gegend (wo man bei Tag unbesorgt unterwegs sein kann) nicht unbedingt gefordert werden. Für eine streng religiöse Familie mag es unabdingbar sein, dass die Kinder jeden Sonntag den Gottesdienst besuchen, während in einer anderen Familie die Kinder selbst entscheiden dürfen, ob sie die Eltern begleiten oder nicht.

Ganz allgemein gilt, dass die Liste der eisernen Regeln kurz sein und nur Vorschriften enthalten sollte, die Auswirkungen auf die Sicherheit und Gesundheit Ihres Kindes haben oder bei denen die Gesetzestreue sowie wichtige Familienwerte und -traditionen im Mittelpunkt stehen.

Jedenfalls ist es interessant, sich einmal – mit dem Partner oder allein – in aller Ruhe zu überlegen, welche Regeln für Sie in diese Kategorie fallen.

Ich bin nicht der Ansicht, dass eine unnachgiebige Haltung auf Nebenschauplätzen (die Kleider, die Ihr Kind trägt, der Grad der Ordnung im Kinderzimmer, die Musik, die Ihr Kind hört, die Länge seiner Haare) es leichter macht, Standhaftigkeit zu zeigen, wenn mehr auf dem Spiel steht. Manche Eltern sind davon überzeugt, aber nach meiner Meinung trifft das Gegenteil zu. Wenn Sie bei weniger wichtigen Themen Flexibilität beweisen, wird Ihr Kind leichter verstehen, worum es Ihnen geht, wenn entscheidende Fragen anstehen.

Das gilt ganz besonders für Zehn- und Elfjährige, weil Kinder in diesem Alter allmählich den Unterschied zwischen Themen erkennen, die eher Geschmackssache sind (bei denen es »unfair« erscheint, dass die Eltern die eigenen Entscheidungen lenken) und Fragen, die legitimerweise der Autorität der Eltern unterstellt sind (und bei denen ein Kind, ob es ihm gefällt oder nicht, wenigstens einräumt, dass es sich um eine Entscheidung handelt, die die Eltern treffen dürfen).

Damit will ich nicht sagen, dass Ihr Kind darüber bestimmt, ob Ihre Autorität legitim ist. Aber wenn Sie verstehen, wie Kinder über diese Dinge denken, dann können Sie bessere Eltern sein und sich viel unnötiges Hickhack ersparen. Vielleicht überrascht es Sie, aber Kinder unterscheiden tatsächlich zwischen Themen, bei denen sie ein Mitspracherecht beanspruchen, und anderen, bei denen sie leichter zurückstecken. Ihr Kind wird Ihnen also wahrscheinlich bei Fragen, die ernste Folgen haben (wie z. B. das Rauchen), nicht so energisch widersprechen wie bei Entscheidungen, deren Folgen weniger schwerwiegend sind (z. B. Haarefärben). Wenn Kinder ab zehn Jahren mit ihren Eltern Streit haben, dann geht es häufig um Themen, bei denen Mütter und Väter nicht mit sich reden lassen wollen, die aber eigentlich nicht in die Kategorie der eisernen Regeln gehören.

Also legen Sie Ihre eisernen Regeln fest, aber machen Sie die Liste nicht länger als nötig. Wenn Ihre Autorität auf Weisheit statt auf Macht beruht, wird Ihr Kind sie auch nicht ohne weiteres in Frage stellen.

Achtes Gebot: Harte Strafen sind verboten

Soll man Kinder bestrafen?

Es gibt nur drei Methoden, wie Sie Kinder dazu bringen, ein Verhalten, das Sie missbilligen, zu ändern: Sie können sie bestrafen, sie für das wünschenswerte Verhalten belohnen oder erklären, warum das, was sie getan haben, falsch war, und ihnen sagen, wie sie sich das nächste Mal verhalten sollen.

Ihr Sohn hat z. B. die Katze am Schwanz gezogen und Sie möchten, dass er damit aufhört. Nun können Sie ihn entweder jedes Mal bestrafen, wenn er das Tier quält, Sie können ihn belohnen, wenn er lieb zu der Katze ist, oder ihm erklären, dass es dem Tier wehtut, wenn es am Schwanz gezogen wird, und ihn bitten, das nicht mehr zu tun. Wenn man es richtig macht, werden vermutlich alle diese Methoden zu einem gewissen Erfolg führen.

Die meisten Eltern arbeiten mit einer Kombination aus Bestrafung, Belohnung und Erklärung – je nach den Umständen, dem Alter des Kindes und dem Verhalten, das man missbilligt.

Auch wenn Sie Strafen aus Prinzip ablehnen, gibt es Situationen, in denen Belohnung oder Erklärung allein nicht funktioniert. Möglich ist auch, dass Sie beides versucht haben, aber ohne Erfolg. Deshalb sollten auch Eltern, die Strafen nur im äußersten Notfall einsetzen wollen, verstehen, wie und warum sie Wirkung zeigen.

Es ist jedenfalls nicht richtig, dass Bestrafung an sich Kindern schadet oder weniger bewirkt als Belohnung oder Erklärung. Die entscheidende Frage lautet nicht, *ob* Strafen – oder auch jede andere Erziehungsmaßnahme – eingesetzt werden sollten, sondern *wann* und *wie*. Bestrafung, Belohnung und Erklärung können allesamt zum Ziel führen, wenn sie richtig angewandt werden. Ist dies nicht der Fall, führen sie alle zu nichts.

Die vielen Strafen, auf die Eltern zurückgreifen können, fallen allesamt unter zwei Kategorien: Die erste Kategorie – von Psychologen als »Machtausübung«, bezeichnet – ist das, wonach es sich anhört: Bestrafung, die auf der größeren Macht des Erwachsenen beruht. Wenn Sie Ihre Tochter schlagen, sie anschreien, ihr eine Auszeit geben, ihr das Lieblingsspielzeug wegnehmen oder sie ohne Nachtisch in ihr Zimmer schicken, dann üben Sie Macht aus. Einige Formen der Machtausübung sind in Ordnung (Auszeit, Entzug von Privilegien), andere nicht (Schlagen, Anbrüllen). Warum erkläre ich in den nächsten beiden Abschnitten (»Schläge sind verboten«, »Beschimpfen Sie Ihr Kind nicht«).

Die zweite größere Kategorie, unter die alle übrigen Strafen fallen, bezeichnen Psychologen als »Liebesentzug«. Das ist nicht ganz so schlimm, wie es sich anhört, weil man nicht unbedingt Liebe entzieht, wenn man ein Kind auf diese Weise straft. Hier geht es um Strafen, die bei Kindern Trauer, Schuldgefühl oder Scham wecken, weil sie ihre Eltern enttäuscht oder verärgert haben. Wenn Sie nicht mit Ihrem Kind sprechen, aus Wut kalt und unnahbar werden, Ihrem Kind sagen, dass Sie über sein Verhalten außer sich sind, oder ihm klar machen, dass es Sie enttäuscht hat, dann arbeiten Sie mit Liebesentzug. Wie bei der Machtausübung gibt es akzeptable Formen (Sie sagen Ihrem Kind, dass es Sie enttäuscht hat) und solche, die man auf keinen Fall anwenden sollte (Sie sagen Ihrem Kind, dass Sie sich schämen, sein Vater/seine Mutter zu sein).

Den Unterschied zwischen Machtausübung und Liebesentzug zu verstehen ist der erste Schritt, den man tun muss, um Strafen wirkungsvoll einsetzen zu können, denn beide Methoden funktionieren aus unterschiedlichen Gründen. Wer das begriffen hat, kann besser einschätzen, wann die eine Methode sinnvoll ist und wann die andere.

Machtausübung zeigt nur dann Wirkung, wenn Sie Macht über Ihr Kind haben. Aus diesem Grund funktioniert sie häufig nur bei kleinen Kindern. Wenn Sie Ihre vierjährige Tochter anschreien, kann das wirken, weil die Wut eines kräftemäßig überlegenen Menschen Angst auslöst; bei einer 14-Jährigen hingegen werden Sie so kaum etwas erreichen, weil sich Jugendliche in diesem Alter durch Schreien nicht mehr einschüchtern lassen.

Bei älteren Kindern ist daher durch Machtausübung wenig auszurichten. Ich weiß, das liegt eigentlich auf der Hand, aber wenn ich all die Eltern sehe, die ihre Teenager anschreien, wird deutlich, dass viele Mütter und Väter die schlichte Tatsache nicht begreifen, dass man ältere Kinder durch Machtausübung nicht so leicht beeinflussen kann wie die Kleinen.

Liebesentzug zeigt nur Wirkung, wenn Ihren Kindern die Beziehung zu Ihnen so viel bedeutet, dass sie Schuldgefühle, Trauer oder Scham empfinden, wenn sie Mutter oder Vater enttäuschen. Solange sich Eltern und Kind sehr nahe stehen, kann man durch Liebesentzug – in jedem Alter – großen Einfluss auf das Verhalten des Sohnes oder der Tochter nehmen. Ist das Verhältnis aber eher distanziert, dann sind Versuche in dieser Richtung Zeitverschwendung. Wenn Ihr Kind gar nicht darauf aus ist, Ihnen Freude zu machen, kann Ihre Enttäuschung weder Schuldgefühle noch Bedauern auslösen. Es entbehrt nicht einer gewissen Ironie, dass gerade eine enge, liebevolle Beziehung es den Eltern leichter macht, das Kind zu bestrafen, wenn es denn sein muss.

Entscheidend ist hier, dass jede Strafe *unangenehm* sein muss, um Wirkung zu zeigen. Das ist die erste Regel, die es zu beachten gilt. Wenn Sie Ihrem Kind z. B. zur Strafe etwas wegnehmen, dann muss es sich um einen Gegenstand handeln, an dem Ihrem Kind etwas liegt, und er muss so lange entzogen werden, dass er tatsächlich vermisst wird. Dasselbe gilt, wenn Sie Ihr Kind durch eine Auszeit bestrafen; auch sie sollte so lange dauern, dass die Isolation unangenehm wird.

Diese Logik leuchtet den meisten Eltern ein, aber sie verhängen dennoch häufig keine wirksamen Strafen, weil Sie Ihrem Kind nicht wehtun wollen. Das Problem ist jedoch, dass nur unangenehme Strafen ein Kind bewegen, sich das nächste Mal besser zu benehmen.

Daher stellt es keine Strafe dar, wenn Sie Ihren Sohn in sein Zimmer verbannen, wo er Spielzeug, Computerspiele und ein besseres Unterhaltungsangebot vorfindet als auf einem durchschnittlichen Luxusdampfer. Ein Kind, das nichts dagegen hat, auf sein Zimmer geschickt zu werden, kann man auf diese Weise auch nicht bestrafen. Genauso sinnlos ist es, eine Auszeit zu verhängen und sie wieder aufzuheben, sobald sich Ihre Tochter beklagt.

Welche Strafe bei *Ihrem* Kind Wirkung zeigt, kann ich Ihnen nicht sagen, weil nicht alle Kinder gleich reagieren. Bei einem Kind, das Ihnen alles recht machen will, kann man durch Schuldgefühle viel erreichen; dieselbe Technik versagt, wenn Ihrem Kind nicht viel an Ihrer Meinung liegt. Bei einem allseits beliebten Kind mit vielen Freunden zeigt eine Einschränkung der Telefonbenutzung Wirkung; dieselbe Strafe verpufft bei einem stillen Einzelgänger. Eine Taschengeldkürzung wirkt bei einem finanziell abhängigen Jugendlichen; bei einem Teenager mit Teilzeitjob erreichen Sie damit nichts.

Sie finden bestimmt selbst heraus, welche Strafe bei Ihrem Kind Eindruck hinterlässt. In einer Familie mit mehreren Kindern kann die Strafe je nach Alter, Persönlichkeit, Interessen usw. unterschiedlich ausfallen.

Doch um wirksam zu strafen, sind zwei weitere Punkte zu beachten.

Der erste dürfte keine Überraschung darstellen: Um mit Strafen etwas zu erreichen, müssen sie konsequent verhängt werden. Die Konsequenz, mit der schlechtes Benehmen bestraft wird, ist sogar weitaus wichtiger als die Art der Strafe. Wenn Sie z. B. möchten, dass Ihr Sohn keine Schimpfwörter benutzt, bestrafen Sie ihn jedes Mal, wenn er unflätig wird (etwa indem Sie für jedes anstößige Wort einen bestimmten Betrag von seinem wöchentlichen Taschengeld abziehen); damit wird diesem Verhalten schneller ein Ende gesetzt, als wenn Sie nur gelegentlich dagegen vorgehen. Strafen funktionieren nur, wenn sich Ihr Kind darauf verlassen kann, dass Sie jedes Mal in derselben Weise auf sein schlechtes Benehmen reagieren.

Der zweite wichtige Punkt ist die Schnelligkeit, mit der Sie handeln. Je rascher Sie etwas unternehmen, nachdem sich Ihr Kind danebenbenommen hat, desto eher erreichen Sie Ihr Ziel. Sie möchten z. B. unterbinden, dass Ihre Tochter quengelt, also sollte die Strafe sofort folgen, wenn sie zu jammern anfängt, und nicht erst wenn sie Ihnen schon regelrecht auf die Nerven geht. Das gilt vor allem für kleine Kinder, denn nach einer langen Wartezeit zwischen dem Verstoß und der Strafe begreifen die Kleinsten längst nicht mehr, was sie falsch gemacht haben. Wenn Sie aber mit der Strafe abwarten, bis Ihre Tochter zum zehnten Mal quengelt, dann weiß sie nicht, ob Jammern überhaupt grundsätzlich tabu ist oder ob es nur beim zehnten Mal Unmut weckt. Dass Sie nicht gleich für klare Verhältnisse gesorgt haben, werden Sie bereuen, wenn sie bei nächster Gelegenheit neunmal quengelt.

Ein Junge, der sofort einen Rüffel bekommt, wenn er auf die Straße hinausläuft, wird die Ermahnung eher beherzigen als ein Kind, bei dem die Strafpredigt erst einige Zeit später folgt. Und eine Mutter, die ihr Kind beim Stehlen ertappt und sofort ihrer Enttäuschung Luft macht, hinterlässt mehr Eindruck, als wenn sie erst einmal über das Vergehen hinwegsieht und ihre Meinung später kundtut. Deshalb ist »Warte nur, bis dein Vater nach Hause kommt« keine geeignete Erziehungsmethode, denn sie lässt zu viel Zeit zwischen Tat und Strafe verstreichen.

Wenn Sie den Gedanken nicht ertragen, Ihrem Kind durch Bestrafung Unbehagen zu bereiten, müssen Sie auf Belohnung und Erklärung zurückgreifen. Das ist zweifellos möglich, gestaltet das Leben aber schwieriger, weil es Situationen gibt, in denen man durch Bestrafung am einfachsten zum Ziel kommt. Ein Junge, der immer wieder seinen kleinen Bruder schlägt, obwohl Sie es wiederholt verboten haben, sollte bestraft werden. Auch bei Diebstahl ist eine Strafe angesagt. Und bewusstes Lügen verdient ebenfalls eine Bestrafung.

Ob Sie nun selten oder häufig auf Strafen zurückgreifen, ist weniger wichtig als die Frage, ob sie richtig eingesetzt werden. Ein Kind nur halbherzig zu bestrafen ist sinnlos, ja sogar grausam, weil man ihm damit nur weh tut, ohne einen bleibenden Erfolg zu erzielen.

Strafen sind in Ordnung, solange Sie Ihr Kind nicht schlagen, beschimpfen oder sonst grob behandeln. Wenn sich eine Strafe nicht umgehen lässt, dann sollte sie unangenehm sein und konsequent und schnell verhängt werden.

Sollten Sie dennoch Bedenken haben, Ihr Kind zu bestrafen, dann sehen Sie es doch so: Je wirksamer die Strafe, desto seltener muss sie angewandt werden.

Schläge sind verboten

Wenn Sie zwischen zwei gleich wirksamen Medikamenten wählen müssen, von denen das eine schreckliche Nebenwirkungen hat und das andere keine, würden Sie vermutlich die Medizin ohne die bösen Nebenwirkungen nehmen.

Ich hoffe, dass Sie bei der Entscheidung zwischen zwei gleichermaßen wirkungsvollen Strafmaßnahmen dieselbe Logik anwenden. Mit zwei unterschiedlichen Strafmethoden kann man kurzfristig dasselbe erreichen, aber im Bezug auf die Nebenwirkungen bestehen erhebliche Unterschiede.

Unter allen Strafen, die Eltern verhängen, hat die körperliche Züchtigung die schlimmsten Folgen. Schläge bewirken keineswegs mehr als andere Strafmethoden – in vielen Fällen sogar weniger –, und es ist erwiesen, dass sie der kindlichen Entwicklung schaden. Aus diesem Grund sollten Sie Ohrfeigen, Klapse, Prügel und andere Körperstrafen niemals anwenden.

Wenn ich *nie* sage, meine ich auch *nie*. Ganz gleich wie wütend Sie sind. Ganz gleich was Ihr Kind angestellt hat. Ganz gleich wie frustriert, verzweifelt oder genervt Sie sind. Denn langfristig werden durch körperliche Strafen mehr Probleme geschaffen als gelöst.

Die schlimmste Nebenwirkung solcher Strafen ist unmäßige Aggression. Kinder, die geschlagen oder geohrfeigt werden, geraten häufiger in Raufereien mit Gleichaltrigen. Nicht selten entwickeln sie sich zu Tyrannen und neigen dazu, Konflikte durch Aggression zu lösen. Wer kann es ihnen verübeln? Schließlich haben sie von ihren Eltern gelernt, dass man ein Problem am besten löst, indem man andere schlägt.

Übergroße Aggression ist an sich schon ein Problem, aber sie führt auch noch zu anderen, ebenso ernsten Problemen. Aggressive Kinder werden von ihren Klassenkameraden häufig abgelehnt, kommen in der Schule nicht zurecht und entwickeln von klein auf Verhaltensprobleme. Daraus resultieren nicht selten Lernschwierigkeiten, Freundschaften mit anderen verhaltensauffälligen Kindern und Kriminalität. Wenn Sie Ihr Kind schlagen, erhöht sich schlicht gesagt die Wahrscheinlichkeit, dass diese Probleme auftauchen.

Zweifellos kennen Sie eine Menge Leute, die als Kinder geschlagen wurden und sich dennoch zu beliebten und erfolgreichen Vorzeigemitbürgern entwickelt haben. (Vielleicht trifft das auch auf Sie oder Ihren Mann zu.) Ausnahmen von der Regel gibt es immer, aber diese Fälle widerlegen die Regel nicht. Bekanntlich bekommt auch nicht jeder Raucher Lungenkrebs, aber es wäre unsinnig zu behaupten, dass sich das Krebsrisiko durch Rauchen nicht erhöht. Ebenso richtig ist, dass nicht jedes Kind, das geschlagen wurde, Verhaltensprobleme entwickelt, aber das Risiko liegt doch deutlich höher als bei anderen Kindern.

Von Köperstrafen ist auch deshalb abzuraten, weil sie leicht außer Kontrolle geraten und zu ernsten Verletzungen führen können. Die wenigsten Eltern, die ihre Kinder schlagen, haben vor, sie zu verletzen. (Die es tun, brauchen psychologische Hilfe.) Aber manche können ihre Wut einfach nicht mehr zügeln, wenn sie erst einmal anfangen zuzuschlagen; andere haben einfach keine Vorstellung von ihrer Kraft. Wenn Sie Ihr Kind immer wieder schlagen, bleiben Verletzungen nicht aus.

Und da Sie ebenso wirksame Alternativen zur Verfügung haben, warum das eigene Kind gefährden? Wenn Sie Ihr Kind strafen müssen, dann sagen Sie, dass sein Verhalten Sie enttäuscht hat; bei kleinen Kindern können Sie eine Auszeit geben, bei größeren eine Sache oder ein Vorrecht entziehen, an dem Ihrem Kind etwas liegt. All das bewirkt ebenso viel wie körperliche Strafen, hat aber keine schlimmen Nebenwirkungen.

Dieser Punkt ist von größter Wichtigkeit, deshalb wiederhole ich noch einmal: Schlagen Sie Ihr Kind niemals, auch Klapse, Ohrfeigen und andere körperliche Strafen sind verboten. Die Verbindung zwischen solchen Strafen und kindlicher Aggressivität wurde in vielen hundert, wenn nicht tausenden von Studien wissenschaftlich belegt.

Körperliche Strafen sind für Kinder schädlich.

Beschimpfen Sie Ihr Kind nicht

Ich habe miterlebt, wie Eltern ihrem Kind Schimpfworte und Beleidigungen an den Kopf geworfen haben, dass einem die Haare zu Berge standen.

Wie die körperlichen Strafen haben wütendes Brüllen und Beleidigungen auf die Dauer Nebenwirkungen, die der kindlichen Entwicklung schaden. Menschen, die als Kinder von ihren Eltern wüst beschimpft wurden, haben sogar noch häufiger psychische Probleme als körperlich misshandelte Kinder. Wer ständig einer gemeinen, beleidigenden oder herabsetzenden Behandlung durch die Eltern ausgesetzt war, hat mit zahlreichen Schwierigkeiten zu kämpfen, angefangen von geringem Selbstwertgefühl bis hin zur klinischen Depression.

Wer streng ist, muss nicht gemein sein. Das eine hat mit dem anderen rein gar nichts zu tun.

Wenn Eltern ihre Kinder zur Rechenschaft ziehen, weil sie etwas angestellt haben, sind Beschimpfungen (»Du benimmst dich wie ein Kleinkind«), Sarkasmus (»Das war ja eine glänzende Idee«), Demütigung (»Ich kann es nicht fassen, dass ich so ein verkommenes Subjekt großgezogen habe«) und Vorwürfe (»Du machst mir das Leben zur Hölle«) vollkommen fehl am Platz. Sie müssen Ihre Tochter nicht ausschelten, anschreien oder zum Weinen bringen, damit sie begreift, worum es Ihnen geht. Das versteht sie genauso gut, wenn nicht besser, wenn Sie ruhig und gefasst bleiben.

Beschimpfungen und ein grober Umgangston haben nicht nur böse Nebenwirkungen, auf diesem Weg ist auch nichts zu erreichen, und zwar aus zwei Gründen:

Erstens ist Ihr erzieherischer Erfolg teilweise davon abhängig, ob Ihr Kind glaubt, dass Sie sein Bestes wollen. Wenn Sie Ihrem Sohn unablässig klar machen, wie sehr Sie ihn verabscheuen, wie unfähig er ist oder wie sehr Sie wünschen, er wäre wie ein anderer (sein Bruder, sein Cousin, sein bester Freund), dann untergraben Sie die emotionale Beziehung zu Ihrem Kind, sodass Sie auch zusehends an Einfluss verlieren. Beispielsweise ist es völlig in Ordnung, wenn Sie Ihrem Sohn sagen, dass sein Verhalten Sie enttäuscht; das funktioniert als Strafe aber nur, wenn ihm etwas daran liegt, was Sie von ihm halten. Je gemeiner und boshafter Sie aber sind, desto weniger Wert legt Ihr Kind auf Ihre Meinung. Das ist leicht nachvollziehbar.

Zweitens: Wenn Sie Ihr Kind mit spitzen Bemerkungen traktieren oder es besonders wütend anbrüllen, dann achtet Ihr Kind nicht auf den Inhalt, sondern auf den Ton der Botschaft. Vielleicht haben Sie ja schon einmal im Straßenverkehr versehentlich jemanden geschnitten, der Sie dann beschimpft oder mit einer obszönen Geste beleidigt hat. Sobald das geschieht, denken Sie nicht mehr daran, was *Sie* getan haben (»Ich hätte in den Rückspiegel schauen sollen, bevor ich die Spur wechsle«), sondern auf das, was der andere Fahrer tut (»So eine unverschämter Kerl!«). Wenn uns jemand anschreit, werden wir emotional so aufgewühlt, dass wir dem Gesagten nicht mehr richtig folgen können. Dasselbe gilt auch für Ihr Kind, wenn Sie anfangen, es anzubrüllen.

Wenn Sie mit Ihrem Sohn darüber reden, dass er sich daneben benommen hat, dann soll er sich auf die Botschaft konzentrieren können, und nicht auf den Ton, in dem Sie mit ihm sprechen. Nach der Unterhaltung sollte er darüber nachdenken, was er getan hat und warum er es künftig lassen sollte, und nicht auf die Tatsache, dass Sie ihn angeschrien haben. Aber das dürfte ihm schwer fallen, wenn Sie einen Tobsuchtsanfall hatten.

Damit meine ich nicht, dass Sie schlechtes Benehmen lässig übergehen sollten. Sie können mit ruhiger, aber fester Stimme eine deutliche Botschaft rüberbringen (»Du darfst nicht mit Stiften an die Wand malen«). Wenn Sie die Stimme erheben, um Ihre Worte zu unterstreichen, übertreiben Sie es nicht. Ein klein wenig Ärger reicht völlig aus.

Beschimpfungen lassen sich leicht vermeiden, wenn sich Ihre Bemerkungen auf das Verhalten konzentrieren, und nicht auf das Kind selbst. Es besteht ein gewaltiger Unterschied zwischen der Bemerkung »Ich kann es nicht ausstehen, wenn du das machst« und der Aussage »Ich kann dich nicht ausstehen«, oder zwischen »Du hast etwas Schlimmes angestellt« und »Du bist ein schreckliches Kind«. In beiden Fällen fühlt sich das Kind bei der ersten Feststellung schlecht, weil es etwas angestellt hat, bei der zweiten Aussage aber fühlt es sich als schlechter Mensch. Und Sie wollen schließlich ein Schuldbewusstsein erreichen, ohne Ihr Kind noch dazu in Selbstzweifel zu stürzen.

Ein zweiter Punkt ist, dass man sich auf das fragliche Verhalten konzentrieren und Verallgemeinerungen vermeiden sollte. Boshafte und gemeine Bemerkungen, die Eltern ihren Kindern an den Kopf werfen, sind häufig eine generalisierte Infragestellung ihrer Fähigkeiten (»Du machst aber auch alles falsch«), ihrer Persönlichkeit (»Du warst schon immer ein schwieriges Kind«), ihrer Moral (»Du bist ein Lügner«) oder ihrer künftigen Möglichkeiten (»Du wirst es nie zu etwas bringen«). Wenn Ihr Kind etwas falsch gemacht hat, sollten Sie ausschließlich auf die jeweilige Situation eingehen. (»Das war nicht richtig von dir.« »Lüg mich nicht an.« »Du bist momentan sehr schwierig.« »Wenn du dich weiter so benimmst, wirst du Probleme bekommen.«) Sie werden feststellen, dass Ihre Bemerkungen weniger hart ausfallen, wenn Sie auf die besonderen Umstände beschränkt sind.

Und schließlich sollten Sie darüber nachdenken, was Sie sagen wollen, bevor Sie es aussprechen. Wenn Eltern grob werden, dann meist, weil Sie vorschnell und aus der Wut heraus reagieren. Wenn Sie Ihr Kind wegen einer Sache zur Rechenschaft ziehen, die gerade erst passiert ist, dann holen Sie tief Luft, bevor Sie losschimpfen, und legen Sie sich bewusst Ihre Worte gut zurecht. Achten Sie genau darauf, was Sie sagen und wie Sie es sagen.

Kinder kommen mit dem natürlichen Bedürfnis zur Welt, ihren

Eltern Freude zu machen. Diesen großen Vorteil unterminieren Sie jedoch durch grobe Erziehungsmethoden, seien es Schläge oder böse Worte.

Bei kleinen Kindern kommen Sie damit noch durch, aber sobald Sie es mit Acht- und Neunjährigen zu tun haben, werden Sie feststellen, dass Sie auf der emotionalen Ebene verspielt haben. Das können Sie sich nicht leisten. Denn Sie haben noch viele Erziehungsjahre mit Ihrem Kind vor sich.

Wie man Ärger unter Kontrolle bekommt

Stellen Sie Ihr Kind nicht zur Rede, solange Sie wütend sind. Denn wer wütend ist, zeigt leicht übertriebene Härte und neigt zu körperlicher oder verbaler Gewalt.

Dass Ihr Kind Sie gelegentlich zur Weißglut treibt, bleibt nicht aus. Ihr Sohn stellt sich stur, und Sie haben es eilig, weil Sie einen Termin haben. Sie haben rasende Kopfschmerzen, und er hört nicht auf zu quengeln. Ihre Tochter hat etwas kaputt gemacht, das Ihnen viel bedeutet. Ihr Sohn hat sich im Ton vergriffen und keinen Funken Respekt gezeigt. Sie stellen fest, dass Ihre Tochter Sie wegen einer Sache, die Sie ausführlich mit ihr besprochen haben, immer wieder belogen hat.

In jeder zwischenmenschlichen Beziehung – sei es zwischen Verwandten, Ehepartnern, Freunden oder Eltern und Kindern – kommt es zwangsläufig zu Konflikten, Auseinandersetzungen und Enttäuschungen, die einen oder beide Beteiligte in Wut versetzen. Dass Sie sich von Zeit zu Zeit über Ihr Kind ärgern, ist völlig normal. Es heißt weder, dass Sie eine schlechte Mutter oder ein schlechter Vater sind, noch dass Ihr Kind böse ist, noch dass Ihre Beziehung nichts taugt.

Allerdings ist es ein gewaltiger Unterschied, ob man nur auf jemanden wütend ist oder es ihn auch spüren lässt. Bestimmt waren Sie schon häufig in Situationen, in denen Sie einen anderen am liebsten angeschrien, verwünscht oder geschlagen hätten – aber Sie haben es gelassen. Offensichtlich können Sie also Ihren Zorn im Zaum halten, wenn es sein muss. (Wenn nicht, müssen Sie es lernen. Unkontrollierte Wut mag in einem Kinofilm unterhaltsam sein, aber im wahren Leben macht man sich damit keine Freunde.) Bändigen Sie Ihren Ärger, wenn Sie Ihr Kind zur Rechenschaft ziehen. Zwingen Sie sich dazu.

Bestrafung ist dann am wirkungsvollsten, wenn Sie sofort verhängt wird – aber wie soll das gehen, wenn Ihr Kind Sie mit seinem Verhalten in Rage versetzt hat?

Falls Ihr Kind etwas angestellt hat, das Ihren Zorn weckt, dann atmen Sie tief durch, zählen Sie bis drei und sagen Sie Ihrem Kind in festem, aber gemäßigtem Tonfall, dass Sie wütend sind. Dann warten Sie ab, bis Sie sich so weit beruhigt haben, dass Sie mit der Situation umgehen können. Erklären Sie, warum Sie eine Strafe verhängen, und dann bestrafen Sie Ihr Kind.

Zu Kindern ab sieben können Sie auch sagen: »Ich bin so wütend über das, was du getan hast, dass ich im Moment nicht mit dir darüber sprechen kann. Aber wir reden später darüber.«

Aber unternehmen Sie auch tatsächlich etwas, sobald Sie sich beruhigt haben (z. B. können Sie Ihrer Tochter etwas entziehen, das sie mag, oder sie zu einer Hausarbeit verpflichten, die sie ungern tut). Schließlich soll Ihr Kind Ihre Wut über sein Verhalten mit einer wirklich unangenehmen Konsequenz verbinden. Aber die darf nicht in einem Klaps auf den Po oder einer Beschimpfung bestehen. Körperliche Strafen und harte Worte haben wie gesagt schlimme Nebenwirkungen.

Nachdem Sie Ihrem Kind gesagt haben, dass Sie wütend sind, sollte nicht mehr Zeit als nötig verstreichen. Unternehmen Sie also sofort etwas, sobald Sie sich beruhigt haben. Denn eine Strafe, die der Tat auf den Fuß folgt, zeigt mehr Wirkung.

Bestimmt haben Sie schon gehört, wie wichtig es ist, dass Kinder mit ihren Emotionen, ob positiv oder negativ, zurechtkommen. Auf jeden Fall sollten Kinder mit dem Gefühl aufwachsen, dass Wut eine ebenso normale menschliche Emotion ist wie Freude und Trauer. Kann da nicht die extreme Kontrolle, die Sie

Ihrem Zorn auferlegen, die emotionale Entwicklung Ihres Kindes hemmen?

Keineswegs. Es gibt keinen Hinweis darauf, dass Kinder, die dem unverhüllten elterlichen Zorn ausgesetzt sind, sich gesünder entwickeln als ihre Altersgenossen, während zahlreiche Untersuchungen das Gegenteil beweisen. Kinder, die von ihren Eltern häufig angeschrien werden, fühlen sich unsicherer und ängstlicher; überdies fällt es ihnen selbst schwer, in zwischenmenschlichen Beziehungen ihren Zorn zu bändigen.

Zweifellos ist es wichtig, dass Kinder mit ihren Emotionen zurechtkommen, aber genauso wichtig ist es, dass sie lernen, diese in sozial akzeptabler Weise ausdrücken. Schlagen, Schreien und Brüllen sind kaum geeignet, um der eigenen Wut und Frustration Luft zu machen. Entscheidend ist, dass Kinder mit Hilfe der Eltern lernen, wie sie ihren Zorn ausdrücken können, ohne die Kontrolle über sich und die Situation zu verlieren.

Wenn Sie es bisher gewohnt waren, aus der Wut heraus zu bestrafen, und Sie folgen ab jetzt meinem Rat, sich erst einmal zu beruhigen, dann haben Sie anfangs wahrscheinlich das Gefühl, das sei ziemlich aufgesetzt und unnatürlich. Aber nach einer Weile wird es normal.

Brüllen und Schreien bringt nichts, also lassen Sie es. Das Benehmen Ihres Kindes wird sich dadurch ebenso bessern wie Ihres.

Wenn strafen, dann richtig

Nun wissen Sie, wie Sie durch Strafen etwas erreichen können – sie müssen unangenehm und konsequent sein, sollten rasch verhängt werden und dürfen nicht brutal sein. Also ist es an der Zeit, darüber zu sprechen, wie Sie praktisch vorgehen können.

Wirksame Strafen sollten aus fünf Elementen bestehen, normalerweise in dieser Reihenfolge:

- *Benennen* Sie, was das Kind falsch gemacht hat.
- Erklären Sie ihm die *Folgen* seines Verhaltens.
- Schlagen Sie eine oder mehrere Alternativen zu diesem Verhalten vor.
- Sagen Sie ganz klar, worin die *Strafe* besteht.
- Machen Sie Ihre *Erwartung* deutlich, was das Kind beim nächsten Mal besser machen soll.

Versuchen Sie jedes Mal, wenn Sie eine Strafe verhängen, alle fünf Punkte zu beachten.

Sie haben Ihrer vierjährigen Tochter klar gemacht, dass sie nicht quengeln soll, wenn sie ihren Kopf nicht durchsetzen kann. Jetzt fängt sie an zu jammern, weil Sie ihr kurz vor dem Essen keinen Keks geben. Also sagen Sie: »Bitte hör auf zu quengeln, wenn du etwas willst (Benennung). Es geht mir auf die Nerven (Folge). Wenn du kurz vor dem Essen Hunger hast, kannst du eine Karotte oder ein Stück Sellerie haben (Alternative). Ich gebe dir eine Auszeit, bis du Ruhe gibst (Strafe). Wenn ich das nächste Mal sage, dass du etwas nicht bekommst, dann wirst du nicht quengeln (Erwartung).«

Übrigens gilt die Faustregel, dass eine Auszeit eine Minute für jedes Lebensjahr des Kindes betragen sollte (das heißt bei einer Vierjährigen vier Minuten). Während dieser Zeit setzen Sie Ihr Kind auf einen Stuhl, wo es keine Ablenkung hat. (Folglich bringt eine Auszeit in einem Zimmer mit Spielsachen nichts.) Währenddessen ignorieren Sie Ihr Kind, auch wenn es sich beklagt, und gehen Ihrer Arbeit nach. Wenn Ihre Tochter aufsteht, bevor die Zeit um ist, dann erklären Sie mit strenger Stimme, dass sie auf ihren Platz zurückkehren muss und dass Sie die Auszeit verlängern, weil sie aufgestanden ist. Verlängern Sie die verbleibende Zeit um dreißig Sekunden.

Sie haben Ihrem sechsjährigen Sohn gesagt, dass er auf der Wohnzimmercouch nicht mit seinen Filzstiften malen darf. Er tut es dennoch. Nun sagen Sie: »Ich habe dich gebeten, nicht mit den Filzstiften zu malen, wenn du auf der Couch sitzt (Benennung).

Diese Stifte machen Flecken, die man schwer wieder herausbekommt (Folge). Wenn du malen möchtest, dann setz dich an den Küchentisch (Alternative). Bitte gib mir deine Filzstifte. Du darfst eine Woche lang nicht damit malen (Strafe). Ich weiß, du hast es diesmal wahrscheinlich vergessen, aber das nächste Mal denkst du daran (Erwartung).«

Wenn möglich, verknüpfen Sie die Strafe mit dem Vergehen. Dem Kind eine Zeit lang ein Spielzeug wegzunehmen, mit dem es Unsinn gemacht hat, ist eine geeignete Maßnahme, um eine Regel durchzusetzen.

Ihr neunjähriger Sohn hat eine Schmutzspur auf dem Küchenfußboden hinterlassen, obwohl Sie ihn wiederholt gebeten haben, sich die Schuhe abzutreten, wenn er vom Spielen reinkommt. »Ich habe dir schon oft gesagt, dass du dir die Schuhe abtreten musst, damit du den Dreck nicht durchs ganze Haus trägst (Benennung). Ich habe gerade den Boden gewischt, und jetzt muss man noch mal sauber machen (Folge). Vor dem Hintereingang liegt eine Fußmatte. Wenn du den Schmutz so nicht abbekommst, dann zieh einfach die Schuhe aus und lass sie draußen stehen (Alternative). Und jetzt geh bitte, hol den Schrubber und wisch den Boden (Strafe). Du bist doch sonst so verständig – bitte, versuch das nächste Mal dran zu denken (Erwartung).«

Den angerichteten Schaden wieder gutzumachen ist eine sinnvolle Strafe, sofern die Aufgabe so unangenehm ist, dass sie Reue auslöst.

Ihre 13-jährige Tochter hat Ihnen versichert, dass sie die Nachmittage bei einer Freundin verbringt, deren Mutter zu Hause ist. Jetzt aber stellen Sie fest, dass die Mutter nachmittags immer außer Haus ist. Sie sind wütend, weil Ihre Tochter Sie belogen hat. Nun sagen Sie:»Du hast mir erklärt, dass Susannes Mutter immer da ist, wenn du rübergehst. Du weißt, dass du Freunde nur besuchen darfst, wenn ein Erwachsener zu Hause ist (Benennung). Wenn ich nicht weiß, was du nach der Schule machst, kann ich mich nur schwer auf meine Arbeit konzentrieren (Folge). Wenn du nach der Schule etwas anderes unternehmen möchtest, als wir vereinbart hatten, dann ruf mich bitte im Büro an und frag um Erlaubnis (Alternative). Im Moment bin ich zu wütend, um mit dir darüber zu reden, dass du mich belogen hast. Bitte geh in dein Zimmer, ich komme in ein paar Minuten.« Nach ein paar Minuten: »Ich habe beschlossen, dass du von heute an eine Woche Ausgangssperre hast. Das heißt, du kommst jeden Tag direkt nach der Schule nach Hause und gehst weder abends noch am Wochenende weg (Strafe). Bisher hast du mich fast nie belogen. Von jetzt an erwarte ich, dass du mir immer die Wahrheit sagst (Erwartung).«

Bitte, bestrafen Sie Ihr Kind nie, solange Sie noch wütend sind.

Ihr 18-jähriger Sohn, der gerade den Führerschein gemacht hat, hat sich ohne Ihr Wissen das Familienauto »ausgeliehen«, obwohl vereinbart war, dass er erst einmal ein paar Fahrten in Begleitung eines Erwachsenen macht, bevor er sich allein ans Steuer setzt. Sie sagen: »Wir hatten ausgemacht, dass du erst einmal mehr Erfahrung sammelst, bevor du allein fährst. Was du getan hast, war ein Vertrauensbruch. Wenn du irgendwohin musst und ich nicht da bin, um dich zu begleiten, dann bitte jemand anderen, dich abzuholen (Alternative). Weil du das getan hast, wirst du in den nächsten vier Wochen zu deinen Freizeitaktivitäten wieder mit dem Fahrrad oder Bus fahren müssen (Strafe). Bestimmt verstehst du, dass man sich an Vereinbarungen halten muss (Erwartung).«

Wenn möglich sollten Sie auch in diesem Fall die Strafe (der Verzicht auf die Benutzung des Autos) mit dem Vergehen (Fahren ohne Begleitung) verbinden.

Wenn eine Strafe unumgänglich ist, beachten Sie diese Faustregel: Benennen Sie das Vergehen, schildern Sie die Folgen, schlagen Sie eine Alternative vor, sprechen Sie die Strafe aus und machen Sie klar, dass Sie das nächste Mal ein anderes Verhalten erwarten.

Nur so haben Strafen Sinn.

Neuntes Gebot: Erklären Sie Ihre Regeln und Entscheidungen

Machen Sie klar, was Sie erwarten

Gute Eltern haben Erwartungen, die ihr Kind erfüllen soll. Damit Ihr Kind das kann, müssen Ihre Erwartungen allerdings klar und angemessen sein. Wenn Sie sich nicht glasklar ausdrücken, ist es gut möglich, dass Ihr Kind Ihre vermeintlichen Erwartungen zu erfüllen versucht und Sie gerade damit enttäuscht. Das kann nur zum Konflikt führen. Und wenn Ihre Erwartungen nicht angemessen sind, dann arbeitet Ihr Kind unablässig auf ein unerreichbares Ziel hin. Auch das führt nur zu Enttäuschungen und verletzten Gefühlen.

Gelegentlich bleibt unklar, was die Eltern erwarten, weil es nicht ausgesprochen wird. Sie vermuten einfach, Ihr Kind wisse schon, was Sie von ihm erwarten, z. B. dass Ihr Sohn keine nassen Handtücher unter dem Bett liegen lässt. Oder dass er Sie anruft, wenn er zu spät zum Abendessen kommt. Oder dass er gleich nach der Schule mit dem Hund rausgeht, statt sich erst ein paar Snacks zu machen und sich damit vor den Computer zu setzen. Oder dass er, wenn er sieht, wie Sie im Winter die Zufahrt freischaufeln oder im Frühjahr den Garten jäten, rauskommt und Ihnen Hilfe anbietet.

Aber Ihr Sohn ist kein Hellseher, und erwachsen ist er auch noch nicht. Was Ihnen offensichtlich erscheint, liegt für einen Zwölfjährigen nicht unbedingt auf der Hand. Denn er kennt weder Ihre Prioritäten noch hat er Ihr Urteilsvermögen und Ihre Erfahrung.

Sie dürfen nicht davon ausgehen, dass die Dinge, die für Sie vollkommen selbstverständlich sind, auch Ihrem Kind klar sind. Deshalb sagen Sie, was Sie sich wünschen. Sie werden überrascht feststellen, dass vieles, worüber Sie normalerweise kein Wort verlieren, Ihrem Sohn vollkommen neu ist. Was Erwachsenen als Gebot des gesunden Menschenverstandes oder der Höflichkeit erscheint, ist Kindern häufig unbekannt.

Dann wieder sind die Erwartungen der Eltern nicht klar, weil sie zu vage formuliert werden. Es reicht nicht, wenn Sie Ihrer zehnjährigen Tochter sagen, dass sie ihr Zimmer aufräumen, Klavier üben, vor dem Schlafengehen lesen oder im Haushalt helfen soll. Sie haben eine ganze Liste von Einzelheiten im Kopf, die mit diesen Anweisungen gemeint sind, aber Ihr Kind hat womöglich keine Ahnung, worum es Ihnen geht. Vielleicht denkt Ihre Tochter, das Zimmer sei aufgeräumt, wenn sie ihre CDs zurück ins Regal stellt. Dann müssen Sie ihr erklären, dass zum Aufräumen auch das gehört, aber außerdem sind die sauberen Kleider in den Schrank zu räumen, die schmutzigen in den Wäschekorb zu befördern, der Schreibtisch muss benutzbar sein, die Kommode muss abgestaubt und einmal in der Woche der Teppich gesaugt werden. Ihre Tochter ist der Ansicht, dass 15 Minuten Klavierüben täglich genug sind, während Sie die dreifache Zeit für sinnvoll halten. Sie glaubt, das Durchblättern eines Starmagazins sei ausreichende Lektüre vor dem Schlafengehen, während Sie sich wünschen, dass sie sich in einen anspruchsvollen Jugendroman vertieft. Und auch unter Mithilfe im Haushalt stellen Sie sich etwas vollkommen anderes vor als Ihr Kind.

Kinder aller Altersstufen und auch Jugendliche brauchen eine Menge ausführlicher Anweisungen. Sagen Sie also Ihrem Kind, was Sie erwarten, und zwar ganz detailliert. Bei kleineren Kindern, denen Sie eine vielschichtige Aufgabe übertragen (z. B. im Kinderzimmer für Ordnung zu sorgen), kann es nicht schaden, eine Checkliste zum Abhaken aufzustellen, an der sie sich orientieren können, bis sie den Dreh raus haben. So weit wie möglich sollte man Erwartungen mit konkreten Zahlen verbinden – die Uhrzeit, zu der Ihr Sohn vom Konzert zu Hause sein soll, die Minuten, die Ihre Tochter täglich auf ihrem Instrument üben soll. Auch damit lassen sich viele Missverständnis vermeiden.

Häufig sind die eigenen Erwartungen den Eltern selbst nicht klar, und werden daher auch von den Kindern nicht verstanden. Wenn

Sie selbst nicht recht wissen, was Sie sich von Ihrer Tochter erwarten, kann sie es erst recht nicht wissen.

Sie sind überein gekommen, einen Welpen anzuschaffen, und Sie haben Ihrem neunjährigen Sohn gesagt, dass er bei der Versorgung des Haustiers mithelfen soll. Aber haben Sie sich auch überlegt, was Sie damit konkret meinen? Erwarten Sie von ihm, dass er jeden Tag mit dem Hund spazieren geht oder einmal in der Woche? Soll er dafür sorgen, dass in der Schüssel stets frisches Wasser ist? Oder soll er mithelfen, das Tier einmal im Monat zu baden?

Sie haben sich entschlossen, wieder zu arbeiten, und erklären Ihrem 13-jährigen Sohn, dass er im Haushalt einspringen und einige Pflichten übernehmen muss. Aber haben Sie sich schon überlegt, was er im Einzelnen tun soll?

Ihre 16-jährige Tochter möchte stundenweise arbeiten, um ihr Taschengeld aufzubessern, und Sie sagen ihr, sie dürfe nur arbeiten, wenn ihre schulischen Leistungen gut genug sind. Aber was ist damit gemeint? Dass sie sich ins Zeug legt? Dass sie nur Einsen bekommt? Dass sie besser abschneidet als ihre Klassenkameraden? Oder besser als letztes Jahr? Alle diese Beispiele könnten als »gute Leistungen« verstanden werden. Wenn Sie sich da nicht sicher sind, kann auch Ihr Kind nicht dahinter kommen.

Bevor Sie mit Ihrem Kind über Ihre Erwartungen sprechen, prüfen Sie, ob Sie selbst genau wissen, was Sie wollen. Wenn Sie verheiratet sind, sprechen Sie mit Ihrem Partner oder Ihrer Partnerin darüber, damit alle Beteiligten Bescheid wissen.

Ihre Erwartungen sollten also klar sein, aber ebenso wichtig ist, dass sie dem Alter des Kindes angemessen sind; das heißt, sie sollten auf die Reife Ihres Kindes zugeschnitten sein, und zwar so, dass sie etwas höher gesteckt sind als was Ihr Kind bisher geleistet hat. Allerdings sollte die höhere Anforderung erreichbar sein, alles andere führt nur zu Enttäuschungen.

In der Psychologie wird dieser Prozess mit dem Begriff »*scaffolding*« (= ein Gerüst aufbauen) bezeichnet: Sie schaffen für Ihr Kind eine bestimmte Situation, die es erfolgreich bewältigen kann und bei der es gleichzeitig einen Schritt weiterkommt.

Angenommen, Sie sind zu der Überzeugung gekommen, dass Ihre Tochter alt genug ist, um eine Weile ohne Babysitter allein zu Hause zu bleiben. (Dafür lässt sich übrigens kein magisches Alter angeben. Viel hängt davon ab, wie sicher Ihr Wohnviertel ist, ob Nachbarn zur Verfügung stehen, wie ängstlich Ihr Kind ist usw.) Den ersten Versuch in diese Richtung machen Sie am besten tagsüber, wenn Sie auf eine halbe Stunde bei einer Nachbarin zum Kaffeetrinken sind, und nicht am Samstagabend, wenn Sie mit Ihrem Mann essen oder ins Kino gehen wollen. Auch ein selbstbewusstes Kind neigt zur Nervosität, wenn es zum ersten Mal allein zu Hause bleibt, aber tagsüber für kurze Zeit allein zu sein, während die Mutter bei der Nachbarin ist, löst weit weniger Angst aus als ein ganzer einsamer Abend, wenn es schon dunkel ist und die Eltern am anderen Ende der Stadt sind. (Häufig lassen Kinder, die Angst vor dem Alleinsein haben, sich nichts anmerken, weil sie nicht kindisch erscheinen wollen, deshalb ist es besser, es langsam angehen zu lassen, ganz gleich was Ihr Kind sagt.) Wenn Ihre Tochter über einen kurzen Zeitraum gut allein zurechtkommt, können Sie das nächste Mal ein wenig länger wegbleiben und jedes Mal Ihre Erwartungen etwas höher schrauben.

Andererseits gibt es Situationen, in denen Ihr Kind Ihre Erwartungen nicht erfüllen kann. Zum Beispiel haben Sie angenommen, Ihr Sohn könne schon selbstständig das Auto waschen, müssen aber feststellen, dass er nicht besonders gründlich vorgegangen ist. Vielleicht haben Sie seine Reife überschätzt oder etwas von ihm verlangt, das ein Kind in seinem Alter einfach überfordert. In diesem Fall sollten Sie dafür sorgen, dass er die Situation nicht als Niederlage erlebt, und sich nicht lange damit aufhalten, was schief gegangen ist. Konzentrieren Sie sich stattdessen darauf, was er richtig gemacht hat, und helfen Sie ihm herauszufinden, was er anders oder besser hätte machen können. Wenn Sie meinen, er könnte die Aufgabe beim nächsten Versuch bewältigen, geben Sie ihm ein paar Anweisungen und eine zweite Chance. Falls Sie das nicht für möglich halten, schrauben Sie Ihre Erwartungen ein bisschen herunter.

Mit anderen Worten: Stellen Sie Erwartungen, damit Ihr Kind seine Reife beweisen kann. Und schaffen Sie dabei Erfolg versprechende Bedingungen.

Liefern Sie altersgemäße Begründungen

Man sollte immer am besten erklären, warum man eine bestimmte Regel aufgestellt hat, weil sich Kinder eher fügen, wenn sie die Regel für notwendig und fair halten.

Ob eine Erklärung allein ausreicht, damit Ihr Kind mitarbeitet, steht auf einem anderen Blatt. Für viele Kinder ist das so. Bei anderen müssen Sie neben der Erklärung auch mit Strafen oder Belohnungen arbeiten, um zum Ziel zu kommen. Das Erklären Ihrer Regeln und Entscheidungen ist aber – für sich genommen oder in Kombination mit anderen disziplinarischen Maßnahmen – von großer Bedeutung.

Ob sie wollen oder nicht, Eltern müssen im Laufe der Zeit unglaublich viel erklären, weil Kinder stets »Warum?«, fragen, sobald sie alt genug sind, eine Frage zu formulieren. Allerdings begehen viele Eltern den Fehler, dass sie ihre Erklärung nicht auf das intellektuelle Niveau ihres Kindes abstimmen. Generell gilt, dass Eltern kleinen Kindern zu viel und Jugendlichen zu wenig erklären.

Mit Ihrer dreijährigen Tochter können Sie nicht sprechen, als hätte Sie das logische Denkvermögen eines Teenagers. Aber Sie dürfen auch nicht erwarten, dass sich Jugendliche mit einer Begründung abspeisen lassen, die ein Vorschulkind zufrieden stellen würde.

Damit Sie Kindern unterschiedlichen Alters Ihre Beweggründe verständlich machen können, brauchen Sie eine Vorstellung davon, wie sich das kindliche Denken entwickelt. Denn Kleinkinder, Grundschulkinder und Teenager denken über Regeln unterschiedlich.

Eine brauchbare Faustregel ist:

- Bei Kindern unter sechs Jahren muss Ihre Erklärung einfach nur vernünftig sein.
- Bei Kindern zwischen sechs und elf Jahren sollte Ihre Erklärung vernünftig und logisch sein.
- Bei Kindern über elf Jahren muss Ihre Erklärung nicht nur vernünftig und logisch sein, sondern auch mit dem in Einklang stehen, was Sie gesagt oder getan haben.

Kinder im Vorschulalter hinterfragen die Logik einer Regel nicht. Sie fragen zwar, warum sie sich daran halten sollen, aber im Grunde wollen sie nur wissen, *ob* sie das tun müssen, und nicht welche Beweggründe dahinter stecken. Deshalb geben sich Kinder in diesem Alter mit nahezu jeder Erklärung zufrieden, solange sie vernünftig und ehrlich klingt. (Allerdings finde ich es nicht in Ordnung, wenn Eltern ihre Kinder anlügen, auch wenn die Lüge harmlos ist. Denn so vermitteln sie ihnen, dass man im Notfall ruhig flunkern darf.)

Ihr fünfjähriger Sohn fragt, warum er seine Spielsachen vom Fußboden aufheben soll. Erklären Sie ihm, dass Sie Angst hätten, jemand könnte darüber stolpern und hinfallen, oder dass Sie Staub saugen wollen oder dass Sie nicht möchten, dass etwas davon verloren geht. Oder Sie sagen ihm, Sie seien so erschöpft, weil Sie ständig etwas aufheben, und er müsse Ihnen helfen, oder dass Sie Angst hätten, der Hund könnte sie kaputt machen, oder auch, dass Sie es nicht mögen, wenn das Zimmer so unordentlich aussieht. Hier reicht, wie gesagt, praktisch jede vernünftige Erklärung. (Übrigens funktioniert bei ganz kleinen Kindern auch »Weil ich es sage«, wobei, wie ich im nächsten Abschnitt erklären werde, dies eine Antwort auf »Warum?« ist, die Eltern auf jeden Fall vermeiden sollten.)

Es hat aber überhaupt keinen Sinn, Kindern unter sechs Jahren erklären zu wollen, welches »Prinzip« Ihrer Regel zugrunde liegt, denn sie verfügen nicht über die intellektuellen Möglichkeiten, um das zu begreifen. Wenn Sie einem Kind in diesem Alter Begründungen liefern, dann fassen Sie sie in einfache konkrete Worte.

Falls Ihre vierjährige Tochter fragt, warum sie ihre Karotten essen soll, dann sind umständlichen Erläuterungen über Ernährung und die Bedeutung von Gemüse fehl am Platz. Am besten sagen Sie einfach, dass Karotten gesund sind, statt ihr zu erklären, warum eine ausgewogene Ernährung so wichtig ist. Der logische Sprung von »Es ist gut, sich ausgewogen zu ernähren« zu »Deshalb sollte ich meine Karotten essen« ist für sie nicht möglich, weil man dazu ein allgemeines Prinzip auf einen besonderen Fall anwenden können muss, was für kleine Kinder schwierig, wenn nicht unmöglich ist. Es ist schön, wenn Sie mit Ihrem Kind darüber sprechen, wie wichtig es ist, Obst und Gemüse zu essen, oder ihm beibringen, dass es gesunde und ungesunde Nahrungsmittel gibt, aber das ist etwas ganz anderes, als ein Kind bei Tisch dazu bewegen zu wollen, seine Karotten zu essen. Verschwenden Sie Ihre Zeit nicht mit komplizierten wissenschaftlichen Erklärungen, wenn es eine schlichte, geradlinige auch tut. Den Vortrag über Vitamine und ihre Bedeutung für das Immunsystem können Sie Ihrer Tochter immer noch halten, wenn sie älter ist.

Zwischen sechs und acht Jahren entwickeln Kinder logische Fähigkeiten, haben aber immer noch Probleme mit dem abstrakten Denken. Für sie müssen Regeln vernünftig und einsehbar klingen, aber sie dürfen ruhig ganz spezifisch formuliert sein. Erklärungen, die in diesem Alter hervorragend ihren Zweck erfüllen, wären z. B.: »In unserer Familie benutzen wir keine Schimpfwörter, weil das unhöflich ist«, »Jeder muss im Haushalt mithelfen, weil es für mich allein einfach zu viel Arbeit ist«, »Hausaufgaben machen ist wichtiger als fernsehen«.

Kinder in diesem Alter können die Logik hinter Ihren Regeln verstehen, aber Sie dürfen nicht erwarten, dass sie die Prinzipien, auf denen sie beruhen, auf eine neue Situation anwenden. Wenn Sie z. B. Ihrem neunjährigen Sohn erklären, dass er seine nassen Kleider nicht unters Bett werfen darf, weil Schimmel im Dunkeln und Feuchten besonders gut gedeiht, versteht er das zwar und wird sich, mit gelegentlichen Erinnerungshilfen, an die Regel halten. Aber trotz seiner Einsicht, dass nasse Sachen unterm Bett nichts verloren haben, wirft er feuchte Handtücher in den Behälter für Schmutzwäsche, obwohl hier dasselbe gilt. Sein Denken ist zwar nun differenzierter als früher, aber in vielerlei Hinsicht noch sehr im Konkreten verhaftet.

Auf praktischer Ebene bedeutet dies, dass Sie Kindern zwischen sechs und elf Jahren die besondere Logik hinter jeder einzelnen Regel erklären müssen. Einer Sechsjährigen, die fragt, warum sie einen Sicherheitsgurt anlegen muss, sagen Sie: »Damit du nicht gegen den Vordersitz geschleudert wirst, falls uns jemand reinfährt oder ich bremsen muss.« (Eine Vierjährige wäre noch mit der Erklärung zufrieden, dass der Gurt ihrer Sicherheit dient.) Ihrem neunjährigen Sohn, der wissen will, warum er sein Zimmer aufräumen muss, sagen Sie: »Weil man nicht Staub saugen kann, wenn deine Kleider überall herumliegen, und der viele Schmutz und Dreck ungesund ist.« (Bei einem kleineren Kind würde die erste Hälfte der Erklärung ausreichen, aber der Neunjährige möchte die ganze Logik hinter der Regel hören.) Wenn ein Elfjähriger fragt, warum er um zehn Uhr ins Bett muss, sagen Sie: »Weil du sonst nicht genug Schlaf bekommst, und wenn du am Morgen müde bist, kannst du dich in der Schule nicht konzentrieren.« (Wieder würde sich ein jüngeres Kind mit der ersten Hälfte der Erklärung zufrieden geben.)

Kinder über zwölf Jahren verfügen über dieselben oder annähernd dieselben logischen Fähigkeiten wie Sie. In diesem Alter erwacht meist der Widerspruchsgeist, weil die Jugendlichen nach den Schwachpunkten und Fehlern in der Logik der anderen, auch der eigenen Eltern, suchen. Um bei dieser Altersgruppe mit Ihrer Begründung landen zu können, muss sie nicht nur vernünftig und logisch sein, sondern auch in ihrem Grundgedanken mit den anderen von Ihnen aufgestellten Regeln und mit dem, was Sie sonst tun und sagen, übereinstimmen. Andernfalls wird Ihre Forderung in Frage gestellt.

Wenn Ihre 14-jährige Tochter wissen möchte, warum sie in einer engen, tiefausgeschnittenen Bluse nicht zur Schule gehen darf, sagen Sie: »In der Schule ist sexuell aufreizende Kleidung nicht angebracht, weil man sich auf den Unterricht konzentrieren soll und nicht auf den Körper der anderen. Wenn du dich so anziehst, signalisierst du den Lehrern, dass du dich mehr für Jungs als fürs Lernen interessierst, und das ist die falsche Botschaft.« (Falls Sie sich aber selbst aufreizend kleiden, wenn Sie ins Büro gehen, wirkt Ihre Erklärung nicht gerade überzeugend.) Ihr 18-jähriger Sohn möchte wissen, warum er kein eigenes Auto bekommt; darauf könnten Sie erwidern: »Ein zweites Auto ist nicht nur mit Anschaffungskosten verbunden, man muss es auch versichern und instand halten. Bald müssen wir dir dein Studium finanzieren, da bleibt kein Geld für unnötige Ausgaben.« (Wenn Sie natürlich selbst Geld für Überflüssiges ausgeben, wird Ihr Sohn Ihnen das bald unter die Nase reiben, daher muss Ihre Erklärung mit Ihrem sonstigen Verhalten übereinstimmen.)

Um Ihrem Kind einleuchtende Begründungen zu liefern, müssen Sie sich in das Denken der jeweiligen Altersstufe einfühlen können. Die Kleinsten orientieren sich an Autoritäten; für sie ist etwas richtig, weil eine Autoritätsperson es sagt. Grundschulkinder lassen sich durch logische Argumente beeinflussen; für sie ist eine Regel in Ordnung, weil sie einleuchtet. Teenager reagieren aufgeschlossen auf Regeln, die auf klaren, konsequenten Prinzipien beruhen; für sie ist eine Vorschrift überzeugend, wenn sie einem höheren Zweck dient.

Wenn Sie sich hieran orientieren und Ihre Begründungen auf die Entwicklungsstufe Ihres Kindes abstimmen, erhält Ihr Wort viel größeres Gewicht.

»Weil ich es sage«

Die meisten Eltern schwören sich, ihr Kind nie mit der Begründung »Weil ich es sage« abzuspeisen, aber die meisten werden irgendwann wortbrüchig. Denn es ist ermüdend, Ihrem Kind immer wieder und wieder Erklärungen liefern zu müssen, wenn Sie etwas von ihm verlangen.

Aber folgen Sie ruhig Ihrem Instinkt, wenn er Ihnen eingibt, sich nicht mit einem »Weil ich es sage« zu begnügen, sobald Ihr Kind eine Erklärung fordert. Denn damit liegen Sie völlig richtig.

Ein Kind, das fragt, warum es tun soll, was Sie sagen, beklagt sich damit womöglich über Ihr Ansinnen, aber andererseits stellt es auch eine Frage darüber, wie die Welt funktioniert. (Manchmal steht die Klage im Vordergrund, manchmal ist es aber auch umgekehrt.) Sie schenken Ihrer Tochter ein Glas Milch ein, und sie fragt, warum sie keine Limonade zum Essen bekommt: Damit ist nicht nur gesagt, dass sie lieber Limonade hätte (oder dass sie keine Milch mag), sie erkundigt sich auch vollkommen vernünftig danach, warum das eine Getränk mehr Wert hat als das andere. Wenn Sie das beantworten können, sollten Sie es auch tun.

»Weil ich es sage« vermittelt Ihrem Kind aber, dass Sie keinen vernünftigen Grund für Ihre Forderung haben. Vielleicht meinen Sie, dass Eltern für das, was sie von ihren Kindern verlangen, keine Begründung brauchen, und natürlich haben Sie das Recht auf eine eigene Meinung. Aber sobald Ihr Kind Fragen über die Welt stellt, sollten Sie versuchen, die bestmöglichen Antworten zu geben. »Weil ich es sage« ist nicht informativ, und ein interessiertes, neugieriges Kind von vier bis fünf Jahren lässt sich damit nicht mehr zufrieden stellen.

»Weil ich es sage« ist aber für mich vor allem deshalb kein gutes Erziehungsmittel, weil man einem Kind angewöhnen sollte, nach der Begründung von Forderungen zu fragen, die andere an einen stellen und die Unsicherheit oder Unbehagen auslösen. Die Erklärung »Weil ich es sage«, bedeutet im Grunde genommen: »Weil ich mehr Macht habe als du und ich dich dazu zwingen kann.« Das mag gut gehen, so lange es sich bei der mächtigeren Person um die Mutter oder den Vater handelt, die nur das Beste für ihr Kind wollen. Aber was ist, wenn es ein energischer Spielkamerad Ihren sechsjährigen Sohn drängt, von einem drei Meter hohen Klettergerüst aufs Pflaster zu springen – sollte sich da Ihr Kind fügen, nur weil sein Freund es sagt? Wenn eine Lehrerin Ihrer zwölfjährigen Tochter eine schlechtere Note gibt, als sie verdient, soll sie sich damit abfinden, nur weil die Lehrerin es sagt? Und wenn Ihre 15-jährige Tochter von ihrem Freund gedrängt wird, mit ihm zu schlafen, soll sie dann nachgeben, nur weil er es sagt?

Ein Kind, das nach dem Grund für eine von Ihnen gestellte Forderung fragt, sollte eine vernünftige, altersgemäße Antwort bekommen. Kurzfristig kostet das mehr Zeit als ein mechanisches »Weil ich es sage«, aber langfristig dürfen Sie eher auf Folgsamkeit hoffen, wenn Ihr Kind versteht, worum es Ihnen geht. Wenn Sie heute eine Entscheidung vernünftig begründen (»Limonade ist schlecht für die Zähne, deshalb soll man sie nicht dauernd trinken«), wird Ihr Sohn morgen wohl kaum erneut das Thema anschneiden. (Warum sollte er auch, wo er doch wieder dieselbe Antwort erhalten wird?) Bei einem »Weil ich es sage« nimmt Ihr Sohn aber vielleicht an, dass Ihre Antwort nur von Ihrer Laune abhängt, und versucht es noch einmal, sobald er sich mehr Erfolgschancen ausrechnet.

Wenn Ihnen wirklich keine vernünftige Erklärung auf die Frage Ihres Kindes einfällt, dann dient Ihre Aufforderung vielleicht nur der eigenen Bequemlichkeit. Auch das ist in Ordnung. Sagen Sie einfach: »Weil du mir damit eine Freude machst« oder »Weil du mir damit das Leben leichter machst«.

Wenn Sie aber Ihrem Kind nur zeigen wollen, wer der Boss ist, dann ist Ihre Forderung schlecht. Ihre Autorität sollte auf Erfahrung, Wissen und Urteilsvermögen beruhen, und nicht auf Macht. Kinder sollen Mutter und Vater respektieren, weil sie die Eltern sind, aber ihnen gehorchen, weil sie Recht haben.

Wenn Sie Kinder zu etwas zwingen, ohne Ihre Forderung zu rechtfertigen, fördern Sie bei ihnen Abhängigkeit und Anpassungsstreben, sodass sie dem Druck Gleichaltriger leichter nachgeben. Wenn Sie vermeiden wollen, dass sich Ihr Kind angewöhnt, etwas zu tun, weil jemand »es sagt«, dann gewöhnen Sie sich ab, »Weil ich es sage« zu sagen.

Tu es nicht, weil ich es sage. Tu es, weil es vernünftig ist.

Hören Sie sich die Meinung Ihres Kindes an

Sie sind nicht der einzige, der eine Meinung zu den Regeln hat, die das Leben Ihres Kindes strukturieren. Auch Ihr Kind hat eine Meinung. Häufig ist es sinnvoll, diese herauszufinden.

Manchmal ist die Meinung Ihres Kindes gut begründet, vernünftig und logisch. Oft auch nicht. Aber wenn Sie nicht fragen, werden Sie das nie herausfinden.

Ganz gleich ob Ihr Kind nun Recht hat oder nicht, entscheidend ist, dass Sie durch Ihr Interesse beweisen, dass Sie den Standpunkt Ihres Kindes ernst nehmen und bereit sind, die Dinge aus seiner Perspektive zu sehen. Dies erleichtert zudem Ihren Job als Mutter oder Vater, zum anderen hilft es Ihrem Kind, seine intellektuellen Fähigkeiten zu entwickeln.

Erstens: Wenn Sie sich redlich bemühen, den Standpunkt Ihres Kindes zu verstehen, machen Sie deutlich, dass Ihre Entscheidung auf vernünftigen Überlegungen beruht und nicht bloß aus einer Laune heraus getroffen wurde. Denn wir erkundigen uns ja schließlich nach der Meinung des anderen – zumindest wenn wir es ehrlich meinen –, um zu sehen, ob er unsere Ansicht teilt, und wenn er das nicht tut, ob wir unseren Standpunkt überdenken sollten. Wenn Sie Ihren Sohn fragen, was er denkt, dann zeigen Sie, dass Sie für andere Sichtweisen offen sind, also vernünftig handeln. Und Kinder sind eher geneigt, sich Regeln zu fügen, deren Sinn sie einsehen.

Zweitens: Wenn Sie Ihre Tochter nach ihrer Meinung fragen, lassen Sie sie am Entscheidungsprozess teilhaben. Das ist ganz allgemein sinnvoll, gewinnt aber umso mehr an Bedeutung, wenn Sie beide sich nicht einig sind. Wenn eine Entscheidung anders ausfällt, als man sie sich vorgestellt hat – wenn man z. B. ohne Erfolg Widerspruch gegen eine Geldbuße wegen zu schnellen Fahrens einlegt, wenn man einen Lehrer nicht dazu bewegen kann, einem für eine Arbeit eine bessere Note zu geben, oder wenn sich eine Verkäuferin einfach nicht zu einem Umtausch überreden lässt, dann wurmt dies einen besonders, wenn man feststellen muss, dass die eigene

Meinung gar nicht gehört wurde. Wenn wir noch nicht einmal die Chance hatten, unsere eigene Sicht der Dinge darzulegen, ärgern wir uns noch viel mehr über den negativen Ausgang, als wenn wir uns für unser Anliegen hätten einsetzen können. Wenn wir wenigstens vorher unser Bestes versucht haben, ist es leichter, eine Niederlage einzustecken. Ihrem Kind geht es da nicht anders. Wenn Ihre Tochter anders denkt als Sie, geben Sie ihr die Chance, ihre Meinung zu sagen. Sie wird dann weniger schmollen.

Drittens verstehen Sie besser, wie Ihr Kind die Welt sieht, wenn Sie seine Meinung anhören, und das macht das Erziehen leichter. Hierzu ein Beispiel:

Ihre zwölfjährige Tochter erscheint an einem Morgen mit dick aufgetragenem Lidstrich, Wimperntusche und Lippenstift am Frühstückstisch. Ohne ihr eine Chance zu geben zu erklären, was los ist, schicken Sie sie sofort wieder hinaus, um das Make-up zu entfernen. Obwohl Sie schon zu einem »Aber« ansetzt, schneiden Sie ihr das Wort ab und erklären, es gebe da nichts zu diskutieren. Sie läuft heulend hinaus, und Sie hören nur noch, wie sie die Badezimmertür hinter sich zuknallt. Das ist das Letzte, was Sie gebrauchen können, bevor Sie zur Arbeit müssen.

Nehmen wir an, Sie hätten Ihre Tochter stattdessen ausreden lassen und erfahren, dass sie sich nur so zurechtgemacht hat, weil ihre besten Freundinnen geschminkt zur Schule kommen und sich über sie lustig gemacht haben, weil sie nicht das Gleiche tut. In diesem Licht betrachtet, erscheint der Wunsch Ihrer Tochter, mit Make-up zur Schule zu gehen, schon vernünftiger. Sie versucht, sich anzupassen, was bei einer Zwölfjährigen nur allzu verständlich ist. Ihnen wird klar, dass es gar nicht um diese besondere Art von Make-up geht, sondern um die Frage, ob sie überhaupt geschminkt zur Schule gehen darf. Auch wenn Sie anschließend immer noch darauf bestehen, dass sie die übertriebene Kriegsbemalung abwäscht, reagieren Sie vielleicht nicht so heftig, wenn Sie ihr vorher die Chance geben, das Ganze zu erklären. Vielleicht können Sie beide ja damit leben, dass sie sich etwas dezenter zurechtmacht.

Eltern, die ihre Kinder anhören, können sehr viel lernen. Wenn Sie die Meinung Ihres Sohnes auch dann einholen, wenn er sie nicht von selbst äußert, können Sie sich besser einfühlen. Gute Eltern zeichnen sich dadurch aus, dass sie sich in Kinder der jeweiligen Altersstufe hineinversetzen können. Und das können Sie erreichen, indem sie herausfinden, was Ihr Kind von Ihren Regeln hält.

Wenn Sie sich miteinander über Ihre Regeln und Erwartungen unterhalten, können Sie zum einen besser verstehen, was das Kind denkt, zum anderen aber auch besser vermitteln, was *Sie* denken. Damit wird es für Ihr Kind leichter, sich auf Ihre Wünsche einzustellen, ohne dass Sie unaufhörlich darüber diskutieren müssen. Wenn Ihre Tochter eine Vorstellung davon hat, was Ihnen wichtig ist, dann muss sie nicht Gedanken lesen können. Wenn sie z. B. weiß, dass Sie von ihr erwarten, nach dem Essen abzuspülen, weil sie es für wichtig halten, dass sich alle Familienmitglieder an der Hausarbeit beteiligen, dann meldet sie sich vielleicht auch einmal freiwillig zur Gartenarbeit oder zum Aufräumen im Keller.

Und schließlich sind Diskussionen über Regeln ein wichtiges Übungsfeld, auf dem Kinder lernen, wie man logisch denkt und überzeugende Argumente formuliert.

Diskussionen mit Kindern kann man als Auseinandersetzung um bestimmte Fragen auffassen, aber sie sind noch mehr als das: Sie bieten Ihrem Kind die Möglichkeit, einem Menschen, der klüger und mächtiger ist, den eigenen Standpunkt darzulegen. In diese Lage gerät man im Leben immer wieder, und so ist es gut, wenn Ihr Kind das mit Ihnen üben kann.

Deshalb sollten Eltern ihr Kind auch ruhig einmal nach seiner Meinung zu Regeln, Gewohnheiten und Erwartungen fragen und nicht darauf warten, dass der Sohn oder die Tochter das Thema von sich aus anschneidet. Damit meine ich nicht, dass Sie jedes Mal, wenn Sie etwas fordern, die Meinung Ihres Kindes einholen – das wäre für beide Seiten ziemlich anstrengend, vor allem wenn Sie es nur tun, um sich als verständnisvolle Mutter oder toleranten Vater zu präsentieren (das durchschaut Ihr Kind ohnehin früher oder später). Wenn es sich aber um ein Thema handelt, bei dem schnell die Emotionen hochkochen (Sie weigern sich, das Taschengeld Ihrer 13-jährigen Tochter zu erhöhen; sie argumentiert, dass sie viel weniger bekommt als ihre Freundinnen), oder eines, bei dem Sie sich selbst nicht ganz sicher sind (Ihre 16-jährige Tochter erklärt, dass sie neben der Schule stundenweise jobben möchte), dann fragen Sie Ihr Kind nach seinem Standpunkt.

Vielleicht ist es unbequem, dass Ihr Sohn in Angelegenheiten, die Sie für die Sache der Eltern halten, eine eigene Meinung vertritt, aber das ist ein geringer Preis dafür, dass der Junge sich traut, auch in anderen Situationen, in denen er sich unfair behandelt fühlt, den Mund aufzumachen. Denn was Ihr Kind in der Beziehung mit Ihnen lernt, prägt sein Verhalten auch im Umgang mit anderen Menschen. Und das Kunststück, ein Kind großzuziehen, das zu Hause kuscht, aber bei seinen Freunden selbstbewusst seine Meinung vertritt, ist noch keinem gelungen.

Geben Sie Fehler zu

Es hat keinen Sinn, sich an Regeln zu klammern, die den logischen Argumenten Ihres Kindes nicht standhalten. Konsequenz zu zeigen, wenn man gar keine guten Gründe dafür hat, stärkt nicht die Autorität der Eltern – es schwächt sie.

Mir war es schon immer ein Rätsel, warum manche Eltern vor ihren Kindern nicht zugeben können, dass sie einen Fehler gemacht haben. Zugeben zu können, dass man etwas falsch gemacht hat, ist ein Zeichen von Reife – und diese Eigenschaft wollen Sie ja auch bei Ihrem Kind fördern. Kinder von Eltern, die sich stur stellen, werden sich aber kaum anders verhalten. Denn durch Beobachtung der eigenen Eltern lernt ein Kind genauso viel wie durch ihre Worte, wenn nicht gar mehr.

Ich glaube, Eltern, die keine Fehler zugeben wollen, befürchten häufig, dass ein Kind, das *einmal* einen Irrtum der Eltern bemerkt, meinen könnte, die Eltern lägen *immer* falsch. Das stimmt auch zum

Teil, denn nachdem Ihr Kind herausgefunden hat, dass Sie Unrecht haben, wird ihm dämmern, dass Menschen Fehler machen, auch wenn sie Eltern sind. Diese Erkenntnis kann dazu führen, dass es Ihre Entscheidungen häufiger anzweifelt als früher, aber wer Entscheidungen anzweifelt, lehnt sie noch nicht ab. Überdies wird Ihr Kind im Lauf seiner intellektuellen Entwicklung sowieso früher oder später herausfinden, dass Sie nicht vollkommen sind. Dass Sie Ihre Fehler zugeben, hat darauf wenig Einfluss. (Tatsächlich kann zu Beginn der Pubertät die Überzeugung der Jugendlichen, dass Sie *immer* falsch liegen, ebenso irrational unerschütterlich sein wie der Glaube des Vorschulkinds an die Unfehlbarkeit seiner Eltern.) Und weil Ihr Kind irgendwann ohnehin feststellen wird, dass Sie nicht perfekt sind, ist es besser, als fehlbar und ehrlich dazustehen, und nicht als fehlbar und unehrlich.

Am besten geben Eltern ihren Fehler gleich zu, sobald er ihnen bewusst wird, statt darauf zu warten, dass ihr Kind sie darauf aufmerksam macht. Wenn Sie Ihre Meinung über die beste Freundin Ihrer Tochter ändern, nachdem Sie sie besser kennen gelernt haben, sagen Sie Ihrem Kind, Sie hätten sie falsch beurteilt. Wenn Sie eine Fernsehserie verboten haben, die, wie Sie jetzt entdecken müssen, im Grunde gar nicht so schlecht ist, dann sagen Sie Ihrem Kind, Sie hätten die Sendung inzwischen gesehen und Ihre Meinung geändert. Sie stellen fest, dass Sie Ihren Sohn einer Sache bezichtigt haben, die er gar nicht getan hat, dann entschuldigen Sie sich schnellstmöglich. Wenn Sie im nachhinein feststellen, dass Sie Ihr Kind für ein Vergehen übertrieben hart bestraft haben, erklären Sie ihm, dass das ein Fehler war, und machen Sie es wieder gut.

Einen Irrtum zuzugeben, der direkte Folgen für das Kind hat, ist allerdings etwas anderes, als sich mit Fehlern in anderen Lebensbereichen (in der Ehe, im Beruf, in Ihrer Jugend) auseinander zu setzen. Eltern sind oft ratlos, wie sie mit Fehlern umgehen sollen, die in der Vergangenheit liegen oder von denen ihr Kind einfach nichts weiß. Leider gibt es für dieses Problem keine Universallösung; es hängt einfach davon ab, um welchen Fehler es sich handelt, wie alt Ihr Kind ist und wie eng die Beziehung zwischen Eltern und Kindern ist.

Steht Ihr früheres Verhalten im Widerspruch zu Dingen, die Sie Ihrem Kind heute vermitteln wollen (Sie haben selbst mit elf Jahren geraucht, versichern jedoch Ihrer elfjährigen Tochter immer wieder, dass Rauchen schädlich ist), dann fällt es Kindern unter zwölf Jahren häufig schwer, beides miteinander zu vereinbaren; auch Jugendliche können noch den Eindruck gewinnen, das sei Heuchelei. Da kann es hilfreich sein, die Wahrheit ein bisschen zu beschönigen (»Ich habe mal gezogen, aber dabei ist mir schlecht geworden«). Jugendliche haben bereits die kognitiven Fähigkeiten, um zu begreifen, dass es nicht widersinnig ist, eine Sache abzulehnen, die man früher selbst getan hat. Dennoch kann es sein, dass Ihnen Ihre Tochter Heuchelei vorwirft; eine sinnvolle Antwort darauf wäre, dass sich Ihre Einstellung zum Leben geändert hat, seit Sie Mutter oder Vater geworden sind. Zuzugeben, dass Sie Fehler gemacht haben, als Sie im Alter Ihrer Tochter waren, ist völlig in Ordnung.

Grundsätzlich sehe ich keine Veranlassung dazu, dass Eltern von sich aus ihre Jugendsünden enthüllen, aber es ist richtig, darüber zu sprechen, wenn Ihr Kind direkt danach fragt. Doch auch dann ist eine wohlüberlegte Antwort sinnvoll. Je kleiner Ihr Kind ist und je ernster Ihr Vergehen war, desto wichtiger ist es, diskret vorzugehen oder das Thema lieber auszublenden. Eine Achtjährige versteht nicht, wie jemand auf die Idee kommen kann, Marihuana zu rauchen, obwohl es verboten ist, und Fragen über Ihren früheren Drogenkonsum werden in diesem Alter wohl am besten mit Notlügen beantwortet (»Das ist so lange her, ich kann mich nicht mehr richtig erinnern«, »Auch als ich jung war, war mir wichtig, nicht gegen Gesetze zu verstoßen«). 15-Jährige, die gerade einen Dokumentarfilm über die 60er-Jahre gesehen haben, durchschauen jedoch die Zusammenhänge ganz anders, und da muss auch Ihre Antwort anders ausfallen (»Ja, das war eine Zeit, da haben die Leute eine Menge Unsinn gemacht«, »Ja, aber ich habe nach dem Studium damit aufgehört«). Und bei kleinen Kindern ist es außerdem völlig in Ordnung zu sagen, dass Sie lieber erst in ein paar Jahren darüber sprechen würden.

Im Allgemeinen kann ich nicht empfehlen, Jugendliche anzulügen, aber es macht schon einen großen Unterschied, ob man Söhne und Töchter mit schrecklichen Einzelheiten der eigenen Vergangenheit konfrontiert oder ob man es ganz allgemein wissen lässt, dass man nicht das ideale Leben geführt hat. In diesem Zusammenhang ist vor allem wichtig zu bedenken, ob Ihr Kind aus dem, was es da zu berichten gibt, einen Nutzen ziehen kann. Eine Geschichte aus der Vergangenheit zu erzählen, damit Ihr Kind etwas daraus lernt (Sie berichten, dass Sie wegen Spicken beim Chemietest durchgefallen sind), kann sinnvoll sein, aber mit illegalem oder unethischem Verhalten zu prahlen, dessen Konsequenzen Sie durch einen Glücksfall nicht tragen mussten, ist unvernünftig. (Ob es Ihnen passt oder nicht, Sie sind Vorbild für Ihr Kind.) Und wenn Ihr Kind fragt, ob Sie vor der Ehe schon Sex hatten, ist es etwas anderes, ob Sie sagen, Sie seien nicht ganz unerfahren gewesen, oder ob Sie erklären, Sie könnten sich gar nicht mehr an all die Studentinnen erinnern, mit denen Sie geschlafen haben. (Außerdem ist es völlig in Ordnung, darauf hinzuweisen, dass das Sexualleben eine Privatsache ist.) Und auf die Frage, ob Sie in Ihrer Jugend illegale Drogen genommen haben, ist es besser zu sagen, man habe damit experimentiert und festgestellt, dass sie einem nicht gut tun, als Ihr Kind mit Geschichten über Ihre Großtaten im Drogenrausch unterhalten zu wollen.

Eltern glauben oft irrtümlich, es sei wichtig, dass ihre Kinder sie für unfehlbar halten. Es ist zwar richtig, dass die ganz Kleinen – unter sechs Jahren – glauben, ihre Eltern begingen keine Fehler, aber das heißt nicht, dass dieser Glaube wünschenswert ist oder dass sie auch noch später daran festhalten sollten. Kleine Kinder glauben vieles, was nicht stimmt – z. B. dass die Sonne untergeht, um die Menschen schlafen zu lassen, oder dass das Christkind die Weihnachtsgeschenke bringt –, aber diese Vorstellungen geben sie auf, sobald sie älter und verständiger werden. Wie der Glaube ans Christkind verblasst das Bedürfnis, die eigenen Eltern als unfehlbar anzusehen, sobald Kinder heranwachsen. Es ist schön, idealisiert zu werden und sich in der Bewunderung seiner Kinder sonnen zu können, aber lassen Sie ruhig zu, dass Ihr Kind diese Phase hinter sich lässt.

Wer einen Irrtum zugibt, beweist, dass er erwachsen ist.

Zehntes Gebot: Behandeln Sie Ihr Kind mit Respekt

Geben und Nehmen

Viele Eltern sorgen sich allzu sehr darum, ob ihr Kind sie respektiert, denken aber kaum darüber nach, ob sie mit gutem Beispiel vorangehen. Ich weiß, diese Anregung findet wenig Anklang bei Eltern, die stark auf ihre Autorität pochen, aber bitte, geben Sie mir die Chance zu erklären, worum es mir geht.

Kinder kommen mit dem angeborenen Wunsch zur Welt, zu ihren Eltern aufzublicken und von ihnen gemocht zu werden. Zwar sehen Heranwachsende schließlich auch die Schwachpunkte von Mutter und Vater, sodass ihre Idealvorstellung ein wenig an Glanz verliert. Das ist natürlich, verständlich und in vieler Hinsicht auch sinnvoll. (Schließlich soll Ihr Kind die Welt mit ehrlichen Augen sehen, und dazu gehört auch ein klarer Blick auf die eigenen Eltern.) Wenn Sie aber Kinder freundlich und gerecht behandeln, sich aufrichtig um ihr Wohlergehen sorgen und ein halbwegs gutes Rollenvorbild sind, dann werden Sie auch Respekt ernten, selbst wenn die jungen Menschen nach und nach eine zutreffendere, objektive Einschätzung Ihrer Person gewinnen und sogar gelegentlich anderer Meinung sind oder sich den elterlichen Wünschen widersetzen.

Rebellische Kinder, die ihren Eltern Kontra geben, tun dies meist nicht aus Respektlosigkeit. Viel spricht dafür, dass die Jungen und Mädchen ein Entwicklungsstadium durchmachen, z. B. den Beginn der Pubertät, in dem sie durch Widerspruchsgeist ihre Individualität behaupten. Es ist in Ordnung, darauf zu bestehen, dass Ihr Sohn seine abweichende Meinung auf respektvolle Weise äußert, aber wenn Sie ihn zwingen, Ihnen zuzustimmen oder »aus Respekt« den Mund zu halten, dann verlängern Sie den Kampf nur. Respekt gründet nicht darauf, dass Menschen einer Meinung sind, vielmehr geht es darum, wie sie im Konfliktfall miteinander umgehen.

Für mich ist der entscheidende Punkt, dass wir im Zweifel für den Angeklagten plädieren, statt automatisch zu unterstellen, dass Kinder, die sich daneben benehmen, jeden Respekt über Bord werfen oder ihren Eltern das Leben schwer machen wollen. Sofern Sie nicht gegenteilige Beweise haben, ist es besser anzunehmen, dass Ihr Kind Sie respektiert, und anderswo nach Gründen für sein lästiges, streitlustiges, unfolgsames oder sonst frustrierendes Verhalten zu suchen. Für schlechtes Benehmen gibt es fast immer eine einleuchtende Erklärung, die nichts mit Respektlosigkeit, Trotz oder bewusster Opposition zu tun hat, und wenn Sie das Verhalten Ihres Kindes unter dem Aspekt des jeweiligen Entwicklungsstadiums sehen, dann finden Sie auch leicht heraus, worum es geht.

Allerdings will ich nicht behaupten, dass Sie sich mit schlechtem Benehmen abfinden sollten. Ich meine lediglich, dass ein Kind, das den Eindruck erweckt, respektlos zu sein, oft gar nicht vorhat, jeden Respekt fallen zu lassen. Deshalb sollten Sie als erstes weder die Frage stellen »Warum respektiert mich mein Kind nicht?« noch »Wie kann ich meinem Kind Respekt beibringen?«, sondern vielmehr: »Warum hat mein Kind das getan?« *Diese* Überlegung führt viel eher zu einer sinnvollen Lösung des Problems.

Also lassen wir die Frage, ob Ihr Sohn Sie respektiert, erst einmal beiseite. Höchstwahrscheinlich tut er es.

Stattdessen möchte ich die Frage aufwerfen: Behandeln Sie Ihr Kind mit Respekt?

Unter respektvollem Umgang verstehe ich nicht, dass Eltern Kinder als gleichberechtigt ansehen, wenn es gilt Entscheidungen zu treffen, oder dass sie die Beziehung in eine Freundschaft unter Gleichgestellten verwandeln. All das ist nicht empfehlenswert. Sie sind die Eltern, und Ihre Tochter oder Ihr Sohn ist das Kind.

Es ist ein gewaltiger Unterschied, ob man das eigene Kind respektiert oder ob man es als Kumpel sieht. Wenn Eltern sagen »Mein Kind und ich sind die besten Freunde«, bin ich immer ein bisschen beunruhigt. Falls damit gemeint ist, dass sich Eltern und Kind sehr nahe stehen, gemeinsame Interessen haben und gern zusammen sind, ist das in Ordnung. Aber der beste Freund sollte jemand im gleichen Alter sein, mit dem Kinder besprechen können, was sie erleben. Es ist wunderbar, wenn Ihre Tochter Ihnen erzählt, dass sie sich Hals über Kopf in einen Jungen aus ihrer Klasse verknallt hat, etwas völlig anderes ist es, diese Erfahrung mit einer Freundin zu teilen, die Ähnliches durchmacht.

Der zweite Grund, warum die Beziehung zwischen Eltern und Kind nicht als Freundschaft zu verstehen ist – das ist erst mit erwachsenen Kindern möglich –, besteht darin, dass Eltern ihre Autorität durchsetzen und gelegentlich die Richtung vorgeben müssen, wie es unter sonst Gleichberechtigten nicht möglich ist. Für ein Kind ist es verwirrend, wenn der Vater den einen Tag der beste Kumpel ist und am nächsten in aller Strenge die Einhaltung von Regeln fordert. Ebenso ist es ziemlich schwierig, sich als Mutter zu behaupten, wenn Sie sich zuvor als engste Vertraute Ihrer Tochter gegeben haben. Schön, wenn Ihre Tochter begreift, dass Sie auch nur ein Mensch sind, aber für Kinder ist es beunruhigend, wenn sie das Gefühl haben, die Eltern seien emotional von ihnen abhängig. Schließlich möchten Sie, dass Ihre Tochter ein unbeschwertes Dasein führt; also belasten Sie sie lieber nicht mit Ihren Problemen.

Unter respektvollem Umgang verstehe ich, dass Sie Ihr Kind mit derselben Rücksicht behandeln wie andere Mitmenschen. Sprechen Sie höflich mit ihm. Respektieren Sie seine Meinung. Gehen Sie freundlich miteinander um. Tun Sie ihm, wenn vertretbar, einen Gefallen. Keine Sorge – das alles ist möglich, ohne die elterliche Autorität einzubüßen. Sie können freundlich sein, ohne Kumpel zu werden.

Dann wieder gibt es Eltern, denen es nicht im Traum einfällt, ein freundschaftliches Verhältnis mit ihrem Kindern aufzubauen. Sie kommandieren ihre Kinder herum; sie befehlen ihnen, den Mund zu halten; sie sagen im Beisein Dritter Dinge, die ihr Kind demütigen oder herabsetzen. Sie schimpfen auch dann noch, wenn sich

Kinder für ein Vergehen entschuldigt haben; sie fallen ihnen ins Wort; sie reden vor anderen über sie, als wären sie nicht anwesend.

Ihr Kind kennen Sie sein Leben lang. Das Mindeste, was Sie tun können, ist, Ihre Tochter oder Ihren Sohn so respektvoll zu behandeln wie einen Menschen, dem Sie gerade zum ersten Mal begegnen.

Mir ist schleierhaft, was in Eltern vorgeht, die so rücksichtslos mit ihren Kindern umspringen. Vermutlich wollen sie durch ihr tyrannisches, unhöfliches Benehmen zeigen, dass sie in der Beziehung die Oberhand haben. Sie denken, wenn sie jemanden herumkommandieren und der andere das nicht mit einem machen kann, dann sei es für ihn und auch für andere Beobachter offensichtlich, dass sie die Hosen anhaben. Andererseits meinen sie anscheinend, jemanden respektvoll zu behandeln werfe Zweifel auf, wer von beiden tatsächlich Macht über den anderen besitzt.

Ich glaube nicht, dass diese Ansicht einen im Leben weiterbringt, und ganz sicher führt sie in der Beziehung zum eigenen Kind in eine Sackgasse. Wenn Sie Ihr Kind respektlos behandeln, um klarzustellen, wer der Boss ist, dann sollten Sie sich einmal durch den Kopf gehen lassen, ob es nicht Dinge gibt, die wichtiger sind als die Frage, ob Ihr Kind Sie respektiert (z. B., warum überhaupt Zweifel bestehen, wer die Autoritätsperson ist).

Bestimmt haben Sie schon häufig Leute beobachtet, die Menschen mit geringerer Macht (Mitarbeiter, Servicepersonal, Kellnerinnen, Verkäuferinnen und so weiter) mit Respekt behandeln und andere, die sich unhöflich und hochnäsig verhalten. Und wahrscheinlich ist Ihnen dabei aufgefallen, dass Menschen, die weniger mächtige Mitbürger schlecht behandeln, sich weder deren Respekt einhandeln noch ihr eigenes Image in den Augen anderer verbessern. Eher trifft sogar das Gegenteil zu. Überdies ist es nicht nur korrekt, anderen Respekt zu zeigen, es leuchtet auch jedem ein, der die menschliche Natur kennt, dass man andere wesentlich leichter zu höherer Leistung, größerer Anstrengung oder besserem

Service bewegen kann, wenn man ihnen respektvoll begegnet, und nicht, wenn man sie wie Kulis behandelt.

Dasselbe Prinzip gilt auch für Eltern und Kinder. Der respektvolle Umgang mit Kindern ist nicht nur ein Gebot des Anstands, sondern auch der Klugheit. Denn Ihr Kind wird sich viel eher kooperationsbereit zeigen, wenn Sie freundlich zu ihm sind.

Wer sich respektvolles Benehmen erhofft, sollte auch dem eigenen Kind Respekt erweisen.

Gespräch als Austausch

Wenn Forscher Kinder und Jugendliche fragen, was sie gern an ihrem Familienleben ändern würden, steht der Wunsch, die Eltern würden mehr mit ihnen sprechen, meist ganz oben auf der Liste.

Falls diese Antwort Sie erstaunt, sind Sie keine Ausnahme. Die meisten Eltern fallen aus allen Wolken, wenn sie hören, dass Kinder *mehr* mit ihren Eltern sprechen wollen, und nicht weniger.

Viele Eltern glauben, sie würden bereits viel Mühe darauf verwenden, mit ihrem Kind zu reden, und das Problem bestehe darin, dass Kinder kaum antworten oder zuhören. Häufig klagen sie, dass ihr Kind, wenn sie ein Gespräch anregen, einsilbig antwortet: »Wie war's in der Schule?« »Schön.« »Was hast du heute Nachmittag gemacht?« »Nichts.« »Wohin gehst du?« »Raus.« Die Folge ist, dass Eltern annehmen, ihre Kinder seien nicht an mehr, sondern an weniger Gesprächen interessiert.

Der Grund für diese unterschiedlichen Einschätzungen zum Thema Kommunikation ist, dass Eltern nicht zwischen *auf das Kind einreden* und *mit dem Kind reden* unterscheiden. Was Eltern für ein Gespräch halten, erscheint der Tochter oder dem Sohn mehr wie eine Belehrung, eine Gardinenpredigt oder ein Verhör.

Auf die Frage, ob sie sich häufiger Strafpredigten oder Kreuzverhöre von ihren Eltern wünschen, würden Kinder zweifellos mit »Nein« antworten. Wenn Sie sich hingegen erkundigen, ob Kinder hoffen, dass ihre Eltern bei Unterhaltungen wirklich zuhören, sich aufrichtig dafür interessieren, was ihr Kind zu sagen hat, und bereit sind, ein Gespräch als Austausch zu führen, dann würden Sie ein schallendes »Ja!!« vernehmen.

Reden Sie auf Ihr Kind ein oder reden Sie mit Ihrem Kind?

Eltern gewöhnen sich leicht an eine einseitige Kommunikation, die in Richtung Kind fließt, aber nicht umgekehrt. Schließlich gehört es zu Ihren Aufgaben als Eltern, Ihr Kind im Auge zu behalten, ihm praktische Dinge beizubringen und ihm Ihre Vorstellungen davon zu vermitteln, worauf es im Leben ankommt. Dazu muss man natürlich Fragen stellen (wer sein Kind im Auge behält, fragt mit wem, was und wo), Belehrungen erteilen (wer seinem Kind etwas über die Welt beibringen möchte, muss Sachen erklären) und auch ein wenig predigen (damit ein Kind die richtigen Wertvorstellungen annimmt, sollte man eben gelegentlich die Kanzel besteigen).

Allerdings ist es ein gewaltiger Unterschied, ob sich das Gespräch teilweise um diese Themen dreht, oder ob über nichts anderes mehr geredet wird. Stellen Sie sich eine Beziehung mit einem Menschen vor, der Ihnen unaufhörlich auf die Schliche kommen, Sie belehren oder Ihr Benehmen verfeinern möchte. Selbst wenn dieser Mensch die besten Absichten verfolgt, wird Sie das mit der Zeit zum Wahnsinn treiben. Es ist langweilig und ermüdend und weckt das Gefühl, klein und unbedeutend zu sein, wenn ständig jemand auf einen einredet, der mächtiger, klüger und erfahrener ist (oder scheint) als man selbst.

Für Ihre Tochter ist das genauso, wenn Sie in einem fort auf sie einreden, statt mit ihr zu reden.

Wir alle möchten, dass andere sich um uns sorgen, uns helfen und anregen (und das ist vermutlich der Grund, warum Eltern häufig Fragen stellen und Predigten halten). Aber bei einem Gespräch erhoffen wir uns noch mehr. Wir wollen gehört werden, und unser Standpunkt soll gewürdigt und nicht nur korrigiert werden. Umso besser, wenn wir Gelegenheit erhalten, nicht nur zu lernen, sondern auch dem anderen etwas beizubringen, und wenn wir Informationen austauschen, die keine richtigen oder falschen Antworten nach sich ziehen müssen.

Wenn Sie mit Ihrem Kind reden, versuchen Sie sich im Gespräch wirklich auszutauschen. Wie klein Ihr Kind ist, spielt dabei keine Rolle. Schon mit Dreijährigen ist ein verbales Geben und Nehmen möglich.

Für ein Gespräch auf Gegenseitigkeit brauchen Sie die richtige Einstellung und müssen bestimmte Kommunikationstechniken entwickeln. Diese Techniken kann man sich relativ leicht aneignen, sobald man die entsprechende geistige Haltung angenommen hat. Also fangen wir mit diesem Punkt an.

Dazu müssen sich Eltern mit der Idee anfreunden, dass Sie zwar die Autoritätsfigur in der Beziehung sind, dass Sie aber, um diese Stellung aufrecht zu erhalten, keineswegs immer Ihre Autorität ins Spiel bringen müssen. Eine Mutter, die Ihr Kind bittet, ihr etwas beizubringen, mindert damit nicht ihre eigene Bedeutung als Lehrerin; sie zeigt damit nur, dass sie genauso gern dazulernt wie Belehrungen erteilt. Ein Vater, der die Meinung seines Sohnes zu einer Entscheidung einholt, die zur Diskussion steht, hat damit noch nicht klein beigegeben; er beweist nur, dass er bereit ist, auf die Ansicht seines Kindes Rücksicht zu nehmen. Wenn Sie Ihre Tochter fragen, was sie von einem Buch oder einem Film hält, haben Sie noch nicht jeden Einfluss auf ihren Geschmack verloren; es zeigt nur, dass Sie sich dafür interessieren, was sie zu sagen hat.

Sobald Sie sich diese Einstellung zu eigen gemacht haben, können Sie die Mittel anwenden, die nach Expertenmeinung zu einer besseren Kommunikation zwischen Eltern und Kindern beitragen:

Der erste und wichtigste Punkt: Hören Sie aufmerksam zu. Ein Gespräch als Austausch ist nicht möglich, wenn Sie nur darauf achten, was Sie selbst sagen. Konzentrieren Sie sich auf die Beiträge Ihres Kindes. Mit Hilfe nonverbaler Kommunikation können Sie Ihr Interesse beweisen (legen Sie die Zeitung weg, suchen Sie Augenkontakt, beugen Sie sich vor). Lassen Sie Ihre Tochter spüren: Was sie zu sagen hat, ist wichtig und interessant. Und was ihr wichtig ist, sollte auch Ihnen wichtig sein.

Zweitens: Fragen Sie Ihr Kind nach seiner Meinung. Warten Sie nicht immer nur ab, bis Ihre Tochter sich zu Wort meldet; erkundigen Sie sich, was sie denkt. Wenn Sie gerade ein paar Alternativen für den Familienurlaub besprochen haben, bitten Sie Ihr Kind, seine Meinung beizusteuern. Wenn Sie in den Nachrichten etwas gesehen haben, was Ihre Tochter interessieren könnte, erzählen Sie es ihr und fragen Sie, was sie davon hält. Falls Sie am Arbeitsplatz etwas Bemerkenswertes erlebt haben, erzählen Sie nicht einfach nur die Geschichte. Fragen Sie Ihre Tochter, wie sie das findet, was sie an Ihrer Stelle getan hätte usw.

Drittens: Stellen Sie Fragen, die eine ausführliche Antwort und keine Einwortsätze erfordern. Ein ausgewogenes Gespräch kommt nur in Gang, wenn man ein Thema hat. Statt zu fragen, ob Ihrer Tochter das Buch gefallen hat, das Sie gerade vorgelesen haben (worauf Sie vermutlich ein schlichtes »Ja« oder »Nein«, bekommen), erkundigen Sie sich, *was* ihr gefallen (oder nicht gefallen) hat. Eingehendere Fragen (»Was hat dein Lehrer zu deinem Biologiereferat gesagt?«) bringen mehr als allgemein formulierte (»Wie war's heute in Biologie?«).

Viertens: Fallen Sie Ihrem Kind nicht ins Wort. Geben Sie Ihrem Sohn Gelegenheit zu sagen, was er sagen will. Kinder brauchen länger als Erwachsene, um ihre Gedanken und Gefühle zu artikulieren. Führen Sie den Satz nicht für ihn zu Ende, auch wenn Sie ahnen, was er sagen möchte. Zeigen Sie Geduld. Auf Fragen, die Ihnen schlicht erscheinen, geben Kinder nicht selten eine lange umständliche Antwort. Sie fragen, was in der Schule los war, und wollen hören, was durchgenommen wurde, aber Ihr Sohn erzählt zehn Minuten lang, was in der Pause passiert ist. Hören Sie sich die Geschichte an und fragen Sie später noch einmal nach dem Thema, das Sie ursprünglich interessiert hat. Wenn Sie ihm das Wort abschneiden, dann geben Sie zu erkennen, dass Sie eigentlich nicht hören wollen, was er zu sagen hat.

Und fünftens: Seien Sie aufrichtig. Stellen Sie keine Fragen, nur damit sie gestellt sind. Denn dann bekommen Sie ebensolche Antworten. Bestimmt gibt es Dinge im Leben Ihres Kindes, die Sie wirklich interessieren. Das gilt für Ihre Reaktionen genauso wie für Ihre Fragen. Ein Kind, das von einem Problem berichtet, sollte man nicht mit hohlen Phrasen zu trösten suchen (»Ich bin sicher, dass alles wieder gut wird«). Wenn die Sache so schwerwiegend ist, dass Ihr Kind davon erzählt, dann hat sie auch eine durchdachte Reaktion verdient.

Einseitige Kommunikation zeigt, dass Ihre Kinder Ihnen am Herzen liegen. Aber Kommunikation als Austausch beweist, dass Ihre Kinder Ihnen wichtig sind und dass Sie ihnen Respekt entgegenbringen.

»Keine Widerrede«

Bestimmte Formulierungen sollten Eltern aus Ihrem Wortschatz verbannen; »Keine Widerrede« gehört dazu. Andere, ähnliche Antworten auf Fragen oder Meinungsäußerungen von Kindern sind »Wenn du groß bist, wirst du das einsehen«, »Sprich nur, wenn du gefragt wirst«, »Halt den Mund« und »Kinder soll man sehen, aber nicht hören«.

Wer gern auf derartige Redewendungen zurückgreift, sollte diese Angewohnheit ablegen. Ich weiß, Sie haben nicht immer die Zeit für ausführliche Gespräche und Diskussionen, aber es gibt höflichere Möglichkeiten, Ihrem Sohn klarzumachen, dass Sie eine endgültige Entscheidung treffen; Sie müssen ihm dabei nicht auch noch signalisieren, dass seine Meinung keine Rolle spielt, dass wegen seiner Jugend niemanden interessiert, was er denkt, oder dass er willenlos kuschen muss, wenn jemand, der älter und mächtiger ist, etwas fordert.

Wenn Sie Kinder mit Respekt behandeln und ihre Meinungen weitgehend berücksichtigen, dann sehen sie auch ein, dass es

immer wieder Situationen gibt, in denen Sie aufgrund Ihres Urteils-
vermögens die bestmögliche Entscheidung treffen, auch wenn das
bedeutet, dass die Kinder ihren Kopf nicht durchsetzen können.
Solche Situationen treten ein, wenn Sie in Eile sind, wenn eine Entscheidung komplizierter ist, als ein Kind in diesem Alter begreift,
wenn Sie aufgrund anderer Belastungen so im Stress sind, dass Sie
nicht die Geduld für eine lange Diskussion aufbringen, und wenn
Sie sicher sind, dass Sie richtig liegen, und Ihr Bestes getan haben,
um Ihre Haltung zu erklären.

In dieser Lage ist es am besten, Ihrem Kind ruhig und höflich
zu erklären, dass Sie Ihre Meinung nicht ändern können und
wollen.

Hier sind ein paar Anregungen, wie man »Ich werde meine Autorität als Mutter oder Vater einsetzen und das letzte Wort behalten«
in einer Weise sagen kann, die Rücksicht und Respekt für Ihr Kind
beweist. Versuchen Sie es einmal damit (achten Sie nur darauf, dass
die Sprache dem Alter Ihres Kindes angepasst ist):

- *»Ich verstehe, was du meinst, und ich habe mich bemüht zu erklären, was
  ich meine, aber ich glaube, wir können uns einfach nicht einigen. Deshalb
  entscheide ich das nach bestem Ermessen.«* (Klarzustellen, dass Sie die
  Meinung Ihres Kindes gehört haben, aber anderer Ansicht sind,
  ist etwas völlig anderes, als ihm das Recht auf einen Standpunkt
  abzusprechen.)
- *»Ich muss das schnell entscheiden und habe keine Zeit, es zu besprechen.
  Machen wir's jetzt, wie ich es sage, und reden später darüber, damit
  ich das nächste Mal in so einer Situation weiß, was du dazu sagst.«*
  (Der Verweis auf den Zeitdruck lässt die Möglichkeit offen,
  dass die Entscheidung beim nächsten Mal anders ausfallen
  könnte.)
- *»Ich weiß, dass du anderer Meinung bist, aber die Situation ist viel
  komplizierter, als du denkst. Sprechen wir später noch mal drüber, damit
  ich dir die verschiedenen Aspekte erklären kann, die es zu bedenken gibt.«*
  (Die Aussage, eine Entscheidung erfordere mehr Wissen, Informationen oder Erfahrung, als Ihr Kind besitzt, leuchtet ein, weil

das Wissen im Vordergrund steht, während der Hinweis, ein Kind könne das allein wegen seines Alters nicht beurteilen, nicht nachvollziehbar ist.)

- *»Ich habe heute wirklich einen schlechten Tag (oder ich stehe unter Termindruck oder habe schlimme Kopfschmerzen usw.). Es wäre mir eine große Hilfe, wenn du das von meinem Standpunkt aus sehen und dich nach mir richten würdest.«* (Wenn Ihr Kind das Gefühl hat, Ihnen durch Kooperation helfen zu können, lösen sich oft die Spannungen wegen des Konflikts. Außerdem ist damit gesagt, dass Sie unter anderen Umständen die Sache anders entscheiden könnten.)

Wenn Sie gar nicht mehr weiterkommen, versuchen Sie es mit Humor. Ein Freund von mir hat mir einmal erzählt, sein Vater habe immer gesagt: »Jeder hat ein Recht auf seine unbedarfte Meinung, du natürlich auch.« Achten Sie nur darauf, dass Ihr Kind den Scherz versteht und weiß, dass Sie durch Humor einer längeren Debatte ausweichen.

»Keine Widerrede« und seine Varianten werfen Probleme auf, weil sie pauschal behaupten, eine andere Meinung zu vertreten sei böse oder respektlos. Und das wollen Sie Ihrem Kind nicht beibringen. Schließlich sollen junge Menschen begreifen, dass vernünftige Leute unterschiedlicher Auffassung sein und darüber in respektvollem Ton diskutieren können.

Kinder dürfen sich altersgemäß benehmen

Respekt kann man Kindern auch zollen, indem man zulässt, dass sie sich altersgemäß verhalten. Gönnen Sie sich selbst die Freude an der Entwicklungsstufe, die Kinder gerade durchlaufen, und widerstehen Sie der Versuchung, sie zum nächsten Schritt zu treiben. Lassen Sie zu, dass sich die Entwicklung entfaltet, ohne ständig eine Richtung anzupeilen.

Dass Sie das Leben Ihrer Tochter strukturieren wollen, damit ihr im späteren Leben Glück und Erfolg winken, ist ganz natürlich. Aber in der Erziehung geht es nur teilweise darum, ein Kind auf die Zukunft vorzubereiten. Genauso wichtig ist, dass Ihr Kind das Leben im Hier und Jetzt genießt. Kinder dürfen sich altergemäß verhalten; sie werden schneller groß, als Sie denken, ohne dass Sie die Entwicklung vorantreiben müssen.

Ein Säugling entwöhnt sich von selbst, lernt, wie man mit dem Löffel isst, macht die ersten Schritte, beginnt zu sprechen und wird sauber, ohne dass Sie eingreifen, um den angeblich »richtigen« Zeitplan einzuhalten. Kinder entwickeln sich unterschiedlich schnell, auf einem Gebiet sind sie vielleicht schon weiter (z. B. in der Motorik), auf einem anderen sind sie etwas langsamer (z. B. beim Sprechenlernen). Lassen Sie Ihrem Kind sein Tempo. Wenn Sie sich Sorgen machen, dass Ihr Kind in diesem Alter oder später zu zögerliche Fortschritte macht, dann sprechen Sie mit dem Kinderarzt. In der Regel wird er Ihnen versichern, dass kein Grund zur Sorge besteht.

Erlauben Sie Ihrem Kleinkind, die Welt kennen zu lernen, indem es die nächste Umgebung erforscht. Eine Vorbereitung auf den Kindergarten ist nicht nötig; Ihr Kind lernt, was es braucht, ohne dass Sie ihm Nachhilfe geben. Ihr Zweijähriger braucht keine Lernkarten, um seine intellektuelle Entwicklung zu stimulieren. In diesem Alter braucht er am dringendsten ein ungefährliches Umfeld, das er erforschen kann, und Eltern, die sich gern zu ihm auf den Boden setzen und einfach zum Spaß mit ihm spielen. Machen Sie nicht aus jeder gemeinsamen Minute eine Schulstunde. Ihr Sohn lernt schon eine Menge, wenn Sie ihm jeden Tag vorlesen und sich genügend Zeit für ihn nehmen.

Zwingen Sie Ihr Kindergartenkind nicht, sich wie ein Erwachsener zu benehmen. Vierjährige sind häufig laut, schlampig, wild, unaufmerksam und albern. Als Eltern sind Sie besser dran, wenn Sie sich auf Ihre Tochter einlassen und für eine Weile genauso verspielt, unordentlich und kindisch werden. Das Leben soll einem Kind Spaß machen. Ihre Tochter muss sich noch früh genug ernst und diszipliniert benehmen. Also erlauben Sie ihr, sich wie eine Vierjährige zu benehmen und nicht wie eine knapp 40-Jährige.

Achten Sie darauf, dass Ihr Grundschulkind genug Zeit zum Spielen hat. Überfrachten Sie den Alltag nicht mit Zusatzunterricht, Sport- und Musikstunden. Es ist wunderbar, wenn man nicht nur Geige spielen, sondern auch Stepp tanzen kann und überdies auf dem Tennisplatz ein As ist. Aber genauso schön ist es, wenn man sich entspannen kann, mit sich zufrieden ist und sich aufs Nichtstun versteht. Versuchen Sie ein Gleichgewicht zwischen strukturierten und nichtstrukturierten Beschäftigungen zu schaffen. Das Leben eines Neunjährigen darf nicht aus Nonstopunterricht bestehen.

Gönnen Sie es Ihrem Teenager, seine Jugend zu genießen. Schön, wenn Sie Ihre Tochter bei den ersten Schritten zur Selbstständigkeit unterstützen, aber von einer 13-Jährigen zu verlangen, sich wie eine Erwachsene zu verhalten, ist nicht in Ordnung. Dass Teenager von Zeit zu Zeit die Zügel schießen lassen, über die Stränge schlagen, es zu weit treiben, experimentieren und für den Augenblick leben, ist völlig normal. Eltern stehen nun vor der Aufgabe, nicht etwa diese Tendenzen zu unterdrücken, sondern ihr Bestes zu tun, um Schaden von ihrem Kind abzuwenden.

Es besteht keine Eile, dass Ihr Kind ein Entwicklungsstadium abschließt und zum nächsten kommt. Die Kindheit ist kein Wettrennen mit dem Ziel, als erster erwachsen zu werden.

Kinder behandeln andere so, wie sie von ihren Eltern behandelt werden

Ihre Beziehung zu Ihrem Kind ist die Grundlage für seine Beziehungen zu anderen. Wenn Sie Ihrer Tochter oder Ihrem Sohn Freundlichkeit, Mitgefühl und Respekt entgegenbringen, wachsen sie zu freundlichen, mitfühlenden, rücksichtsvollen Erwachsenen heran. Zeigen sich die Eltern aber lieblos, unnahbar und herablassend, dann werden auch die Kinder diese Eigenschaften an den Tag legen, wenn sie groß sind.

Zwar sind Menschen, die eine nicht gerade optimale Erziehung erlebt haben, nicht automatisch verdammt, die Fehler ihrer Eltern zu wiederholen. Aber was anderen, die in einer förderlichen Umgebung aufgewachsen sind, selbstverständlich ist, kostet denjenigen, der mit groben, gleichgültigen, unsensiblen Eltern zurechtkommen musste, große Anstrengung. Zweifellos kann man eine schwere Kindheit hinter sich lassen, aber leicht ist es nicht. Spontan neigen wir dazu, andere so zu behandeln, wie wir selbst in unserer Jugend behandelt wurden, eine Kehrtwendung bedarf also der bewussten Entscheidung.

Mit anderen Worten, wenn Sie Ihr Kind mit Respekt behandeln, machen Sie ihm das Leben erheblich leichter. Ihr Sohn und Ihre Tochter werden keine Mühe haben, Freunde zu finden. In der Schule und bei der Arbeit erzielen sie eher Erfolge. Eine glückliche Ehe ist wahrscheinlicher. Und es wird ihnen leichter fallen, selbst gute Eltern zu werden.

Nichts kann dafür garantieren, dass ein Mensch gute Freundschaften, ein befriedigendes Liebesleben, eine erfolgreiche Karriere und ein harmonisches Familienleben findet. Aber wer als Kind geliebt, behütet und respektiert wurde, hat bessere Aussichten auf Lebensglück. Das ist keine Spekulation, sondern eine bewiesene Tatsache.

Zweifellos kennen Sie Leute, die von gemeinen, lieblosen oder gleichgültigen Eltern großgezogen wurden und sich dennoch zu warmherzigen, sensiblen und mitfühlenden Menschen entwickelt haben. Dazu kann ich nur sagen, dass sie das Glück hatten, die Ausnahme von der Regel zu bilden. Machen Sie die emotionale Zukunft Ihres Kindes nicht zur Glückssache.

Das Sprichwort sagt, das Leben erziehe einen Menschen, aber Tatsache ist, dass Kinder in erster Linie von ihren Eltern großgezogen werden. Bisher wurde nichts entdeckt, was so viel zum Glück, zur Gesundheit und zum Erfolg von Kindern beiträgt wie gute Eltern, die ihre Kinder lieben, lenken und respektieren.

In der Gesellschaft gibt es keine wichtigere Aufgabe als die Erziehung, und niemand hat größeren Einfluss auf die Entwicklung von Kindern als ihre Eltern.